JN410024

꼭꼭 숨어도
머리카락은 보인다

꼭꼭 숨어도 머리카락은 보인다

2014년 10월 3일

글·사진 하진형

펴낸이 김리아
펴낸곳 불휘미디어
주소 경남 창원시 마산합포구 오동10길 87
전화 (055) 244-2067
팩스 (055) 248-8133
이메일 2442067@hanmail.net

ISBN 978-89-97649-34-1 03810

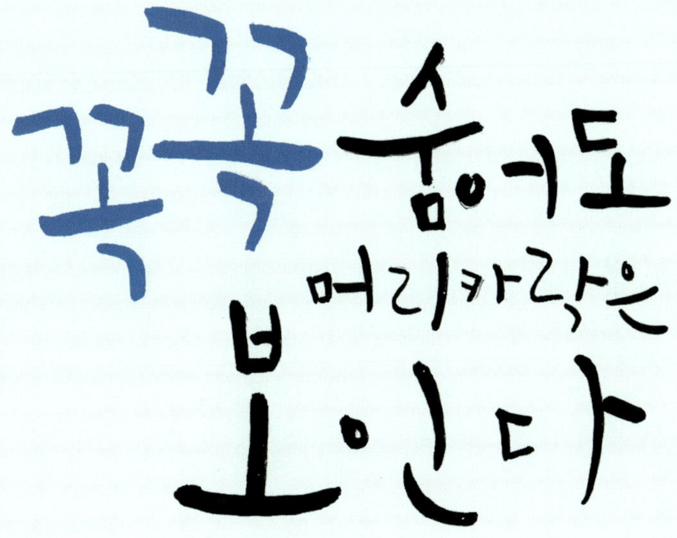

하진형 현장 에세이

불휘미디어

책 머리에

존재하는 것들은 결코 하나의 의미로만 존재하지 않는다고 했다.

경찰관으로 살다보면 일반적인 직업인을 넘어 자신도 모르는 반사적 행동을 할 때가 있다. 어디서, 어떤 위험한 상황이 되면 본인의 안위安危를 살필 겨를이 없어져 버리는 것이다.

범인검거 현장에서 칼에 찔렸을 때 바로 지혈止血하고 후송되면 목숨은 건질 수 있다. 그러나 피를 흘리면서도 범인을 잡기 위해 뛰다가 혈압상승으로 인한 과다출혈로 순직殉職하기도 한다. 그들이 '경찰관'이기 때문일까.

그것을 지켜 본 동료들은 자신에게 똑같은 상황이 생기면 과연 그렇게 행동할 수 있을까하고 스스로에게 묻기도 하지만 역시 마찬가지다.

여기에 소개된 사연들은 주민들과 희로애락喜怒哀樂을 같이 할 수밖에 없는 일선경찰관들이 이웃들과 몸을 부대끼며 살아가는 모습이다.

그리고 경찰은 범죄를 제압하여 사회질서를 유지해야 하지만 그 피해를 제대로 회복시켜 주지 못함에 대한 안타까움 또한 크다.

본문本文의 내용은 모두 일선현장에서 일어난 사실이며, 소재가 되신 분들의 숭고한 뜻이 왜곡되지 않기를 바라는 마음 간절하다.

이해에 어려움이 있거나 표현이 모자란 면이 있다면 이는 전적으로 필자의 능력부족에서 비롯된 것임을 밝힌다.

그리고 현장경찰관으로부터 어쩔 수 없이 작은 도움을 받거나, 과거의 범죄에 관련된 분들의 마음을 또다시 다치는 일이 없도록 제3부를 제외하곤 모두 가명처리假名處理 하였고, 수사기법의 노출과 모방범죄를 우려하여 이미 세상에 알려졌거나 언론에 공지公知된 것 외에는 구체적인 기법묘사를 피하였음을 혜량惠諒해 주시길 바란다.

또한, 필자의 미천微賤한 능력 때문에 지면에 소개되지 못한 소중한 사연이 훨씬 많은 것도 사실이다.

세상살이가 복잡해지면서 여러 분야의 역할이 많이 변하고 있다.

오늘날의 경찰은 강력범죄자 검거에 못지않게 사회적 약자 보호에도 힘을 기울이고 있다. 이것은 트렌드의 변신이라기보다는 시대적 요청인 것이다.

그러나 시민이 신고한 범인을 경찰이 놓치거나 음주운전 단속 후 만

취한 사람에게 자동차 열쇠를 돌려주는 것처럼 안일한 업무처리로 비난의 화살을 맞기도 하며, 그것으로 인해 돌이킬 수 없는 피해를 발생시키기도 한다.

곧 겨울이 올 것이다. 그러나 겨울이라고 모든 것이 추운 건 아니다. 겨울비도 따뜻하고 창으로 들어오는 쪽볕, 작은 손난로, 그대의 가슴 등 따뜻한 것도 무수히 많다. 그리고 지나간 겨울바람도 춥지 않다. 문제는 우리가 겨울은 당연히 춥다고만 생각하는 것일지도 모른다.

창밖으로 경찰서 무선중계탑에 집을 짓기 위해 무거운 나뭇가지를 물고 날아오르는 까치를 본다. 문풍지가 없어 보이는 까치집도 그들에겐 따뜻한 보금자리일 것이다.

세상의 모든 사람들이 따뜻한 보금자리에서 편안한 미소로 서로를 바라 볼 수 있다면 얼마나 좋을까.

경찰은 국민을 위해서 존재한다.

아무리 큰 사건이라도 결국은 사람이 마무리한다. 과학수사는 범죄의 정황情況에 대한 객관적 증명수단일 뿐이다. 곧 주민과 경찰이 하나가 되어야 더욱 따뜻하고 안전한 사회가 될 것이다. 손을 잡으면 마음도 따뜻해지고 멀리 가려면 같이 가라는 말도 있지 않은가.

부족한 이 글들이 현장경찰관과 이웃들의 어울린 삶을 이해하는데 조금이라도 도움이 된다면 크나 큰 기쁨이겠다.

세상은 '상호의존의 원리'에 의해 서로가 도움을 주고받으며 살아간다는 어느 현인賢人의 말씀과 인공와우의 송 · 수신기 역할을 가슴깊이 생각하며 처음과 끝을 맺었다.

그리고 글은 함부로 써서는 안 되는 것이라는 것을 알면서도 지금 우愚를 범하고 있다. 어차피 졸필拙筆이지만 문장은 기교의 산물이 아니며 사람의 마음이고 영혼이라는 믿음으로 썼다. 편안하게 읽어 주시길 바랄 뿐이다.

오늘도 밤낮이 바뀐 생활을 하고 있는 일선경찰관들과 우리가 결코 잊어서는 안 될 순직하신 님들께 누가 되지 않기를 두 손 모아 기도한다.

2014년 가을 하 진 형

목
차

chapter 1 인공와우를 아세요?

어느 작은 기록들

chapter 2 피해자의 눈물은 우리가슴을 뛰게 한다

세상 만물은 자기의 고유한 소리가 있고 하늘의 달도 소리가 있다는데
새소리, 물소리는커녕 자기 아들의 울음소리도 듣지 못하는,
그래서 자신의 바로 옆에서 아들을 죽일 뻔한 여인의 마음은 어땠을까.

chapter 1

인공와우를 아세요?

소연이의
열 두 계단

도심의 파출소는 늘 부산하다. 온갖 신고출동에 시달리다가 차고 있던 묵직한 외근혁대를 풀면 빼근한 허리가 날아갈 듯 느껴지는 것이 그것을 말해 준다. 오늘도 꽤나 힘든 하루였다.

주간근무를 마치고 근무교대 준비를 하는데 소장님이 "모두들 자리에 잠시 앉지."라며 미소를 띄운다. 모두들 '뭔 일이지?' 라는 눈빛을 교환하는데 관리반 이경사는 자기도 뭔가를 알고 있다는 듯 히죽거린다.

"음, 오늘 아주 기분 좋은 소식을 전해주려고 합니다."

평소엔 느릿한 충청도 사투리를 쓰는 소장님이 공식적인 사항을 말할 때는 꼭 표준말을 쓴다.

외근 나갈 준비를 하다가 '혹시 성과금이 올랐나? 아님 뭐지?' 하는 표정으로 모두가 소장님의 입에 집중하고 있는데. "이거 공짜로 알려주면 안 되는디~, 이경사 안 그려?"라며 관리반 쪽을 쳐다본다.

"에이 소장님, 뜸 들이지 마시고 빨리 말씀해주세요, 이러다가 신고출동 걸리면 그냥 뛰어나가야 하잖습니까?" 벌써 외근장비를 다 갖춘 정경위는 답답해 죽겠다는 표정을 지으며 조른다.

"그럴까? 오늘 내가 특별히 인심 한 번 쓰지, 에~ 우리 소연이 있잖아, 드디어 장애등급이 2급으로 올랐데, 오늘 연락이 왔어."

"와!! 잘 됐네요, 정말 잘 됐어."

모두들 환호성을 지르며 자기 일처럼 박수를 쳐댄다. 그때 파출소의 구석진 곳에서 조용히 듣고 있던 김경사도 눈을 꼭 감은 채 손바닥이 부르터질 정도로 박수를 크게 치고 있다.

그랬었다.

매일 오후가 되면 파출소 식구들과 만나는 14살 여중생 소연이는 태어날 때부터 두 다리에 힘이 들어가지 않아 휠체어에 의지해야 하는 선천성 뇌병변 장애를 앓고 있었다. 소연이의 장애등급은 원래 지체장애 1급으로 등록되어 있었는데 지체장애에서 뇌병변 장애로 분류가 바뀌면서 3급으로 떨어졌다는 통보를 받고 가족 모두가 허망해 했었다. 정부의 장애인 활동지원금이 2급부터 지급되기 때문이었다. 이 사실을 들은 소장님이 동사무소와 담당기관을 뛰어다니면서 소연이의 딱한 처지를 설명했고 그 결과가 이번에 2급으로 상향

조정上向調整 된 것이다.

그리고 이 일을 하면서 신문사 곽기자 님의 도움도 많이 받았다. 등급조정의 객관적 근거부족과 개개인의 특수성을 감안하지 않는 행정편의주의를 지적하며 뛰어다니는 그의 모습은 진정한 프로기자였다. 우리 사회에는 정의로운 사람이 참 많고, 자신의 직분에 충실한 사람들의 열정 때문에 세상이 잘 돌아가고 있다는 생각을 해본다.

파출소 식구들과 소연이가 만난 것은 봄기운이 완연해가던 재작년 3월 중순 비가 내리던 오후였다. 그날도 김경사는 선배 송경위와 함께 순찰을 하고 있는데 휠체어를 탄 작은 체구의 여중생이 계단 밑에서 혼자 앉아있는 것이 보인다. 순찰차를 세웠다.

"왜 혼자 있어? 아저씨가 좀 도와줄까?"

"네에~ 아저씨, 죄송해요…." 갓 돋아나는 새싹처럼 가늘고 연약한 목소리였는데 노란색 우산을 쓰고는 있었지만 신발과 바지는 이미 젖어 있었다.

"죄송하긴, 근데 몸이 불편해 보이는데 왜 혼자야?"

소연이는 눈을 내리 깔며 입술을 깨물고 머뭇거렸다. 송경위가 눈을 깜빡거리며 김경사에게 눈총을 보내자 이내 머리를 긁적거리며 미안해한다. 아픔은 깨우면 더 커지는 것을 깜빡했다. 송경위는 허리를 굽혀 소연이와 눈높이를 맞췄다.

"몸이 불편하구나…."

"저기, 아저씨 근데요…."

소연이는 작은 소리로 말을 시작했다.

소연이의 집은 가파른 계단 위에 있는 다세대주택 3층으로 태어날 때부터 불편한 몸 때문에 엄마가 하교下校시간에 맞춰와 기다렸다가 소연이를 업고 계단을 올라갔었는데 며칠 전 부모님이 심하게 다툰 후 엄마가 집을 나가버렸단다. 소연이 아버지는 하루하루 벌어서 근근이 가족을 부양하기 때문에 소연이를 데리러 올 시간이 없고, 오빠도 학교를 마치는 시간이 늦어 도움을 줄 수 없었다. 결국 여든이 되신 할머니가 도와주시는데 계단을 내려올 때는 힘들어도 조심스레 갈 수 있으나 하굣길의 오르막은 너무 힘들어 길 가는 행인行人들에게 부탁해서 올랐지만 오늘은 지나가는 사람이 없어 한 시간 넘게 그 자리에 하염없이 앉아 있었단다. 치렁거리며 내리는 봄비를 맞으면서.

김경사는 머뭇거릴 수가 없었다.

"소연아 걱정마, 아저씨가 도와줄게."

"고마워요, 아저씨."

김경사는 선배 송경위를 바라보며

"주임님, 제가 업을 게요."

"그래, 내가 휠체어를 들지. 소연아, 가방 이리 줘."

김경사는 등을 내밀어 소연이를 업고 계단을 올랐다. 30도 이상 경사진 계단 양옆으론 낮은 집들이 다닥다닥 붙어앉아 지나가는 사람들을 보고 있는 듯하다. 김경사는 소연이를 업고 가면서 비슷한 장애를 가진 자신의 딸 영아를 업고 있다는 생각을 했다.

'뇌병변 장애를 앓고 있는 예쁜 내 딸 영아도 하고 싶은 게 얼마나 많을까? 퇴근하면 불편한 몸으로도 아빠를 그렇게 반기는 딸 영아도 온종일 집에 있으려면 얼마나 갑갑할까.'

그렇게 소연이를 업고서 집에 올려다 준 후, 땀을 훔치며 왼쪽가슴 호주머니를 더듬는다. 그리곤 '명함名銜'을 내밀며 눈을 맞춘다.

"소연아, 필요할 땐 언제든 아저씨에게 전화해라. 알았지?"

소연이는 미안해하면서도 무척 고마워하는 눈치다.

파출소로 돌아올 때 선배 송경위는 "김경사가 소연이를 바로 업는 것을 보고 놀랐어"라며 등을 두드린다. 기분 좋다.

이튿날 조회시간에 김경사는 소장님께 소연이의 사연을 말하고 어떻게든 계속 도와줄 수 있으면 좋겠다는 의견을 내놓았다. 조용히 듣고 있던 소장님의 입에서 느리고도 따뜻한 특유의 사투리가 튀어나왔다.

"우리 가심 따땃한 일 좀 혀야 되것어, 디지게 바쁠 땐 나도 업을 테니께, 다들 생각이 워쩌?"

"좋지요, 좋습니다."

이구동성은 바로 이런 것을 두고 하는 말일 것이다. 그렇게 해서 소연이와의 인연因緣은 시작되었다. 그때부터 소연이와 파출소 경찰관들은 매일 하굣길의 친구가 되었다. 소연이는 학교수업을 마치면 500여 미터 떨어진 파출소로 휠체어를 밀고 온다. 그러면 기다리고 있던 주간근무자 두 명이 나가 한 명은 소연이를 업어 계단을 오르고 다른 한 명은 휠체어를 들고 간다. 주간당직 팀의 업무 중 하나가 되었는데 모두들 좋아했다.

특히 자신은 아들만 둘이라며 딸 있는 사람이 부럽다는 말을 입에 달고 다니는 이경위는 체격이 다른 팀원들보다 적은데도 꼭 자기가 소연이를 업겠다고 고집한다. "이럴 때 아니면 언제 딸을 업어 보겠냐."면서 자신은 오히려 딸을 업어볼 기회를 준 소연이가 고맙단다. 그 일은 방학 중에 소연이가 나들이할 때도 계속되었고, 여름날 비가 올 때도 마찬가지였다. 겨울엔 빙판길이 걱정되기도 했지만 계단 쪽이 양지쪽이라 다행이었다. 파출소 식구 26명 중 소연이를 업어보지 않은 사람은 한 명도 없다.

요즘에는 가파른 계단을 올라서면 소연이를 2층에서 내려준다. 소연이의 집은 3층인데. '일부러라도 다리근육을 쓰지 않으면 소연이가 영영 걷지 못할까 걱정하는 할머니의 생각' 때문이다. 그리곤 소연이가 혼자서 마지막 12계단을 오를 때까지 할머니와 함께 지켜본다.

"내가 죽기 전에 저 아이가 지발로 걸어 다녀야 할텐데…."

할머니의 걱정스런 목소리가 공기를 멈추게 한다. 계단난간을 잡고 선 할머니의 주름지고 야윈 손에 시선이 멈춘다. 그것을 모르는 소연이는 마지막 12번 째 계단을 올라서서 뒤돌아보며 맑은 목소리로 소리친다.

"아저씨, 최고예요, 난 원빈보다 파출소아저씨가 더 좋아요." 라며 엄지손가락을 치켜들고 흔든다. 소연이와 기분 좋은 미소를 주고받던 김경사는 마음속으로 말한다.

'소연아, 영화에 나오는 그 아저씨는 얼마나 멋있는 사람인데 우릴 그 아저씨에 비교하니, 너무 부끄럽다. 근데 기분은 왜 이렇게 좋지? 킥킥.'

오늘 소연이는 기분이 더 좋은 모양이다. 처음 만났을 땐 묻는 말에도 기어들어 가는 목소리로 겨우 대답했었는데 요즘은 파출소 밖에서 목을 쭈욱 빼곤 '아저씨~'하고 큰소리로 부르기도 한다. 소연이는 더 이상 작고 왜소한 아이가 아니었다. 이러한 사실이 학교에까지 알려져 소연이가 인기인이 되었단다. 파출소 식구들은 소연이의 성격이 밝아진 것을 제일 좋아한다.

할머니에게 인사를 하고 돌아선 김경사는 아무도 들을 수 없는 작은 목소리로 집에 있는 딸 영아에게 말하고 있었다.

'영아야~, 아빠 착하지?'

그러면서 소연이 엄마가 빨리 돌아왔으면 좋겠다는 생각도 해본다. 소연이네 계단 입구에 서있는 이팝나무의 하얀 꽃이 참 예쁘다. 하얀 꽃이 지면 연두색 나뭇잎은 더욱 짙어질 것이고 그 잎이 더 자라 우거지면 많은 사람들이 그늘 밑에서 잠시라도 더위를 피할 수 있을 것이다. 햇볕을 받아 따뜻해지는 시멘트 계단과 이팝나무 그늘이 어울려 보이는 것은 무엇 때문일까.

노路반장이요?
정반장이요?

날씨가 많이 추워졌다. 세상의 푸르름이 붉고 노란 옷을 입고 있다가 떠난 자리에 남은 것은 앙상한 가지와 단풍색깔마저 바래진 납작한 낙엽뿐이다.

반백의 머리인 정경위는 엉뚱하게 사계절 중에서 겨울이 없었으면 하는 생각을 한다. 겨울이 없다면 최소한 노숙인들이 얼어죽는 일은 없을 테니까 말이다. 간간히 인근 교회 등지에서 신발과 옷가지를 얻어서 노숙인들에게 나눠 주기도 하지만 지하도 등에서 잠을 자다보면 잃어버리고 며칠이 지나면 맨발에 슬리퍼만 신고 다니는 노숙인들이 생긴다. 찬바람에 맨발로 다니면 동상에 걸리기 일쑤인데 해마다 겪는 일이지만 기온이 많이 내려가면 날씨가 원망스럽다.

정경위는 5년 전부터 역전파출소에 배치되어 노숙인들과 쪽방촌 거주민들을 돌보는 업무를 하고 있다. 직업은 분명히 경찰인데 남들이 보면 '경찰인지, 사회복지사인지' 헷갈려하기도 한다. 정경위가 노숙인들을 '관리'하지 않고 '돌본다'고 하는 것은 단순히 기계적인 직업의 관점에서가 아닌 그들도 한때는 '따뜻하고 든든한 가장'이었고 또 언젠가는 그 따뜻함을 가지고 돌아가야 할 것이기에 '가족'이라는 생각으로 일하기 때문이다. 그래선지 사지 멀쩡한 정경위가 노숙인들로부터는 '노반장(노숙인 반장)'으로 불린다.

노반장은 관내 노숙인들의 의식주와 취업, 건강까지 챙겨야 한다. 몸이 불편한 노숙인은 병원으로 보내고, 방이 필요한 사람에게는 쪽방을 연결해 준다. 또 호주머니를 털어 신발을 사줄 때도 있다. 때로는 일자리를 구한다며 돈을 꿔가서 술을 마셔버리는 노숙인들도 있지만 정경위는 그저 그러려니 한다. 이미 오래 전부터 관내 노숙인들과 서로 '형님, 동생'하는 사이가 되어 버렸다. 하루 종일 노숙인들과 지내다보니 동네 주민들도 정경위를 노숙인으로 착각할 정도다.

작년 봄이 시작될 무렵, 특별한 사람이 파출소를 방문했었는데 젊은 시절 실수로 15년을 감옥에서 보내고 출소한 56세의 이씨는 과거 자신을 체포한 형사를 찾아왔다고 했다. 그 형사는 이미 몇 년 전에 퇴직했는데 '앞으로 열심히 살겠다'고 인사하러 왔다니 황망스럽기조차 하다. 그렇다고 15년을 되돌릴 수도 없는 상황인데 외면할 수도 없어 정경위는 '새로운 터전을 만들어 보라'며 작은 교회를 소개해 주었다. 이씨는 그 인연으로 1년 2개월 째 교회에서 봉사를 하고 있다. 식사 준비와 청소 등을 하면서 월 50만 원을 벌어서 꼬박꼬박 저축을 하고 있고 곧 새로운 가정도 꾸릴 예정이다. 고맙게도 목사님께서 '주례'를 공짜로 서 주신단다.

그런가 하면 올해 쉰 살을 넘긴 박씨는 20년 넘게 노숙인 생활을 하며 폭행 등 각종 전과가 여러 개 있었지만 '노반장'을 만나면서부터 동네 주민들은 물론 다른 노숙인들에게서까지 사람이 달라졌다는 소리를 듣는다. 그는 노반장의 권유에 따라 2년간 늦깎이 공부를 한 끝에 '요양보호사 자격증'을 따서 일자리를 찾고 있다. 박씨의 일자리도 결국 노반장인 정경위의 몫이다.

정경위는 수 년간 같은 일을 하면서 노숙인들이 갑자기 사라지는 이유를 알아내었다. 슬픈 일이지만 노숙인들 사이에서 '학교'로 통하는 교도소에 갔거나 몸이 아파서 병원에 갔거나 그것도 아니면 숨졌거나 하는 것이었다. 도처에 먹을 것들이 넘쳐나는 21세기의 땅에서 차가운 겨울을 넘기지 못하고 어디선가 숨을 거두는 것 만큼 쓸쓸한 죽음도 있을까. 추위를 모르고 겨울을 나는 사람들은 그런 사연을 알기나 할까.

노반장은 노숙인들을 부를 땐 항상 이름을 부른다. "경식이, 밥은 먹었어? 아픈 데는 없는 거야?"라는 인간적인 대화에서 서로의 마음이 터진다. 어떨 땐 '화장실에서 자다가 쫓겨났다'며 파출소를 찾아온 노숙인도 있는데 먼저 이야기를 다 들어주고 나서 여러 사람이 이용하는 화장실에서 자면 안 된다고 타이르면 목을 빼 주억거리며 수긍한다. 즉, 노숙인의 입장에서 이해하는 마음을 갖는 것이 더 나은 것이다. 그들은 현재 자신들의 처지에서 피해의식이 있을 수밖에 없고 대부분의 사람들이 자신들을 의식적으로 피하는 현실을 생각하면 더욱 예민할 수밖에 없는 것이다.

정경위는 노숙자들과 악수를 자주 한다. 맨손으로 두 손을 꼭 잡아주는 것이다. 그러면서 "밥 먹을 땐 꼭 손을 씻고 먹으라"하면 반발하지 않고 착한 아이들처럼 뒷머리를 긁적거리며 그러겠노라고 말한다. 노숙인들은 대부분이 '폐결핵이나 고혈압 · 당뇨병' 등을 지니고 있는데 건강상태가 심각하다. 상황이 이러니 그들에게 심적인 여유가 있겠는가. 그래서 우리가 더욱 따뜻하게 다가가야 하는 것이다.

정경위는 몇 달 전부터 자기만의 '작은 은행'을 만들었다.

일부의 알콜중독 노숙인들이 얼마 안 되는 정부지원금을 받아 술값으로 탕진蕩盡하는 것을 막기 위해 파출소에 '노숙인 귀중품 보관은행'을 만들어 자칭 '은행장'이 되었다. 저소득층을 위한 월 40여만 원의 정부지원금이 절제를 잘못하는 일부 노숙인을 더욱 심한 알콜중독으로 빠져들게 할 수도 있겠다 싶어서 보관이 필요한 노숙인은 파출소에 돈을 맡기고 물품보관대장에 이름과 금액을 적어두고 한도초과 금액의 출금出金을 제한한다. 보통 30~40만원 정도를 관리하는데 1시간마다 1만원씩 달라고 찾아오는 노숙인도 있지만 필요한 일이라 여겨 견더낸다.

'은행장'으로 일한 뒤부터 파출소를 방문하는 노숙인이 더 많아져서 동료들에게 미안할 때도 있지만 은행장의 직무를 충실히 수행하라며 격려해주는 동료들 덕분에 '1만 원 달라고 떼쓰는 노숙인'을 보고 약해지려는 마음을 다잡기도 한다. 정경위는 형편이 허락할 때까지 노숙인이 아프면 병원에 데려가고 추위에 떨고 있으면 옷을 구해다 입히고 일할 곳도 구해주는 '해결사' 역할을 계속할 것이다.

한번은 말도 잘 하지 못하는 노숙인의 가족을 어렵게 찾아서 따뜻한 남도의 고향으로 내려보냈었는데, 일주일도 되지 않아 다시 올라왔을 때엔 순간적으로 짜증이 나기도 했지만 가족들도 하지 못하는 일을 내가 한다는 생각으로 '노숙인 해결사'를 자청하고 있다.

정경위가 경찰에 들어온지 벌써 30년이 가까워진다. 여러 부서에서 일을 해왔지만 아침 7시부터 저녁 9시까지 역 주변, 지하도, 쪽방촌을 돌면서 어려운 이웃들과 생활하는 것이 스스로도 따뜻하고 괜찮은 세상의 한 곳에 내가 서 있다는 생각을 한다.

어젯밤, 유난히 눈이 많이 내리는 덕유산 자락의 고향 마을에 계시는 아버지께서 전화를 주셨다.

어디서 들었는지 '큰애야, 네가 참 좋은 일을 한다며? 힘든 사람들을 돕는다는 거, 참으로 좋은 일이다~ 이.'

아버지께서 처음 얘기를 꺼내실 때 '경찰한다면서 멋있는 제복 입고 순찰 돌지 않고 노숙자들하고 논다고?'라시며 못마땅해 하실 줄 알았는데 이렇게 기분이 좋을 수가.

오늘은 날씨가 좀더 따뜻했으면 좋겠다.

귀마개에 털모자까지 쓰고 역전驛前을 돌아보는데 저만큼에서 두 달 후면 결혼을 할 이씨가 웃으면서 '거수경례'를 올려 부친다.

"노반장님, 추우신데 감기조심 하시오."

자신도 모르게 웃음이 나온다.

"자네도 감기조심 허소~~."

이씨를 지나치면서 곁눈으로 살펴보니 따뜻해보이는 신발을 신고 있다. 면도도 한 것처럼 보였다. '이씨가 결혼식을 하면 무슨 선물을 해야 할까'라는 생각을 하는 노반장의 마음은 어느 때보다 가볍다.

'그래, 나는 천상 노반장으로 정년停年을 해야겠어.'

'영정影幀'이 아니고 '장수사진' 입니다

정년이 얼마 남지않은 농촌 파출소장 김경위는 오늘도 카메라 가방을 챙겨 관내 마을로 서둘러 차를 몰고 간다. 도로가의 논에서 자라고 있는 벼의 푸른 흔들림이 세상을 더욱 풍성하게 해주는 것 같다. '곳간에서 인심난다'는 말처럼 풍년이 들면 따뜻한 '인심온도'는 더 높아질 것이다.

지난주에 석교마을노인회와 약속을 했었는데 아침에 작은 폭력사건이 나는 바람에 조금 늦어졌다. 아무리 시골이라도 경찰을 놀리지는 않는 모양이다. 마을회관엔 벌써 여러 노인들이 나와 계신다.

"어르신, 많이 늦었지예. 죄송합니다."

김소장은 카메라 삼각대를 세우고 어르신이 앉을 의자의 위치를 살피면서 지난번에 찍었던 사진을 머리가 허연 장할머니께 드렸다.

"아이고, 고맙아라. 우리 애들이 볼 내 마지막 모습인데 이렇게 이뿌게 찍어줘서 정말 고맙소, 내는 줄끼 암껏도 없는데 우짜꼬…."

"할머니, 마음에 드세요? 다행입니다. 할머니가 원래 이뻐셔서 사진이 잘나온 겁니다. 허허."

김소장은 사람 좋은 웃음을 지으며 촬영장비를 이리저리 맞춘다.

김소장이 20여 년째 찍어오고 있는 '영정사진'은 1,500장이 넘는다. 30여 년 전, 경찰관이 된 지 5년쯤 지났을까. 경찰서에서 감식鑑識 업무를 하면서 화재현장에 나간 적이 있었는데 변을 당한 할머니의 영정影幀이 없어 주민등록증 사진을 확대인화해서 영정으로 쓰는 것을 보면서 안타까운 생각을 했었다. 그 일이 있고 얼마 지나지 않은 겨울 어느 날, 나물장수 할머니가 쑥보따리를 안고 길에서 쓸쓸히 돌아가셨는데 객지에 있던 자녀들이 장례를 치르러 와서 영정이 없어 애를 먹는 것을 보았다. 당시 감식요원이던 김소장은 결국 낡은 가족사진에서 할머니의 얼굴을 확대하여 영정을 마련해 주었다. 작은 사진을 확대하면 선명도가 떨어지는 게 아쉬웠지만 가족들은 그렇게 고마워했었다. 그러나 길에서 돌아가신 할머니의 모습과 영정 속의 표정이 연결되지 않아 남모르는 아쉬움이 더욱 크게 다가왔었다.

사진술은 대학동아리 때 활동을 하면서 시작했고 경찰서 감식업무를 하며 틈틈이 익히던 중이어서 다행이었지만 말이다. 당시 농촌엔 형편이 어렵거나 사진관에 가기엔 몸이 불편하여 영정을 찍어두지 못한 노인이 많았다. 그래서 기회가 될 때마다 노인들의 영정을 찍어드리기로 했다. 처음에는 혼자 사시는 어르신들의 사진을 한두 장 씩 찍어주자 '경찰서 순경이 영정사진을 공짜로 찍어준다'는 소문이 퍼지면서 "혹시 나도 사진을 찍어 줄 수 있느냐"고 물어오는 노인도 계셨다. 그때부터 김소장은 본격적인 영정사진사로 나섰다. 주위 동료들의 격려가 있었음은 물론이다.

그러나 경찰관의 입장에서 영정을 찍어주는 작업이 꼭 좋은 일만 도 아니었다. 시골 사진관 주인들에게 미안한 마음이 들기도 했고, 필름과 액자 등 비용도 만만찮아 아내에게 구박도 많이 받았다. 요즘엔 디지털 카메라가 나와 필름값을 아낄 수 있어서 다행이지만. 아내는 박봉薄俸의 공무원 수입때문에 식당으로 가계를 꾸려나가면서 "왜 돈도 안 되는 짓만 하냐?"며 구박하기도 하지만 그래도 밖에선 친구들에게 "우리 남편이 참 좋은 일을 한다"고 자랑스레 말하는 것을 보면 자신의 마음을 이해해주는 것 같아 고마움과 미안한 생각이 교차한다.

김소장은 여러 마을로 영정사진을 찍으러 다니면서 '영정'의 의미가 어르신들에게 죽음을 생각케 하는 것 같아서 몇 년 전부터는 '장수長壽사진'으로 이름을 바꾸었다. 장수사진을 찍어두면 더 오래 사신다면서 사진작업을 하면 어르신들이 훨씬 더 좋아하신다.

김소장은 얼마 전부터 결혼사진도 찍기 시작했다. 어느 마을에서 장수사진을 찍으려는데 70대 후반 노부부가 "우리는 결혼사진보다 영정사진을 먼저 찍네…"라는 말을 들은 뒤부터다. 한평생 가난의 멍에를 벗지 못하고 하나 있던 아들마저 아기 때 잃고나서 기댈 곳이라고는 서로의 등 밖에 없었던 노부부에게서 결혼식은커녕 사진 한 장조차 찍을 수 없었다는 사연을 들은 김소장은 그들에게 '48년 만의 결혼사진'을 찍자고 제안했다. 카메라 앞에 처음 나란히 선 노부부가 풍파에 찌든 늙은 소나무 같다고 생각을 하면서 카메라의 조리개를 맞추고 있을 때엔 코끝이 찡해졌다. 어색한 표정으로 이리저리 자세를 고치던 할머니가 "적은 월급에 돈 들여 사진 찍어주기도 힘들 텐데…"라시며 자꾸 눈물을 찍어내어 겨우 촬영을 마쳤다.

그렇게 늙은 부부의 때늦은 결혼사진을 찍자 할머니는 인상을 찡그리며 몸을 부르르 떨더니 결국 눈물을 쏟으셨다. 옆에 계시던 어르신들은 서로 눈길을 피하셨고, 김소장도 사진작업을 멈추고 한참 동안 서 있다가 결국은 밖으로 나가 담배를 한 대 피울 수밖에 없었다. 가슴 깊은 곳에서 토해져나온 담배연기가 허공 속으로 흩어지자 하늘이 잠시나마 흐려졌다. 담뱃불을 끈 뒤 심호흡을 하곤 촬영장소로 돌아왔다. 덩치 큰 김소장의 눈가에도 이슬자국이 맺혀 있었다.

김소장이 결혼사진을 만들려면 노부부의 사진 파일을 가지고 작업실에서 또 다른 작업을 해야 한다. 컴퓨터의 힘을 빌려 약간의 보정補整과 배경작업을 더하면 결혼식 장면이 나온다. 액자는 사진협회 활동을 하면서 알게된 액자가게 사장으로부터 시중가보다 싸게 구입하는데 영정사진의 취지를 들은 사장이 자신도 좋은 일에 한몫하고 싶다며 더 싸게 준다. 고맙다. 그렇게 구입한 비단액자에 사진을 넣어드리면 어르신들은 그렇게 좋아하실 수가 없다. 이 세상에서 눈물 흘리는 하회탈을 본 사람들은 많지 않을 것이란 생각을 하며 가슴속이 뜨거워지는 것을 느끼기도 한다.

김소장은 영락없는 시골 파출소장이다.

강력사건이 거의 발생하지 않는 탓에 순찰근무는 시골 노인들의 안부를 묻는 것이 대부분이다. 시골의 면 단위 지역은 시간에 맞춰 오는 버스 이외에는 교통수단이 거의 없다. 급할 때 부르는 두세 대의 개인택시들도 손님이 있는 읍내에 가 있기가 일쑤여서 순찰 중에 면 소재지에 있는 농협공판장에서 농약을 사다드리는 심부름을 할 때도 있다. 어쩌다 바쁠 땐 동료직원들이 밉지 않은 투정을 부릴 때도 있지만 "노인들을 안전하게 모셔다 드리면 어르신들도 좋아하고 순찰도 자연스레 되는 게 아니냐?"라며 다독이곤 한다.

또 남의 어려움을 보면 지나치지 못하는 심성心性 때문에 혼자 힘겹게 사는 노인들이나 이웃에게 남몰래 생필품을 사다주기도 하고 식당을 하는 아내가 담궈둔 김치 등 반찬을 몰래 가져다주기도 한다. 물론 아내가 그것을 알고서도 모르는 척 하는 것도 안다. 30년 넘게 같이 살았는데 그런 눈치가 없겠는가. 가끔씩 지인들이 "귀찮지 않느냐, 귀찮은 일을 왜 하느냐"고 묻기도 하지만 정작 김소장은 자신이 좋아서 하는 일이다.

장수사진 작업을 하며 쌓은 사진기술은 본인에게 더 큰 의미를 주기도 한다. 경찰관 최초로 공무원 미술대전 초대작가로 추천되기도 했고 심사위원도 맡았다. 도道단위 초대작가에도 여러 번 추천되었다.

지난해에는 자매경찰청인 중국 광동성 방문단에 파출소장 중 유일하게 포함되어 다녀왔다. 방문현장에서도 사진찍기에 바빴지만 대표단으로 가는 것이 아무에게나 있는 기회가 아니지 않는가.

이제 두어 해 지나면 자신도 환갑을 맞는 나이지만 건강이 허락된다면 죽을때 까지 '공짜 장수사진사'로 활동할 계획이다. 김소장은 자신의 장수사진을 찍어놓긴 했는데 아직 인화는 하지 않았다. 어르신들의 골이 깊은 주름살을 보면서 자신의 사진을 뽑기엔 아직 부끄러운 생각이 많이 들기 때문이다.

며칠 전엔 아주 기분 좋은 일이 있었다.

도시에서 생활하며 고향을 다니러 온 중년신사가 김소장이 찍어드린 부모님의 장수사진을 보고는 "자식도 하지 못한 일을 파출소장님이 해 주셨다"면서 고맙고 죄송하다는 인사를 하고 갔다. 그 장수사진을 보면서 '앞으로는 더욱 자주 집에 들러 부모님을 모시기로 했다'는 다짐을 소장님께 약속하기 위해 왔다면서. 중년신사가 돌아간 뒤 김소장은 자신도 모르게 혼자웃음을 짓고 있다. 기분이 좋으면 절로 나오는 웃음, 허허허.

오늘도 김소장은 카메라를 닦으면서 휘파람을 불고 있다. 예전에는 휘파람을 불려고 하면 훅훅 하는 바람 새는 소리만 났었는데 언젠가부터 자연스럽게 멜로디가 되어 나왔다. 가만히 생각해보니 아마도 '영정'을 '장수사진'으로 이름을 바꾼 후 작업을 하며 습관적으로 불기 시작한 때부터 인 것 같다.

'휘파람을 불며 가자 언덕을 넘어, 송아지가 엄마 찾는 고개를 넘어~~.'

경찰은 어떻게 생겨났을까?

경찰(Police)이란 용어는 라틴어의 'Politia'에서 유래되었다고 하지만 고조선 시대에 살인, 상해, 절도죄가 정해진 8조금법이 있었던 것을 보면 우리 민족도 예로부터 이름만 다를 뿐 경찰제도가 존재하여 왔다는 것을 알 수 있다.

한사군시대에는 순찰과 도적을 담당하는 경(卿)의 유요라는 기관이 있었고, 삼국시대에도 명칭이 다른 치안기관이 있었다.

고려시대에는 도(道)의 장인 안찰사가 행정·경찰·사법까지 처리하였고 중앙경찰기관인 어사대와 수도경찰업무인 금오위도 있었으며, 조선시대 중종 35년(1540년)에 전문적이고 독립적 경찰기관인 포도청이 설치되었고 양반집과 여자도적 체포를 위한 '다모(茶母.여형사)'도 이 때 생겼다.

그러나 갑오경장 이전까지는 경찰권이 일원화되지 못했다. 모두 행정의 언저리에 있었던 것이다.

1894년 설치된 '경무청' 이후를 근대경찰이라 하는데 '경찰'이라는 말도 그때 처음 썼다. 그 후 일제강점기에 접어들어 일본헌병·경찰의 무자비함 때문에 현재의 경찰도 그 원죄를 뒤집어 쓰고 있다.

광복이 되고 미군정청의 경무부(1945년 10월 21일 창설)가 경찰업무를 담당하다가 3년 후인 1948년 10월 21일 경찰 운영권을 이양받아 경찰권을 회복하였고 이 날이 '경찰의 날'로 지정되어 오늘에 이르고 있다.

이후 6·25 때엔 호국경찰로 1만여 명의 사망자와 6천 5백여 명의 부상자를 내었고, 70~80년대엔 시국경찰로서 민생과 함께 임무를 수행하며 '박종철 사건'까지 겪었다. 이후 범죄와의 전쟁, 올림픽과 월드컵 경비, 4대 사회악 추방활동 등을 하며 이웃들과 함께 해왔다.

1991년 경찰청 개청 후 현재는 민생에 집중하며 오직 국민을 위한 경찰로 태어나기 위해 몸부림치고 있는데 수사권의 합리적 조정은 과제로 남아있다.

운전면허시험과
고구마 나물

작달막한 키에 반백인 머리를 짧게 깎은 한경위는 얼굴까지 약간 검은 전형적인 시골 경찰 스타일이다. 밤샘근무를 하고 오늘은 비번非番이라 오전을 집에서 쉬고는 가방을 챙겨들고 마을 출장(?)을 나가며 힘껏 기지개를 켠다. 어젯밤 근무 때 주취자들의 폭력사건을 처리하느라고 너무 힘들었던 탓이다.

한경위가 근무하는 파출소는 예부터 주먹자랑하지 말라는 말이 붙은 읍내이지만 요즘은 젊은 사람보다 어르신들이 많이 계신다. 마을로 가면서 며칠 전에 내준 숙제는 어르신들이 제대로 이해를 했는지, 과연 몇 번이나 노트북을 되돌려보셨을지 벌써부터 궁금하다.

옛 신작로 위에 덧씌운 좁은 아스팔트 도로를 운전하며 도로표지판을 살핀다. '음, 저 표지판은 조금만 각도를 조정하면 어르신들이 대번에 알아보실 수 있을 텐데…' 교통표지판만 보면 도지는 한경위의 직업병이다. 한경위는 8년째 시골마을 어르신들의 교통법규를 가르치는 자동차운전면허 강사로 활동하고 있다.

운전면허법규를 강의 하다보면 한글 해독능력이 모자라거나, 언어이해력이 부족한 어르신들은 '비보호좌회전非保護左回轉'에 대한 이해도가 유난히 떨어진다. 녹색신호에 마주오는 차가 없을 경우에 좌회전하면 되는 것을 "파란불인데 앞으로 가지 않고 왜 옆으로 가라느냐"며 도무지 이해를 못하시겠단다. 우리 순수한 어르신들의 면이 보이는 듯하다. "어르신, 바쁜 차들이 불필요하게 오래 기다리지 않도록 그렇게 정해 놓았다."고 하니 이번엔 "좀 기다리다가 신호가 바뀐 뒤에 가면 되지 왜 위험하게 법을 그렇게 정했느냐?"며 목소리를 높이신다. 긴 세월을 살아오시면서 서둘지않아도 때가 되면 풀려가는 세상살이를 터득하신 경륜이 묻어난다.

한경위가 운전면허 강사로 나가게 된 것은 섬 지역의 치안센터에 근무할 당시, 경찰서에서 오토바이 운전면허 출장시험을 나왔을 때 대다수 주민이 불합격되는 것을 보고 마음을 먹었던 것이다. 그때부터 주민들에게 운전면허 강습을 하기로 했다. 처음 강습을 시작하려할 때 어르신들은 한글도 모르는 판에 운전면허증도 '국가자격증'인데 어려울 거라며 OX로 출제되는 필기시험도 두려워하였다. 치안센터의 좁은 사무실에서 한글도 모르는 섬 어르신들께 글까지 가르치며 함께 공부하여 6개월 후 출장시험에서 많은 어르신들이 합격했을 때의 그 기쁨은 어르신들보다 한경위가 더 컸었다.

그 대단한 사건(?) 이후로 한경위는 가르치는 즐거움에 보람을 느껴 시골 어르신을 상대한 운전면허 강습에 푹 빠졌다. 학교 선생님들이 이런 기쁨 때문에 교단에 서는가 하는 생각도 했었다.

그리곤 2년 전 읍내에 있는 파출소로 전근轉勤되고서는 아예 '오토바이 운전면허 스터디 그룹'을 만들기로 했다. 농촌 지역의 어르신들은 경운기나 트랙터는 잘 다루지만 면허증이 필요한 오토바이는 필기시험이 두려워 면허증을 딸 엄두조차 내지 못하고 있는 것은 섬 지역과 마찬가지였다. 그런데 더 큰 문제는 한글을 모르는 것이었는데, 무면허 상태로 운전하다가 사고를 내면 더 큰 처벌이 기다리고 있는 것은 어쩔 것인가. 면내面內 이장단 회의에 나가서 취지를 설명하고 스터디 그룹에 대해서 널리 알려줄 것을 홍보했지만 '한글도 모르는 내가 워떠케 면허증을 딸 수 있당가~'라는 반응만 되돌아왔다.

맨 처음의 스터디 그룹엔 일흔을 넘긴 단 한 분의 어르신만 접수하였다. 한경위는 낙심하지 않고 '1명의 학생'을 위해 먼저 한글 공부를 가르치곤 운전면허시험 공부를 같이하여 당당히 합격시켰다. 머리가 다 빠진 일흔노인과 반백의 한경위가 머리를 맞대고 노력한 결과였다. 그 후 어르신의 합격소식은 빠르게 입소문이 났고, 현재는 16개 마을회관에서 적게는 두 세 분, 많게는 10여 분의 어르신들이 함께 공부하고 있다. 한경위는 비번날이면 각 마을회관을 돌며 1시간 이상씩 강의를 하고 야근이 있는 날에는 예습 · 복습을 주문한다. '숙제검사' 시간이 되면 여기저기서 폭소가 쏟아진다.

"어지께 타작하느라고 숙제를 못 혔는디, 워째야 될랑가요?"

"저 양반은 핵교 다닐 때도 숙제 안해 오는 귀신이었는디 칠십이 넘어서도 그 버릇을 못 버렸어, 이."

"머시여 시방, 이번 참 시험에 누가 붙는지 볼랑가?"

"저 두 양반은 만내기만 하면 쌈질이여, 허허, 낄낄."

또 순찰근무 중에 학생들이 공부하는 마을회관을 지날 때면 어르신들의 공부얘기를 하는 척하며 '땡땡이'치는 아이들을 살피기도 한다.

그는 최근에 한글을 전혀 이해하지 못하는 주민들을 위해 자비自費를 털어 노트북을 구입했다. 신품은 가격부담이 있고 굳이 복잡한 기능까지 필요치 않아 동영상動映像만 돌아가는 중고품을 사기로 하고 알아보니 마침 관공서에서 사용연한경과로 처분된 노트북이 있어서 대당 5만 원씩에 10대를 구입했다.

이 중고 노트북에 도로교통공단에서 제공하는 '읽어주는 프로그램'을 설치하여 마을회관에서 돌려가며 보게 했다. 운전면허를 취득하고 싶어도 한글을 모르거나 이해능력이 떨어지는 늦깎이 학생들이 많았기 때문에 동영상 학습방법은 예상외로 효과가 높았다. 모르는 것도 자꾸 돌려보면 눈이 뜨이는 것이다. 이같은 노력으로 이 스터디 그룹에서 배출한 운전면허 필기시험 합격자는 60대 이상 어르신은 물론 베트남, 필리핀 등 다문화 이주여성까지 포함해 100여 명이 넘는다.

“나는 한글을 전혀 몰랐는디, 한경위가 자기돈 들여서 노트북인가 뭔가로 한글을 갈차줘서 바로 합격해 부렀당께~.”

“한경위 아니었으면 운전면허는커녕, 아직 한글도 못 배웠을 거여~ 머리 나쁜 나 땜시 겁나게 고생했을 것인디 한 번도 싫은 내색 않고 갈쳐 주드랑께.”라며 어르신들은 그렇게 좋아하실 수가 없다.

세상엔 기분 좋은 일이 참으로 많다.

한창 뜨겁던 더위가 지나가고 시원한 바람이 코끝을 스치는 어느 가을날, 같은 경찰서에서 근무하다 작년에 퇴직한 친구가 점심을 같이 하자는 연락이 왔다. 오랜만에 친구를 만나는 기쁨에 바삐 식당으로 가니 낯선 어르신 한 분이 계셨다. 어딘가 안면이 있는 것도 같은데 도저히 생각이 나지 않는다. 운전면허 스터디를 하셨던 분도 아닌데 분명히 낯설지는 않은 분이다.

“자네 이분 모르겠는가?”

친구는 웃으며 물었다.

“글쎄, 어디서 뵌 것은 같은디 도저히 생각이 나지 않아서, 어르신 죄송합니다 이.”

한경위는 뒷머리를 긁적이며 앉았다.

“야~ 몰라 보겄지라, 나 김근주 애빈디요.”

“예? 김근주, 아~ 예, 몰라 뵈서 죄송하구만요, 근주 잘 있제라, 조성면에서 멀리까지 공부하러 다닌다고 고생 뒈지게 했었는디."

그랬었다.

운전면허 스터디 그룹 소문을 듣고 인근의 조성면에서 찾아온 청년 김근주를 가르쳐서 합격시킨 적이 있었는데 비교적 젊은 나이에도 한글을 깨우치지 못했고 법률용어에 대한 이해력도 부족하여 합격하는데 3개월이나 걸렸었다. 근주가 어렵게 합격한 후 아버지가 고맙다고 찾아와서는 꼭 식사대접을 하고 싶다고 했었다. 불편한 몸으로 비닐하우스 농사를 힘들게 지으신다는 근주 아버지의 뜻을 이해하지 못하는 것은 아니었지만 "고맙다고 하시는 마음만으로도 배가 부르다"고 말씀드려 정중하게 돌려보낸 적이 있었는데 근주 아버지는 친구에게 부탁하여 다시 찾아오신 것이다.

"쩌어기~ 아무리 생각해도 나가 그냥 있으면 사람새끼가 아닌 것 같아서 또 찾아 왔구만이라, 죄송헙니다 이."

"고맙습니다. 밥은 먹을 게요, 대신 밥값은 이 친구가 내는 겁니다. 어르신 아들 운전면허증 취득 기념으로, 알겠제이~?"라며 친구를 돌아보자, "이 사람아, 나도 그 정도 눈치는 있는 사람이여, 벌써 들어올 때 계산했당께." 눈치 빠른 친구는 나보다 한발 더 앞서 밥값 계산까지 마쳐놓고 있었다. 즐겁고 맛있게 내 고장 별미인 꼬막정식을 먹고 일어서는데 근주 아버지가 제법 큰 비닐봉지를 한경위에게 내밀었다.

"이건 나가 농사지은 건디, 반찬이라도 해 잡솨주시면 고맙것는디요…." 검은 비닐봉지 안에는 깨끗이 손질된 고구마나물이 들어 있었다. 고구마나물과 근주 아버지를 번갈아 보며 잠깐 망설이던 한경위는 "예, 고맙게 잘 먹겠습니다, 제가 고구마나물 좋아하는 걸 어떻게 알았당가요?"

"하이고~ 한경위님, 나물을 받아주싱께 참말로 허불나게 고맙소이."라며 한경위의 손을 잡고 흔들었다.

연신 허리 굽혀 인사하고 가는 근주 아버지의 불편한 걸음걸이는 식사 전보다 가벼워보이는 듯 했다. 아무리 생각해도 근주아버지의 마음 깊이에 내 마음을 감히 비교할 수 없겠다는 생각이 든다. 고구마줄기 봉지를 들고 사무실로 오니 소내근무所內勤務 중이던 박경사가 "주임님, 뭐 이런 걸 받아오고 그러세요? 힘들게 농사지었을 건데." 라며 청렴한 경찰관의 시늉을 한다.

"야, 이 친구야, 내가 그걸 몰라서 받아왔겠어? 그 먼 데서 가져왔는데 안 받는다고 해봐 싼것이라서 안 받는다고 생각할 수도 있잖아. 또 몸도 불편한 어르신이 무거운 것을 다시 가져가야 하는데 입장을 바꿔서 생각해 보라고~."

"주임님, 듣고 보니 그렇네요."

박경사는 고개를 주억거리며 뒷머리를 긁적인다.

"이 사람들아, 청렴하라고 해서 무조건 탈탈 털어버리는 게 좋은 것만 아냐, 사람들의 마음을 안아줘야지, 순찰이나 한 바퀴 더 돌자고…."

곁에서 두 사람의 대화를 듣고 있던 유순경은 재빨리 순찰차 키key를 챙겨 차에 오른다.

한경위는 수시로 집에서 얼마 떨어지지 않은 중도들판으로 바람을 쐬러 간다. 애당초 갯벌이었던 곳에다 일제강점기 때 조상들이 돌을 날라 쌓아올렸다는 방죽을 걷노라면 나의 업무가 힘들다고 투정부릴 것은 아니라는 생각이 저절로 든다. 끝없이 펼쳐진 갈대들판이 오늘따라 더욱 싱그럽게 너울댄다. 아마도 갯벌냄새 머금은 바람도 갈대와 어울려 놀고 싶은가 보다.

"후두두둑~" 발자국 소리에 놀란 듯 작은 새떼가 악보처럼 날아오른다. '이~ 내 고향은 참으로 가심 땃땃헌 곳이여.' 한경위의 짧은 머리 위로 시원한 바람이 스쳐 지나간다.

폐지할머니와 동지팥죽

양경위가 근무하는 지구대地區隊는 가파른 언덕길이 많은 곳에 있다. 도심에서 한참 벗어난 변두리 지역이다 보니 여유 있는 사람들보다 힘들고 빡빡하게 살아가는 이웃들이 많이 산다. 그러나 어렵게 산다고 해서 정까지 메마른 곳은 아니다. 하루하루 건설공사장에 나가는 아저씨, 환경미화원 아주머니, 아르바이트 학생 등이 서로서로 등을 다독이며 살아간다. 그러나 경제적 한계로 어쩔 수 없이 어렵게 사시는 어르신들을 볼 때면 양경위는 자꾸 뒤돌아봐지고 안타까움이 커져옴을 느낀다.

가파른 언덕 위의 동네에 혼자 사는 김할머니도 마찬가지다. 여든을 넘긴 연세에 불편한 다리를 절면서도 조그마한 손수레를 끌고 다니며 폐지를 주워 연명하시기 때문이다. 가끔 순찰 중에 만나 인사를 여쭙고서 넓은 도로는 자동차 때문에 위험하니 차도를 오가며 폐지를 줍지 마시라고 말씀드려도 "이거라도 주워 팔아야 먹고 살지…." 라며 힘든 몸을 옮기신다. 그래도 도로를 건너는 것은 너무 위험한데 하는 생각에 한마디 더 하려다가 말을 많이 하면 할머니가 힘드실까 봐 입을 다물 수밖에 없다. 그리곤 차에서 내려 작은 손수레를 오르막 끝까지 끌어다 드리곤 하는데, 얼마 전에 다른 지역에서 폐지를 줍던 할머니가 트럭에 치어 돌아가신 것을 생각하면 참으로 걱정이다. 그렇다고 그 사고내용까지 말씀드리기는 더욱 난감하다.

키가 작은 김할머니가 불편한 다리로 지팡이까지 짚고는 손수레를 끌고 가는 모습을 보면 할머니가 손수레를 끌고가는 것이 아니라 손수레가 할머니를 끌고가는 것처럼 보인다. 보통사람이 10분이면 갈 수 있는 거리가 김할머니에게는 한 시간 이상이나 걸린다. 발에 밟히는 광고전단지 몇 장도 할머니에겐 돈이다.

얼마 전 어느 날이었다.

평소 때엔 걸어다닐 힘도 없어 보이던 김할머니가 지구대의 문을 밀치며 급히 들어오셨다. 무슨 바쁜 일이 있으신 모양이다.

"갱찰 양반, 저기 저쪽에 헌책이 많이 있는데, 책주인이 이사가면서 나에게 주고 갔는데 우째야 할꼬, 으이?"

김할머니는 많은 책을 고물상에 가지고 가면 큰돈을 받을 수 있을 것이라는 생각에 다른 사람이 가져가 버릴까 봐 불편한 몸을 이끌고 먼 거리를 뛰어오신 것이다. 지구대에 들어와서도 연신 문밖을 내다보며 양경위에게 그야말로 구원의 눈빛을 보내고 있었다. 할머니의 그 눈빛이 무얼 말하는지 물어보지 않고도 알 수 있다.

"할머니, 제 차에 빨리 타세요."

그날 자원근무를 나온 양경위는 김할머니를 자신의 승용차에 태우고 속력을 내었다. 할머니는 뒷좌석에 앉아서도 목을 쭈욱 빼고 손짓을 하며 헌책이 있는 곳을 안내하기에 바빴다. 다행히 헌책더미는 그대로 있었다. 양경위는 할머니가 불편한 몸으로도 재빨리 차에서 내려 책을 만지며 좋아하시는 모습을 보며 흐뭇해졌다.

이사간 사람이 책을 좋아했는지 버리고 간 헌책의 양이 상당했다. 양경위는 트렁크에 책을 가득 싣고는 할머니와 같이 단골고물상으로 갔다.

"와~따 할매, 오늘 횡재하셨네요."

덥수룩한 수염이 난 고물상 주인은 벌써 딱 보고 내용을 다 안다는 듯 말한다.

"사장님 인상이 참 좋네요, 할머니가 힘들게 가져오셨으니 무게 잘 좀 달아 주세요."라고 양경위가 말하자 고물상 주인 왈曰, "내가 고물상을 30년 넘게 해오면서 경찰한테 인상 좋아 보인다는 말은 오늘 처음 듣네요."라며 허허 하고 웃는다. 책뭉치를 저울에 올리자 눈금이 움직이다 멈춘다. 고물상 주인이 눈을 가늘게 뜨고 계산기를 두드린다. 원시遠視인 모양이다.

헌책값 4만 원, 후하게 쳐준 금액이다.

할머니의 입이 커졌다. 하루에 2~3천 원 벌기도 힘든데 모처럼 만져보는 거금이다. 할머니가 좋아하는 모습을 보며 고물상 주인도 고개를 끄덕이며 좋아한다. 이것이 우리 이웃들이 살아가는 진정한 모습이 아닐까 하는 생각을 해본다. 양경위는 잘 마른 가을 대추같이 쭈글쭈글 주름진 할머니의 얼굴에서 그처럼 좋아하는 모습을 보는 게 오늘이 처음이라는 생각을 했다.

"갱찰 양반, 참 고맙소. 이리 고마워서 우짤꼬?"

"저보다도 할머니께 주고간 책주인이 더 고맙지요."

"하모, 그 사람도 억수로 고맙제, 고맙고 말고~."

양경위는 김할머니의 주름진 얼굴을 보면서 문득 돌아가신 어머니가 생각났다. 바닷가 작은 마을에서 평생을 보내시다가 나이 들어서는 중풍까지 앓으셔서 고생을 많이 하신 어머니, 가끔 고향에 갔다 돌아올 때 말없이 깊은 눈빛으로 바라보시던 어머니, 나의 중풍든 어머니. 가슴이 왜 또 먹먹해져 오는 것일까.

"할머니, 앞으로도 무거운 것 있으면 언제든지 지구대로 오세요"

"안 그래도 바쁜 곳인디 자꾸 가면 좋다고 할 낀가?"

싫지 않은 미소를 지으며 미안함을 내비치신다.

"할머니, 저는 전혀 귀찮지 않습니다."

김할머니가 양경위를 한참 동안 바라본다.

계절이 바뀌어 겨울.

춥고 배고픈 사람들에게는 겨울날씨 푸근한 것도 복이라는데, 올 겨울은 왜 이렇게 춥고 매울까. 오늘은 관내의 조그만 사찰에서 동지冬至라며 팥죽을 쑤어서 지구대로 가져왔다. 추운 날씨에 경찰관들이 고생한다며. 어디 고생하는 사람들이 경찰 뿐인가라는 생각을 하는 동안 양경위는 또 폐지 할머니 생각에 팥죽을 뜨려던 숟가락을 멈춘다. 할머니는 팥죽을 드셨을까, 이렇게 추운 날 따뜻한 팥죽이라도 한 그릇 드시면 덜 추울 텐데. 양경위는 업무수첩을 뒤적여 할머니 집 전화번호를 찾는다.

"할머니, 지난번에 헌책을 고물상에 실어다 준 경찰관인데요, 오늘이 동지라는데 팥죽은 끓이셨어요?" 하고 물으니, "우짜노 몸이 좀 안 좋아서 팥죽을 끓이지 못했는데…"라시며 말끝을 흐리신다. 양경위의 느낌엔 '아마도 내가 먹고 싶어서 전화한 것'으로 생각하시는 듯했다.

"할머니, 우리 지구대에 팥죽이 있거든요, 제가 가지고 갈 게요, 어디 나가지 말고 집에 계세요."

팥죽을 큰 그릇에 담고 비닐봉지에 싸서 그때 그 승용차를 타고 할머니댁으로 간다. 할머니가 사시는 곳은 재개발이 예정된 곳이라 골목이 좁고 가팔랐다. 젊은 사람들도 조심하지 않으면 위험한 급경사 계단이다. 할머니가 가파른 계단을 거미처럼 붙어 오르내리는 모습이 눈앞에 가득 차 온다. 재빨리 계단을 올라가니 할머니는 온기도 느껴지지 않는 작고 초라한 집에 혼자 계셨다. 할머니는 팥죽그릇을 보며 "뭘라꼬 이런 걸 가져왔소, 다른 일도 바쁠낀데."라시며 같이 먹자고 손을 끌어당긴다.

"저는 지구대에서 먹었어요."라고 말하니 "먹긴 뭘 먹어, 팥죽이 아직 따신 걸 보니 금방 퍼왔거만."

양경위는 더 이상 고집을 피울 수도 없었다. 같이 먹지 않으면 할머니도 드시지 않을 태세였기에. 작고 비좁은 방에서 여든할머니와 쉰을 넘긴 중년의 경찰관 양경위는 팥죽그릇을 가운데 두고 마주앉아 모자母子처럼 그렇게 팥죽을 먹고 있다.

"할머니, 자식들은 어디 멀리 사세요?"

"…."

할머니의 숟가락이 가늘게 떨린다. 양경위의 숟가락도 멈추었다.

'아차, 내가 또 쓸데없는 말을 했구나, 이그….'

팥죽그릇 속의 숟가락 흔적이 생겼다 사라지기를 반복한다. 사람들의 상처도 팥죽처럼 빨리 아물 수 있다면 얼마나 좋을까 하는 생각을 해본다. 다 먹은 팥죽그릇을 챙기다가 바람막이 역할을 포기하고 있는 비닐문풍지까지 손질해주고 뒤늦게 지구대로 돌아오는 길은 조금은 씁쓸했지만 춥지는 않았다.

양경위는 안다, 벌써 몇 건의 신고출동이 있었을 텐데 동료들이 김할머니댁에 간 양경위가 편안하게 다녀오라고 연락하지 않고 대신 출동하였다는 사실을.

얼마 전 TV에서 본 시장할머니의 얼굴이 떠오른다. TV에서 할머니가 노점시장 채소장수로 번 돈을 불우시설에 기부한 것을 인터뷰한 장면이었는데, 힘들게 번 돈을 어떻게 기부할 생각을 했냐는 기자의 질문에 할머니는 "혼자 잘 살면 무슨 재민교?"라고 되물으시며 활짝 웃고 있었다. 폐지 할머니와 시장 할머니의 깊은 주름살이 눈앞에 겹쳐져 온다.

엄마가 아니야~ 앙앙~

"싫어 싫단 말이야, 엄마가 아니야~ 앙앙~."

올해 4살 된 딸아이가 손을 뿌리치며 뒷걸음질을 친다. 작은아이는 큰소리로 계속 울기만 한다. 무릎에 앉아 만지며 놀던 엄마의 긴 머리가 갑자기 짧아진 것이 낯설어 우는 것이다. "엄마야, 엄마, 우리 애기 미안해."라며 안고 달래도 울기는 마찬가지다. 그래도 딸아이의 묶은 꽁지머리는 예쁘게 보인다.

주경장은 오늘 '날개달기 운동본부'를 다녀왔다.

3년 동안 기른 머리카락을 싹둑 잘라 고무줄에 묶어서 넘겨줄 땐 아쉬운 마음에 잠시 동안 쥐고있다가 건네주었지만 그래도 3년 전

처음 자를 때보단 훨씬 마음이 가벼웠다. 머리카락 기부를 마음 먹은 후 몇 번은 저절로 빠진 머리카락을 틈틈이 모아도 25센티미터 이상 된 머리카락만 모우기가 어려워 아예 생머리를 길러서 기부하기로 했었다. 그래서 두 번째로 3년 동안 기른 그 머리카락을 오늘 잘라서 짧은 머리가 된 것이다.

그렇게 머리카락을 잘라 기부하고 집으로 오는 길에 지하철을 탔는데 옆좌석에 앉은 비슷한 또래의 여성이 긴 머리를 쓸어넘기는 모습이 자꾸 눈에 들어온다. 자신도 몰래 머리를 만지니 까칠한 머리끝이 느껴진다. 나도 어쩔 수 없는 여자인가 보다. 그러나 기분은 내가 훨씬 좋을 것이라는 생각이 든다.

주경장은 몇 년 전 우연히 인터넷 서핑을 하다가 항암치료를 받는 꼬마환자들이 몸이 아픈 것보다 치료과정에서 빠지는 머리카락 때문에 대인기피증에 시달린다는 내용을 보고 '모발기부'를 마음먹었다. 결혼한 지 얼마 지나지 않아 곧 태어날 아기를 생각하면서 꼬마환우들이 모자를 쓰고는 고개를 푹 숙이고 있는 것이 자신의 일처럼 가슴이 아팠다. 언젠가 어느 초등학교의 한 반班 아이들이 항암치료 때문에 머리카락이 빠진 친구를 위해 모두가 빡빡머리를 했다는 얘기를 들은 기억이 났다. 아이들의 마음씀씀이에 자신이 부끄럽다는 생각도 했었다.

'기부할 모발'은 퍼머나 염색을 하지 않은 25센티미터 이상 이어야 하는 까다로운(?) 조건 때문에 커트나 염색할 생각은 애초부터 없었고 자신의 굵은 머릿결이 오히려 다행이라는 생각이었다. 가끔씩 모임에서 친구들이 예쁘게 퍼머하거나 갈색의 커트머리를 하고 와서는 '고급 미장원에서 비싸게 한 머리'라고 자랑을 늘어놓은 때엔 부러운 생각도 들기도 하지만 자신의 결좋은 머리카락을 만지면서 소아암을 앓고있는 꼬마환우들을 그려보면 그런 생각은 싹 달아난다.

'내 머리카락 정도라면 아주 일등품일 거야, ㅋㅋ.'

전남 여수의 바닷가 시골에서 태어난 주경장은 어릴 때부터 머릿결이 남달리 굵었다. 어머니가 머리를 빗겨주면서 "야는 머리카락이 워찌나 쎈지 빗이 잘 안 들어간다야."라시기도 했다. 그래서 소녀 시절엔 친구들의 찰랑거리는 머릿결이 부러워보일 때도 있었지만 "주경장님의 머리로 만든 가발을 받는 아이는 참 좋아 하겠어요."라는 접수대 선생님의 말을 들으면 괜히 입꼬리가 올라간다.

세상에 태어나 아직 많은 것을 알지 못하는 아이들이 소아암에 걸리고 항암치료를 하면 필연적으로 따라오는 탈모증세에 특히 소녀 환우들은 정서적으로 충격을 많이 받는다고 한다. 또 학교생활 중에 어린 환우들이 철없는 친구들의 놀림감이 되거나 주위의 시선으로 대인기피증에 시달리기도 하며, 심지어는 치료를 거부하여 완치할 수 있다는 의지력이 약해지기도 한단다. 결국 가발假髮이 필요한데 가발이 보통 비싸야지, 싸게는 몇십만 원에서 부터 몇백만 원까지 하는데 암에 걸리면 긴 시간의 치료비만 해도 부담이 많은 형편에서 가발의 가격은 예삿돈이 아니다. 그래서 어느 후원단체에서 모발기부를 받아 가발업체의 협조로 가발을 만들어 꼬마 환자들에게 무료로 준다는 것이다.

어떻게 그런 소중하고 귀한 아이디어를 냈을까. 소중한 아이디어를 낸 사람이 누군지는 모르지만 생각할수록 따뜻하고 귀한 사람들 같다.

주경장이 '모발기부'를 결심하고는 남편에게 얘기 했을때 "야~ 우리 와이프 대단한데! 어떻게 그런 생각을 했을까? 여경女警은 아무나 하는 게 아닌가 봐"라며 격려해주던 말 뒤로 "그래도 자기는 긴 머리 여자를 좋아 하잖아~." 라고 대꾸하면서도 기분은 좋았었다. 주경장은 할머니가 되고 머릿결이 가늘어져 더 이상 기부조건이 되지 않을 때까지 계속할 생각이다. 물론 예쁜 두 딸아이도 자라서 말을 알아들으면 잘 얘기해서 같이 할 생각이다. 그땐 엄마가 왜 3년마다 긴 머리를 자르는지 이해해 줄 것이다.

같은 사무실의 동료 박경사가 남자의 짧은 머리도 받으면 나도 할 수 있는데 경찰이라 머리를 기를 수도 없다며 농담을 하고는 "쉽지 않은 일인데 참 좋은 일 하시네요."라면서 입을 꼭 다물고 머리를 끄떡이며 손을 잡아 주었다.

"박경사님, 남자라서 여자보다 힘세다고 으스대기 없기예요. 박경사님이 아무리 머리를 길러도 내 머리보단 짧을 테니까, 히히~." 주경장의 억지 멘트에 박경사가 큰 소리로 웃는다. 그의 단정한 뒷머리 밑으로 선명한 면도자국이 보인다.

작년에 같은 부서로 전입할 때부터 언니라 부르며 따르는 후배 여경 혜경이는 늘 갈색의 긴 머리를 묶고 다녔다. 어느 날 주경장이 염색을 하지 않는 사유를 듣고는 자신도 1년째 염색을 하지 않았다. 그리고 이번에 함께 머리를 잘랐다. "오래 기른 머리카락 자르니 많이 서운하지?"라고 물으니 "언니보다 내가 기분이 더 좋을 것 같은데? 이 기분 다른 사람들은 잘 모를 거야, 그치?"라며 보내오던 미소가 자꾸 떠오른다.

'내년엔 아마도 한 명 정도는 더 생길 거야, 그땐 내가 맛있는 밥 사야지.' 라고 생각을 하며 잠자는 딸아이의 머리를 쓰다듬는다. 딸아이의 머릿결이 엄마를 닮아 굵은 것이 더 예쁘게 보인다.

'부지런히 쓰다듬어 줘야지, 쓰다듬어 주면 아이도 좋아하고 머리도 더 빨리 길어 나온다니깐.'

화장대化粧臺 위의 웃고있는 가족사진 속엔 주경장의 긴 머리가 두 딸아이의 꽁지머리와 함께 찰랑거리고 있다.

경찰이면 누구나 가슴깊이 새겨야 할 금언들

- 법 앞에 누구나 평등하다.
- 정의는 때론 늦기도 하지만 반드시 온다.
- 열 사람의 도둑을 놓쳐도 한 사람의 억울한 이가 없어야 한다.
- 하늘이 무너져도 정의를 세워라(법철학의 의무론)
- 법 위에 아무도 없고 법 아래 아무도 없다(T.루즈벨트)
- 법은 도덕의 최소한이다(옐리네크)
- 부패한 세상에는 많은 법률이 있다(사무엘 존슨)
- 의(義)를 보이지 않는 용(勇)은 없다(공자)
- 인간은 바르지 못하나 신은 공정하며 최후엔 반드시 정의가 승리한다(롱펠로우)
- 밉게 보면 잡초 아닌 풀이 없고 곱게 보면 꽃 아닌 사람이 없으되 그대를 꽃으로 볼 일이로다(정약용)

  → 유죄가 확정되기 전까지 선입견을 가지고 죄인을 바라보지 않아야 하는 이유이기도 하다.

경찰은 권력기관이 아니며 국민의 공복(公僕)일 뿐이다. 국민으로부터 위임받은 권한으로 공동선을 유지하기 위한 한 축인 것이다. 세상의 억울함을 없애야 하는 의무가 있는 사람이 경찰이다(38년 봉직 후 퇴임한 어느 경찰관)

객관적이고 공정한 법집행으로 '무전유죄 유전무죄'란 말이 영원히 없어져야 진정으로 자유롭고 정의로운 대한민국이 바로 설 것이다. 사람들이 어울려 사는 세상에서 '악법도 법이다'라는 것을 금과옥조로만 삼아서는 안 된다. 세상엔 여러 가지 사연이 있는 것이다. 그런데 급한 상황에서 합리적으로 판단하기란 더욱 쉬운 일이 아니다.

경찰관이 수화도 할 줄 알아요?

스물여덟 살의 김경장은 꽃미남 총각 경찰관이다. 그는 고등학교에 다닐 때부터 경찰관이 꿈이었다. 그래서 대학도 경찰행정학과로 진학했다. 충청도의 작은 도시에서 장남으로 태어났고 어릴 적 꿈을 부모님도 적극 밀어주셨다. 지금은 경찰관이 되어 지구대의 막내 순찰요원으로 뛰어다닌다.

항상 긍정적인 성격으로 무슨 일이든 가리지 않고 열심히 해선지 아버지뻘 되는 선배님들의 귀여움을 받는다.

작년 겨울엔 경장으로 특별승진特別昇進을 했다. "파출소에서 특진을 하기란 쉽지않은데 넌 인덕人德이 많다"고 말해주는 선배님들이 고맙고 또 혼자만 잘한 것도 아니라는 생각에 죄송스럽기도 하다.

그리고 "이젠 승진도 했으니 장가가야지?"라는 선배님들의 말씀이 부끄러우면서도 기분 좋다. 김순경이 김경장으로 되기까진 여러 사연이 있다. 그 중에서도 몇 가지 꼽는다면 역시 대형사고를 막은 일과 고단한 삶 때문에 자살하려는 사람을 설득하여 목숨을 구한 일이다.

지난해 여름 새벽 2시경.

그날도 야간순찰을 마치고 지구대로 복귀復歸하고 있는데 인근 지역에서 화재가 발생했다는 무전지령을 듣고 순찰차를 돌렸다. 급할 땐 근무시간이나 담당구역을 따질 일이 아니다. 가까운 곳에 있는 내가 먼저 뛰어가야 한다는 마음뿐이다.

현장은 어려운 사람들이 모여사는 노후한 원룸촌 이었는데 화재 신고임에도 불꽃은 보이지 않고 타는 냄새만 났다. 김경장은 연신 코를 킁킁거리며 화원火原을 찾기에 바쁘다. 119대원들과 10여 분을 수색한 끝에 허름한 원룸의 1층 창문으로 연기가 뿜어져나오는 것을 발견했는데 주인은 어디에도 보이지 않는다. '무엇이 타는 연기일까, 집안에 사람이 있을까'하는 생각만 급하다.

집과 집 사이의 좁은 틈에 있는 창문으로 두루미처럼 목을 빼곤 집안을 살피니 가스렌지 위의 냄비에서 불꽃이 튀고 있는데 옆엔 세탁물이며 빈 쌀푸대 등이 늘려 있다. 아차하면 불이 번질 상황이었다. 불안해하는 주위 사람들을 대피시키고 집으로 들어가려는데 곁에 있던 주민 한 분이 팔을 붙잡는다. "가스가 폭발 직전인데 어디로 들어가려고 하느냐, 빨리 피하라."는 것이다. 순간 두려운 마음도 들었지만 머뭇거릴 수가 없다. 집안에 사람이 있을 수도 있기 때문에. 억지로 문을 열고는 민첩하고 조심스레 들어가니 허름한 방엔 40대 후반으로 보이는 남자가 쓰러지듯 잠들어 있는데 소주병이 여러 개 뒹굴고 있는 방은 엉망이다. 술을 마시고 깊이 잠들어 버린 모양이다. 재빨리 가스렌지의 불을 끄고는 창문을 열어 환기시키면서 사내를 깨우니 '왜 호들갑을 떠냐'는 표정을 지으며 일어나는데 설명은 뒤로 하고 무작정 밖으로 끌어내다시피 해서 급한 사태를 마무리지었다.

40대 후반 사내는 조선족 동포였는데 5년 전에 '코리안 드림'을 꿈꾸고 들어와 여러 곳에서 일하다가 며칠 후면 중국의 고향으로 돌아갈 예정이라고 했다. 그런데 초저녁에 같은 동포들과 안주도 없이 술을 마시고 집으로 들어와 고픈 배를 채우려고 냄비에 돼지고기 수육거리를 올려놓고는 술에 취한 탓에 깊이 잠들어 버린 것이다. 자칫하면 화재로 인명피해가 날 상황이었다. 밖으로 나온 사내는 그제서야 상황을 파악하곤 고맙다며 뒷머리를 긁적거렸다. 생각할수록 아찔한 순간이었다. 김순경은 그때 주위의 만류挽留가 있었지만 그 집으로 들어가길 참 잘했다는 생각이다. '나는 국민의 생명과 재산을 지키는 경찰 아닌가.'

그 일이 있고나서 채 보름이 지나지 않았는데 이번엔 새벽 4시경에 "아빠가 술에 취해서는 집을 나간 엄마를 찾아오라며 난동을 부리다가 밖으로 나갔는데 찾아 달라"는 초등학생의 신고가 들어왔다. 급하게 집으로 찾아가니 방안에서 초등학생 남매가 오들거리며 울부짖고 있다가 "아저씨, 우리 아빠 좀 찾아주세요, 아빠가 죽을 지도 몰라요"라며 애원을 한다. 경찰관이 아니라도 돕지 않고는 버티지 못할 상황이다.

아빠가 술을 먹으면 자주 간다는 아이들 말에 따라 인근 초등학교 운동장으로 가서 119대원들과 수색을 하는데 앞서가던 아이가 "저기 아빠가 있다"고 말한다. 학교 운동장 울타리를 사이에 두고 설득을 계속했지만 술에 잔뜩 취해서 "집 나간 마누라를 데려오라"고 난동을 부리는 40대 중반의 덩치 큰 남자는 이성을 잃은 듯 보였고 손엔 깨진 유리병을 들고서 "마누라를 데리고 오지 않으면 죽어버리겠다"는 고함을 계속 친다. 상의를 벗어 땅에 내던진 채. 아이들은 "아빠, 제발 그러지 마~"라고 울부짖고 "우리가 도와줄 테니 천천히 얘기하자"는 경찰관의 설득은 한참동안 계속되었다. 막노동 일을 하는 남편의 수입으로 생활고에 시달리던 아내가 계속되는 남편의 술주정 때문에 집을 나갔단다. 참으로 어렵게 사는 사람들도 많다.

언제까지 설득만 할 수 없는 지경이라 고참 선배님은 119와 함께 설득을 계속하고 김순경은 조용히 옆길을 통해 뒤로 돌아가 사내를 덮쳐 넘어뜨렸다. 그리곤 깨진 유리병부터 치웠는데 사내의 손엔 이미 유리에 다친 듯 피가 흘러내린다. 땅에 떨어져 있는 옷으로 피 흐르는 손을 싸매어 지혈止血시키곤 인근 병원으로 데려가 치료를 시도했지만 응급실에서도 소란은 계속되었고 뒤이어 따라온 아이들이 보는 앞에서도 그칠 줄 몰랐다. 겁에 질려 울고있는 아이들을 보면서 안타까움은 더해갔다. 피가 흐르는 상처에 억지로 소독을 시키고는 설득작업이 30여 분을 넘기자 사내가 차츰 술이 깨는 듯하여 지구대로 데려가 대화를 계속했다. 누구든, 사연이 어떠하든 얘기를 많이 들어주는 것도 방법 중의 하나이다.

사내의 눈빛에서도 술기운이 가시면서 김순경의 진지한 눈빛과 마주치면서 안정을 되찾았다. 이윽고 해뜰 무렵이 되자 사내는 미안하다며 고개를 숙였다.

"힘들죠? 세상엔 힘들게 사는 사람들이 많습니다. 그런데 저렇게 착한 아이들도 생각해야죠, 아주머니는 저희가 천천히 찾아볼 테니까 일단 집으로 갑시다."

고참 선배의 차분한 목소리에 사내는 지구대 구석의자에 앉아있는 아이들을 한참 보더니 옷을 입고는 순찰차에 올랐다. 뒤따라 아이 둘까지 나란히 뒷좌석에 탔다. 백미러로 보이는 가족의 모습에 가슴이 싸아해 진다. 해가 서서히 떠오르는 아침에 그들을 집으로 데려다 주며 월셋집들이 들꽃처럼 올망졸망 모여앉은 산동네를 보곤 순찰을 더 자주 해야겠다는 생각을 한다. "아저씨, 고맙습니다." 누나로 보이는 아이의 인사를 받으며 떠오르는 아침해를 맞이한다. 누구에게나 따뜻한 해였으면….

김순경은 대학동아리 활동을 하면서 수화手話를 배웠다. 새내기 시절엔 흰 장갑을 끼고 율동을 하는 동아리 선배들이 멋있다는 생각을 했었지만 경찰관을 하게 되면 유용하게 활용할 수도 있을 것 같다고 생각하며 열심히 배웠다.

색색의 단풍이 내비치기 시작하는 초가을 어느 날 오후.

교통사고 신고를 받고 현장에 도착하니 사고차량 옆엔 20대 후반 청년이 서 있고 인도人道엔 피해자로 보이는 남자가 앉아있는데 서로 아무런 말도 하지 않는다. 이미 도착한 119대원도 멀뚱거리긴 마찬가지다. 알고보니 승용차와 보행자가 부딪힌 사고인데 운전자가 농아장애인이라 대화가 되지 않았던 것이다.

김순경은 순간 수화를 해봐야겠다는 생각으로 장애운전자에게 다가가 서투른 수화로 이름을 물어보니 장애인은 놀라는 듯하며 아주 반갑게 능숙한 수화로 답해왔다.

'경찰관이 수화도 할 줄 알아요?'

'천천히 표현해주세요, 제가 많이 서툴러요.'

서툰 수화로 사고경위와 연락처를 받아적고 있는데 주변의 사람들은 김순경이 하는 모습만 지켜보고 있다.

피해자를 병원으로 후송한 뒤 장애운전자의 부모님께도 연락하고 돌아오는데 고참 선배님이 물어온다.

"김순경, 수화는 언제 배웠어? 대단혀~."

"예, 대학 때 조금 배웠는데, 아직 자격증도 없습니다."

"이 사람아, 자격증이 뭐가 중요혀? 필요할 때 쓸 수 있을 정도면 충분혀~, 오늘 정말 큰일 한겨."

'김경장'으로 승진한 후에도 늘 어려운 사람들을 생각한다.

순찰 중에 휠체어를 타고 차도를 가는 노인들을 보면 목적지까지 순찰차로 뒤따라가기도 하고, 실종아동지문 사전등록서비스를 받으러 오는 어린아이들과는 사탕을 사 와서 같이 먹으며 친구가 되기도 한다. 남들이 보면 별로 대단한 것도 아니지만 스스로가 기분 좋아하는 일이다.

어느 시집詩集에서 '성공이란 우산을 많이 소유하는 일이요, 행복이란 우산을 많이 빌려주는 일이고…'를 읽은 적이 있다. 내가 가지고 있는 우산이 몇 개나 되는 지는 모르지만 그것이 단 한 개 뿐이어서 내 옷이 젖을 지라도 비 맞는 사람이 있으면 같이 쓰고 갈 것이다. 이런 일을 하는 경찰관 생활이 즐겁다.

김경장은 두 손을 펴고는 손바닥을 내려다본다. 손가락에 반지 하나 끼워져 있지 않지만 나의 손이 다른 사람은 할 수 없는 수화를 할 수 있다는 것이 스스로 대견스럽게 느껴진다. 밥 먹고, 물건 들고, 글씨도 쓰고, 악수도 하고, 세수도 하고 등등 생각해 보니 손으로 할 수 있는 것이 한두 가지가 아니다. 손의 소중함을 새삼스레 잊고 있었다. 그래, 세상엔 의미 없는 것은 하나도 없다. 그리고 내가 알고있는 것은 아주 적다.

'고맙다, 나의 손 발 눈 귀야. 아참, 나를 숨쉬게 해주는 뻥 뚫린 콧구멍아. 큭큭.'

교통경찰과
산부인과

새해가 막 시작된 어느 해 1월 2일 저녁 11시경. 한적한 간선도로의 어둠 속에서 보이는 것은 불빛뿐이고 스치는 것은 고속으로 달리는 차량들과 찬바람 뿐이다.

김경장은 새해 첫 음주운전 단속근무에 나섰다. 새해벽두劈頭부터 단속을 해야 하는 마음이 편하지 않지만 음주운전으로 인한 사회적 폐해를 감안하면 어쩔 수 없는 업무이기도 하다. 같은 조 진선배도 "새해에 음주운전 단속에 걸리면 정초부터 재수없이 걸렸다며 우리를 원망하겠지?"라며 김경장을 쳐다본다. '그래도 어쩌겠습니까, 우리 직업이 이런 걸.' 김경장은 속으로 혼잣말을 하고 있다.

다행이 겨울 날씨치고는 많이 춥지 않아 안전지대에 장비설치를 마치고 음주운전 단속근무를 시작했다. 엊그제 제야의 종소리 듣는다고 사람들이 늦게 들어갔는지 평소 때보다 음주운전 차량이 적다. 한편으론 다행이라는 생각이 든다. 제야의 종소리를 들으며 했던 다짐들이 모두 오래까지 이어졌으면 좋겠다.

자정子正을 넘기자 처음과 달리 추위가 파고든다. 지나치는 불빛 사이로 동료들의 입김이 풍선을 불 듯 뿜어져 나오는데 아마도 우리가 발을 딛고있는 현재 상황에서는 동료의 입에서 토해지는 입김이 가장 뜨거울 것 같다. 그렇게 새벽 1시가 가까워 졌을까? 멀리서 내리막을 멈칫멈칫 내려오는 승용차 한 대를 발견했다. 김경장은 차를 세우고 운전자의 입에 음주감지기를 갖다 대니 노란 불이 떴다. 술을 마시고 운전했다는 표시다.

"선생님, 술을 좀 드셨군요. 음주측정을 해야겠습니다. 차에서 내리십시오."

"저어, 잠깐 드릴 말씀이 있는데요. 아내가 갑자기 산고産苦가 있어서…."라며 운전자가 차안을 가르킨다. 차안에는 운전자의 아내로 보이는 여인이 뒷좌석에 몸을 누인 채 배를 움켜쥐고는 고통스러운 눈길을 보내고 있다.

사연인즉, 임신 중인 아내의 출산예정일이 열흘이나 남아있는데 밤중에 갑자기 진통을 호소해서 산부인과로 가는 길로 자신은 전날 회사 회식 때 술을 조금 마셨단다. 회식 후에는 대리운전으로 집까지 왔는데 밤늦게 산고가 오는 바람에 할 수 없이 자신이 차를 몰고 나왔다는 것이다.

김경장은 당장 음주측정을 해야할지 잠시 고민을 했지만 고통을 호소하는 산모를 보면서 응급상황이 먼저라 생각하고 일단 병원부터 가기로 했다. 운전자를 내리게 해서 뒷좌석에 태우고 직접 운전대를 잡았다. 남편에게 병원위치를 안내하게 하고는 약 3킬로미터를 운전하여 '24시간 응급진료' 라는 불이 켜진 산부인과에 무사히 도착했다. 물론 같이 단속 중이던 진선배는 뒤에서 경광등을 켜고 호위하듯 따라왔다. 어둠을 비추는 헤드라이트와 뒤따르는 순찰차의 경광등 빛이 퍼지는 불파장이 마치 어둠 속의 꽃불 같다.

병원에 무사히 도착하여 산모를 분만실로 들여보내고는 음주운전에 대한 측정을 해야하는지 또 고민에 쌓였다. 소식을 듣고 다른 장소에서 단속하다 달려온 팀장과 진경사, 김경장도 함께 고민했다. 이럴 땐 과연 어떻게 해야 할까? 심야의 산고에 따른 긴급성으로 '긴급피난'이 되지 않을까? 아니지, 임신한 아내를 태우고 병원 가면서 음주 운전이라니. 119를 부를 수도 있고 택시를 부를 수도 있는데. 여러 가지 경우를 두고 깊은 고민을 했지만 음주운전에 대한 사회적 여론도 생각해야 하고 또 재량권이 없는 집행기관執行機關으로서의 경찰관의 의무는 어떻게 할 것인가. 잠깐의 시간이 흐르는 동안 김경장은 나 같아도 운전할 수밖에 없었겠다는 생각까지 들었다.

마침내 팀장이 무겁게 결론을 내렸다.

"일단 음주운전 측정은 하자."

그러면서도 혹시 단속수치團束數值가 높게 나오면 현장상황보고서와 의견서 등에 산모의 예상 밖의 고통 호소 등 현장의 시급성들을 상세히 기록해 덧붙여서 처벌수위가 낮아지도록 도와주자고 마음을 모았다. 그런데 누가 이 측정사실을 통보할 것인가. '봐 달라'고 매달릴 산모를 생각하니 마음이 많이 불편하다. 안타깝다. 결국 팀장이 조심스럽게 남편에게 사정을 얘기하고 음주측정을 하려고 하자 남편은 당황스러워 하며 어쩔 줄 몰라 한다. 아니나 다를까 음주운전 측정을 하려한다는 소식을 들은 산모뿐만 아니라 의료진까지 나와서 급한 상황을 이해해 달라고 호소한다. 참으로 난감하기 이를 데 없지만 여러 상황을 설명하고 만약 단속수치 이상이 나오면 꼭 도움이 되도록 최선을 다하겠다고 약속하고 음주측정기를 남편의 입에 갖다 대었다.

남편이 몇 번이나 망설이며 측정기에 입을 대었다 떼었다를 반복하는 모습에서 안타까운 생각은 더해갔다. 곁에 서 있던 김경장의 입에서는 자신의 의지와 관계없는 말이 튀어나왔다.

"아저씨 물 한 번 더 드시고 부세요."

남편은 고맙다며 물병을 들이켰고 이 광경을 지켜보던 산모는 알 수 없는 눈빛을 보내온다.

다시 남편을 안정시킨 뒤 측정기를 들고 조용히 기다렸다.

이윽고 "후~, 더더더더. 딱! 삐이—."

혈중 알콜농도 0.011퍼센트.

수치를 확인한 두 경찰관 입에서 "휴우~"하는 안도의 소리가 음주운전자 보다 먼저 튀어 나왔다. 다행히 단속수치 미달이었다. 운전자인 남편의 당황스러워 하는 모습과 얼굴에 나타난 홍조紅潮를 보며 높은 수치가 나올까 봐 경찰관들이 더욱 걱정하고 있었던 것이다.

"다행입니다. 정말 다행입니다."

그제서야 남편은 안도의 한숨을 내쉬었고 산고까지 순간적으로 잊고 결과를 지켜보던 산모는 눈물을 흘리며 분만실로 되돌아갔다. 김경장은 '아주머니, 힘 내세요'라고 산모에게 말하고 싶었지만 괜히 음주측정을 할 때 지켜보던 눈빛이 생각나서 목구멍으로 말을 삼켰다. 정말로 그렇게 말해주고 싶은 마음이었다. 나이 50세의 운전자는 3시간쯤 지난 새벽 4시경 늦둥이 귀한 딸을 얻었다고 한다.

이튿날, 출근한 동료들이 교대준비를 하면서 "연초에 좋은 일을 하여 복 많이 받겠다."고 하였지만 그보다 더욱 기분 좋은 것은 새해 벽두에 태어난 그 아기가 건강하다는 소식이었다. 김경장은 야간근무의 피로도 느끼지 못한 채 퇴근하여 아내에게 그 얘기를 했다.

"쉽지 않은 판단을 잘한 것 같네. 근데 산모 남편에게 자기가 물을 한 번 더 준 것은 정말 잘한 거다."라며 한참 동안 바라보았다. 그리고 초등학교 3학년 아들녀석이 뭘 아는지 "우리 아빠 최고다!"라며 손을 치켜들고 방안을 뛰었다.

세상엔 개개인들의 사정이 다 있다. 남모르는 아픔도 있고, 어쩔 수 없는 상황도 있다. 산모 아주머니 입장에선 남편의 음주운전측정을 한 경찰이 원망스럽기도 할 것이다. 그렇다고 해서 모든 법조항法條項까지 일일이 설명을 해 줄 수도 없으니 답답한 노릇이다. 그렇지만 어쩔 텐가, 마음 같아선 미역이라도 한 다발 사다주고 싶은 생각이 내내 맴돈다.

'산모 아주머니, 저의 재량으로 남편분의 음주운전을 봐 드릴 수 있다면 천 번이라도 만 번이라도 봐 드리겠습니다.'

자베르 경감과 장발장의 고민

경찰관의 계급 중에 우리에게 낯설지 않은 것이 '경감(警監)'이다. 유독 이 계급이 낯설지 않은 것은 '레 미제라블(Les Miserables)에 나오는 자베르 경감 때문인지도 모르겠다.

일제강점기 때 '너 참 불쌍타'로 우리나라에 들어온 '레 미제라블'이 당시 선풍적인 인기를 얻은 것은 작가인 빅토르 위고가 프랑스 대혁명 중 성공한 혁명보다 실패했던 6월 혁명을 주제로 삼았다는 것이 시대적 상황과 맞아서 그런 것은 아닐까?

은촛대를 훔친 장발장에게 "그가 훔쳐간 것이 아니라 자신이 주었다"고 경찰에게 말해 풀려나게 하며 자비와 베품의 삶을 보여주는 미리엘 주교나, 19년의 복역을 마치고 진주공장을 세워 부자가 되고는 '귀여운 곰 아저씨'라 불리며 시장이 되어서는 선정(善政)을 베풀며 남을 위해 사는 삶을 보여준 장발장, 그리고 사회의 악에 대한 경멸의 시선을 평생 놓지않고 눈물 한 방울 없는 모습을 보이다가 장발장을 만나면서 철벽같던 신념이 무너짐을 느끼고 결국엔 템즈강에 몸을 던진 자베르 경감 등이 모두 측은지심(惻隱之心)을 생각케 한다. 그들의 고뇌가 어떠했을까?

일선의 현장에도 수많은 자베르 경감이 있다. 비록 그들이 신념과 현실 사이의 고뇌에서 강에 몸을 던질 용기는 없지만 현장의 여러 상황에서 고민을 하는 것이다.

"경찰 아저씨, 인간적으로 한번만 봐주소?"

"휴우, 제가 그럴 재량이 있으면 얼마나 좋겠습니까?"

인공와우人工蝸牛를 아세요?

모든 동 · 식물들이 그렇지만 사람의 모습과 각각 인체 기관마다의 역할을 살펴보면 어느것 하나도 그냥 생긴 것이 아니라는 생각이 들 때가 많다.

팔다리가 멀쩡할지라도 눈이 멀면 어디 한 곳도 맘대로 갈 수도 없고, 청각장애가 있으면 곁에 있는 사람이 소리쳐 불러도 머리를 돌려 바라보기 전에는 알 수가 없다. 그런가 하면 정신이 아무리 맑아도 사지를 쓰지 못하면 역시 다른 사람의 도움을 받아야 한다. 세상엔 독불장군 없다는 말은 이런 정황을 잘 표현한 것이라는 생각이 든다. 이는 우리가 서로 도와가며 살아가야 할 이유이기도 하다.

청각장애를 앓고 있는 한 여인이 있었다.

그녀는 어릴 때부터 심장도 좋지 않아서 심장판막수술을 2번이나 받았다. 그런 탓일까. 결혼하여 어렵게 낳은 아이도 안타깝게 심장이 좋지 않았다. 설상가상雪上加霜으로 남편마저 일찍 세상을 등지고 말았다.

장애인 엄마가 몸이 아픈 아이를 홀로 키우는 어려움을 어떻게 다 말로 표현할 수 있을까. 아이가 겨우 중학교에 들어갈 무렵에 주위의 도움을 받아 어렵게 심장이식수술을 받고는 무균실 치료를 거쳐 상태가 조금 호전되어 집으로 데려왔었다. 청각장애 여인은 낮에는 조카의 가게에서 일을 도우며(자신의 생활을 위해 조카가 돕는다는 말이 맞다) 아이를 지극정성으로 돌봤다. 여인이 살아가는 모든 의미는 오로지 아이였다.

어느 날 밤.

낮에 힘들게 가게 일을 했기 때문인지 아이를 돌보다가 잠이 깊이 들었을 그 때, 하필이면 아이의 호흡곤란 증세가 나타나 숨이 곧 넘어갈 듯 사경을 헤매는 지경이 이르렀다. 여인의 모든것인 아이는 곁에서 힘들게 숨을 쉬며 고함을 치고 있었지만 선천성 청각장애를 앓고있는 여인은 아무것도 듣지 못한 채 잠 만 자고 있는 형국形局이었다. 심장병의 특성상 어쩌면 아이의 생명이 위독할 수도 있는 상황이었다. 그러나 여인은 아무 소리도 들을 수 없었다. 한동안 그런 상황이 계속되다가 여인이 새벽에 아이를 살펴보려고 습관적으로 잠에서 깨었을 때 온몸을 땀으로 뒤집어 쓴 아이는 거의 초주검 상태였다.

세상 만물은 자기의 고유한 소리가 있고 하늘의 달도 소리가 있다는데 새소리, 물소리는커녕 자기 아들의 울음소리도 듣지 못하는, 그래서 자신의 바로 옆에서 아들을 죽일 뻔한 여인의 마음은 어땠을까. 결국 청각장애 여인은 인공와우수술人工蝸牛手術 을 받기로 했다. 그것은 오로지 아이의 목소리를 듣기 위해서였다. '인공와우수술'은 귀의 뒤쪽을 절개하여 머리속에 수신기를 설치하고, 귀의 외부에 송신기를 매다는 형태인데 한세트(송 · 수신기)가 외부 소리를 서로 인식케 하여 들을 수 있게끔 하는 것이다.

수술을 받기 위해 대학병원 의료진을 찾아갔지만 이번에는 의사가 수술을 반대했다. 여인이 심장판막증수술을 2번 받은 전력前歷 때문에 또 수술을 할 경우 목숨이 너무 위험하다는 거였다. 하지만 오직 아이의 목소리를 들어 끝까지 지켜야 한다는 여인의 의지를 꺾지 못했다. 소리를 들을 수 없어 아들을 잃을 뻔했던 엄마의 절실함이 '목숨을 건 수술'을 하게 했고 다행히 수술은 성공적이었다. 첨단의 술도 고맙지만 한 사람의 희망을 살린 것이 더욱 고마울 따름이다. 이것이 바로 의술의 본질이 아닐까.

여인은 인공와우수술 후 난생 처음으로 소리를 들었지만 그것으로 모든 게 끝난 것이 아니었다. 잡음雜音과 목소리를 구분하지 못해 소리감별을 위한 '언어치료'를 받아야 했다. 반복훈련으로 익숙해지기 전까지는 소리를 듣는 것도 힘든 일이라 가끔은 인공와우 송신기를 케이스에 넣어 들고다니기도 하며 서서히 익혀나가고 있었다.

손경장은 경찰서 생활질서계 총포 · 경범죄를 담당하는 총각 순경이다. 같은 경찰서에 근무하는 예쁜 여경과 사랑하는 사이로 곧 결혼을 할 예정에 있고, 지금은 경찰서 옆에 투룸을 얻어 여동생과 같이 지낸다.

그날은 잔무처리 때문에 퇴근시간을 넘겨 혼자서 일하고 있는데 퍼머를 한 40대 아주머니 한 분이 민원이 있다며 찾아왔다. '분실물 신고'를 하러 왔단다. 손경장은 분실물 담당자가 이미 퇴근했지만 일단 신고를 접수하고 들어보기로 했다. 난생 처음 듣는 '인공와우 송신기'를 분실했다는 거였는데 설명을 들으면서도 인공와우가 뭔지 이해하기가 어려워 인터넷을 검색해가며 들었다. 퍼머아주머니는 눈물까지 흘리며 너무나 간절하게 말하고 있었다. 자신의 청각장애 고모님이 인공와우 송신기를 1주일 전에 택시에 두고 내렸는데 그것이 없으면 어떤 소리도 들을 수 없단다. 일주일 내내 가족들이 찾았지만 허사였다며.

손경장은 한눈에 보기에도 컴퓨터 화면의 인공와우 송신기는 외부장치여서 잃어버리기 쉬운 물건으로 보였고 분실하면 새것을 사면 될 것 같았다.

"경찰관님, 그 송신기는 수신기와 한 세트여서 송신기만 따로 살 수도 없구요…."

흐느끼든 퍼머아주머니는 말을 맺지 못하고 끝내 울음을 터뜨렸다.

"수술비도 3천만 원이 넘는데, 고모님이 심장이 약해서 수술을 다시 받을 수도 없어요."

퍼머아주머니의 애처롭고 간절한 눈물은 손경장의 가슴을 일순간 멎게 했다. 먹먹해진 가슴은 한동안 그렇게 멈추어 있었던 것 같다.

"예, 일단 저희들이 최선을 다해 찾아보겠습니다."

"꼭 좀 부탁드리겠습니다."

밤늦게 퍼머아주머니와 같이 퇴근하며 손경장은 깊은 생각에 잠겼다. 버스정류소로 걸어가는 퍼머아주머니의 뒷모습이 왜 그렇게 안쓰러워 보일까. 굳이 말하자면 고모님도 타인인데 남의 일을 저렇게 간절하게 할 수도 있을까. 손경장은 집에 도착해서도 발 씻는 것도 잊은 채 골똘히 생각에 잠겼다.

이건 나의 담당업무가 아닌 것과는 별개이고 시간을 미룰 것은 더욱 아니었다. 다만 인공와우 송신기를 택시에 두고 내려 잃어버린 지가 1주일이나 지났다는 것이 아쉬웠다. 어쩌면 찾지 못할 수도 있을 것 같은. 그러나 그것은 꼭 찾아야만 할 물건이었다. 그것을 어떻게 찾아주어야 할까. 반드시 내가 찾아주어야 할 물건이다.

이틀날.

출근하자마자 계장님께 보고를 하곤 오늘 열심히 찾아보겠다며 어젯밤 내내 생각했던 계획을 말씀드리니 "그래, 손경장은 잘 할 수 있을 거야. 열심히 찾아보고 필요하면 말해, 나도 도와줄게."

손경장은 우선 전단지傳單紙부터 만들었다.

퍼머아주머니의 고모님 사연을 충분히 기재하고 수술한 대학병원에 연락하여 송신기를 담은 '케이스'의 사진을 구해 붙였다.

“정말 소중한 물건을 잃어버렸습니다, 찾을 수 있게 도와주세요!!!

잃어버린 물건(인공와우)은 이렇게 생겼습니다.

분실경위 : 2012년 12월 24일 20:30경, 시외터미널 택시승강장에서 청각장애자인 아주머니가 뉴그린 빌라까지 가면서 택시 안에 인공와우가 들어있는 검정색 케이스를 두고 내렸다고 합니다. 초록색 등산가방의 메모지에 목적지를 적어줄 때 케이스를 꺼내두고 내렸다고 합니다.

사연 : 잃어버린 인공와우 송신기는 외부장치로 머리속에 심은 수신부와 한 세트입니다. 외부장치를 잃어버리면 재수술을 하여 머리속 수신부도 교체할 수밖에 없다고 합니다.

더욱 딱한 것은 분실자가 심장판막수술을 2번이나 받아 재수술은 불가능한 실정입니다. 제발 인공와우를 찾도록 도와주십시오.

(연락처 경찰서 질서계 080-1234-0182)”

A4용지의 반절지 크기로 인쇄하여 관내 전 파출소에 전파하고 퍼머아주머니와 함께 택시기사들이 많이 대기하는 곳을 돌며 배포하고 관내의 모든 택시회사에도 방문하여 일일이 부탁했다.

전단지의 내용을 읽어본 퍼머아주머니는 “어쩜 제 마음을 이렇게 잘 표현하셨어요?”라며 바라본다.

손경장은 개인택시를 운전하는 아버지께도 사연을 말씀드렸다.

퍼머아주머니는 ‘가족들이 전단지를 돌려도 되는데 경찰관이 이것까지 돌려주셔서 고맙다’지만 이건 가까이 있는 사람이 급히 도와주어야 할 일이다. 겨울바람은 차가웠지만 추위는 느껴지지도 않는다. 그렇게 손경장이 뛰어다니는 것을 아버지께선 멀리서 깊은 눈으로 보고 계셨다. 그리곤 다시 전단지를 꼼꼼히 읽고 개인택시 사무실에 전화를 건다.

시간이 흘러 점심시간이 지나도 소식이 없다. 전화기와 시계를 번갈아 보며 알려야 할 곳 중에 빠진 곳이 없는가를 생각한다. 오후에 다시 모든 택시회사를 돌며 운전자들의 휴대폰번호를 받아왔다. 전단지를 보지 못하거나 비번인 기사들에게 문자메세지를 보낼 참이다. 오후 늦게 사무실에서 치안상황알림용 SNS시스템에 송신기 케이스 사진과 함께 문자를 써서 모든 택시 기사들에게 전송했다.

"소중한 물건을 찾습니다 !!!

2012. 12. 24. 20:30경 시외터미널 승강장에서 택시를 타고 채운동 뉴그린 빌라까지 가는 중, 택시 뒷좌석에 첨부한 사진과 같은 검정색 케이스를 놓고 내렸습니다. 이것은 인공와우 송신기로 분실자에게는 생명과 같은 소리 울림판입니다.

기사 여러분의 따뜻한 가슴울림을 간절히 기다리고 있습니다.

보신 분은 꼭 연락주시면 감사하겠습니다.

(연락처: 경찰서 질서계 080-1234-0182)"

손경장과 퍼머아주머니는 점심을 겨우 빵으로 때웠는데도 저녁밥은 먹는 것도 잊어 버렸다. 문자메세지를 전송해놓고는 초조한 기다림 속에 퍼머아주머니를 안심시키며 또다시 시계를 쳐다보며 마음 속으로 말한다.

'분명히 연락이 올 것이다. 세상엔 아직 따뜻한 사람들이 많다.'

'재깍, 재깍, 재깍….'

시침이 얼마나 흘렀을까. 퇴근시간이 훨씬 지난 사무실에 동료들이 많음에도 조용한 기다림의 침묵이 흐른다.

"따르릉, 따르릉~" 손경장은 반사적으로 0182수화기를 든다. 아니 인공와우의 송신기라고 말하고 싶다.

"감사합니다. 질서계 손경장입니다."

"여보세요, 검정색 안경케이스 비슷한 걸 찾고있다는 문자메세지를 보고 전화했는데요."

"예, 맞습니다. 혹시 가지고 계신가요?"

여러 사람들의 눈빛이 동시에 손경장에게로 쏠린다. 퍼머아주머니는 눈을 크게 뜨고 바짝 긴장한 채 서 있다.

"예, 제가 1주일 전에 택시 뒷좌석에서 발견하여 찾아주려다가 깜박 잊고 있었는데요, 아마 맞는 것 같습니다."

"고맙습니다. 거기 어딘가요? 지금 바로 가지러 갈 게요."

퍼머아주머니는 손경장의 통화내용을 듣곤 결국 울음을 쏟아냈다. 손경장은 인공와우의 송신기로 보이는 수화기를 내려놓으며 울고있는 퍼머아주머니를 한참 동안 바라보았다.

어제 저녁에 신고접수를 받았으니 거의 하루만에 찾은 것이다.

1주일 전에 잃어버렸다는데 좀 일찍 신고했었다면 그렇게 속이 타지는 않았을 텐데.

손경장은 오늘 너무나 기분이 좋다. 아주머니의 기쁜 눈물도 말리고 싶지 않다.

이튿날, 청각장애 고모님과 퍼머아주머니가 나란히 질서계 사무실에 왔다.

키가 작고 눈이 휑하니 큰 청각장애 고모님은 아무 말도 없었지만 퍼머아주머니의 설명을 수화로 들으며 손경장에게 연신 허리를 굽혔다.

"손경장, 난 자네가 찾아낼 줄 알았어." 계장님은 자기가 더 기분이 좋은 듯 큰소리로 말했다.

청각장애 고모님이 펜과 종이를 달란다고 퍼머아주머니가 통역을 한다. 청각장애 고모님은 굵은 매직펜으로 서투른 글씨를 써 나갔다.

'경찰 고맙습니다. 소리 들려 잘, 손경장님 함께 찾아주셔서 감사합니다.'

'경찰관님, 소리를 들을 수 있게 찾아주셔서 감사합니다.'라는 뜻이라고 퍼머아주머니가 안 해도 될 통역을 한다.

손경장은 세상엔 조금만 신경을 쓰면 기분 좋은 일이 많이 생길 것 같다는 생각은 하며 입가를 밀어올린다.

이제부터는 인공와우가 불편해도 꼭 끼고 다니겠다는 고모님에게 다시 통역해 달라고 부탁했다.

"고모님, 좀 귀찮아도 늘 인공와우를 끼고 다니세요. 그래야 아들 목소리를 빨리 알아듣지요~."

청각장애 고모님은 미소 띤 얼굴로 고개를 끄덕거렸다.

그녀들이 사무실을 나갈 때 "우리 사랑해요. 한 번 할까요?"라고 말하니 퍼머아주머니와 청각장애 고모님은 손경장을 가운데 세우곤 두 팔을 치켜들고 크게 하트를 그리며 활짝 웃었다.

퍼머아주머니와 고모님이 나란히 걸어나가는 경찰서의 정문은 그 어느 때보다 넓어 보였고 지나가는 차들도 여유롭게 느껴졌다.

손경장은 혼자서 골똘히 생각하고 있다.

'우리가 사는 세상이 인공와우의 송신기이고 수신기가 아닐까, 우리가 알지 못하는 인공와우는 또 얼마나 많을까.'

독도출신
오박사

쉰 살의 나이에도 남달리 건장해 보이는 오경위는 남도지방의 조그만 농촌에서 태어났다. 중학교 1학년에 다닐 때 아버지를 여의고 조부모님 밑에서 자랐는데 할머니께서는 어려운 살림에도 끼니 때 걸인이 오면 꼭 밥을 먹여 보내셨고 이런 두 분의 곁에는 웃음이 끊이지 않았다. 중학생 때부터 시작한 아르바이트는 일상생활이었고 대학 다닐 때도 아르바이트를 3~4개 하면서 끼니를 굶는 것은 예삿일이었으며 대부분을 학교체육관에서 먹고 자며 살다시피 했다. 이런 오경위가 월급의 3분의 1을 떼어서 20여 곳의 사회복지단체에 10년 넘게 기부하고 있다. 요즘에도 하루 한 끼 씩 아낀 돈을 모아 이웃돕기 성금을 낸다.

지난 연말에도 밥 한 끼 아낀 돈 110만원을 냈는데 성금을 내러갈 때는 어느 때보다 기분이 설렌다. 대학생 시절에 많이 굶은 이력이 있어서 요즘에 하루 한 끼 굶는 것은 어려운 일이 아니다. 잘 굶는 것도 재주인가 하는 생각에 혼자 피식 웃기도 한다.

오경위가 이렇게 봉사를 재미있어 하는 것은 할머니로부터 배운 나눔의 가치 때문이기도 하지만 자기만의 사연이 있어서다. 휴학을 반복하며 어렵게 대학등록금을 마련하느라 여러 개의 아르바이트를 하던 어느 날, 신문배달을 하면서 어느 아파트 밖에 버려진 생일축하 케이크를 보곤 배고픔을 이기지 못하고 허겁지겁 먹다가 외출하던 교수님과 마주쳤다. 평소에 자신의 가난을 내색하지 않던 그였기에 교수님은 놀랐고 버려진 케이크를 먹는 사연을 듣고는 제자를 안고 길에서 펑펑 우셨다, 그리곤 등록금을 보태주셨다. 그는 '살아오면서 하루하루가 힘들었지만 그 고통 속에서도 항상 도와주는 손길이 있었다'며 내내 도움의 릴레이 역할을 하리라 다짐했다.

25년 전 무도경찰武道警察로 첫발을 디딘 후, 달동네 파출소에 근무 중 술에 취한 사람이 난동을 부린다는 신고를 받고 출동해보니 쓰러져있는 주취자酒醉者의 얼굴이 어릴 때 돌아가신 아버지를 많이 닮았다는 생각이 들었다. 사건을 처리한 뒤에도 그 기억이 떠나질 않았다. 물어물어 달동네에 있는 주취자의 집에 찾아가 확인해보니 그는 지하철역에서 노점상을 하며 어린 아들과 단둘이 지내고 있었는데 연탄광은 텅 비어있고 쌀독은 바닥을 드러내 보이고 있었다. 가슴이 아려 도저히 발걸음이 떨어지지 않아 연탄과 쌀을 조금 사서 넣어주고 돌아왔다. 그리곤 짬짬이 아내가 담궈둔 김치를 들고 가거나 생필품을 사들고 가서 대화하는 등 '아버지의 얼굴'을 생각하며 노점상을 돌보길 10여 년, 그 노점상의 아들은 KAIST를 졸업하고 국내 굴지의 기업에 취직하여 과장으로 승진했다며 찾아오기도 했었다. 이 어찌 기분이 좋지 아니한가? 느껴보지 못한 사람은 모를 것이다.

그일 이후로 오경위는 그야말로 '봉사중독자'가 되고 말았다. 지금도 도움이 필요한 곳이면 어디든지 달려가곤 하는데 가끔씩은 평생 잊지못할 일을 겪기도 한다. 장애인 가구들에게 나라에서 일정액의 지원금이 지급되기도 하지만 그 돈으로 집 임대료를 내면 먹고 입는 것까지 해결하기가 부족한 경우가 많다. 그때도 집 임대료와 전기료 3달치 50만원을 내지 못해 거리로 내몰리게 된 장애인 부부가 자살을 시도하는 것을 보고 일단 살려놓고 봐야겠다 싶어 끼고 있던 결혼반지를 팔아 밀린 돈을 대신 갚아주어 생명을 살렸다.

그때 판 반지는 지금도 빈 손가락이다. 반지가 대순가 사람을 둘이나 살렸는데. 반지 낀 자국이 희미해지는 손가락을 볼 때마다 눈물을 흘리며 고마워하던 장애인 부부가 생각난다. '팔아버린 결혼반지'- 아내에게 미안한 마음이 드는 건 어쩔 수 없지만 '그 사연'을 듣고 난 아내는 심호흡을 한번 하고는 "당신의 그 마음을 내가 어찌 막겠수!"하며 이해해주었다. 고맙다.

오경위는 사람을 돕는데 꼭 여유가 있어야만 된다고는 생각지 않는다. 여유는 가슴속의 마음이 만드는 것이지 가진 돈이 만드는 게 아니기 때문이다. 아직까지 내집 없이 전세로 살고 그 흔한 자가용도 없지만 사회복지공동모금회 개인기부자 1000만원 이상자의 명단에 이름 올린 것이 오경위 자신에게는 더 큰 자산이고 보람이다. 앞으로 리더나눔클럽 2000만원 회원 가입과 1억원기부가 목표다. 대기업들이 한 번에 몇 십억 원씩 내는 것과는 다르다. 이웃을 위해 기부할 수 있으면 뭐든지 한다. 사후死後의 시신과 장기臟器는 이미 기증했고 10년 후에 퇴직금을 타면 정말 따뜻한 복지관을 운영할 생각이다.

그런데 또 가끔은 안타까울 때도 있다.

박봉을 쪼개어 기부하거나 몸으로 때우는 일을 얼마든지 할 수 있는데 오래 전에 헤어진 가족을 찾아주기란 참으로 어렵다. 경찰서 유치장에서 근무할 때 누구나 죄를 지을 수 있다며 유치인들의 친구가 되어주기도 하고 의류세탁도 도와주었다. 그리고 소년범 교화단체에 등록하여 50명을 상대로 격려편지를 주고 받기도 하는데, 30년 전에 헤어진 어머니를 찾아 달라는 재소자의 부탁을 받고는 시외버스 편으로 강원도, 충청도를 다니기도 했지만 찾아주지 못해 늘 아쉽다.

오경위는 독도 사람이다.

10여 년 전에 식구 여섯 명 전체가 독도로 호적을 옮겼다. 당시에 독도를 자기네 영토라고 억지주장을 하는 일본과 외교분쟁이 있을 때였는데 국가로부터 봉급을 받는 자신이 나라나 사회에 도움이 되는 일은 뭐든지 하고 싶었기 때문이었다. 이런 마음 때문인지 작은 공장에 아르바이트를 하면서 남편을 이해해 주는 아내는 고맙기 그지없고 과외 한번 시켜준 적 없는(과외 시킬 돈이 어디 있어?) 아이들이 잘 커준 것도 고맙다.

오경위에게 비번非番 날은 '봉사데이'다.

지금까지 비번날이 되면 폐지도 줍고 빈병도 모우고 또 고속버스 터미널 한 쪽 구석에서 떡장사도 하면서 봉사자금도 모으지만 나보다 더 열심히 돕는 소중한 분들이 많다는 것을 알고 더욱 즐겁게 일한다. 또 관내의 독거노인獨居老人이 돌아가시면 구청과 동사무소를 뛰어다니며 장례를 치러주기도 하는데 자신의 일처럼 도와주시는 사회복지사들도 정말 고맙다. '어떤 사회복지사는 노숙인의 정보를 빼내어 연금과 수당 등을 횡령했다'고 가끔 신문에 나기도 하지만 오경위의 주변 사회복지사들은 모두 따뜻하고 훌륭한 사람들이다.

오경위에게 작은 바람이 있다면 대단한 일을 한다고 말하지 말고 사람들이 있는 그대로의 시각으로 바라봐주었으면 좋겠다.

'저 친구 혹시 승진에 써 먹을려고 하는 거 아냐?'

'모르지, 나중 선거에 나올려고 그러는지~'라는 말을 들을 땐 씁쓸하기도 하다. '내가 선거에 나온다고? 나 원 참이다.' 그런 말을 하는 사람들도 '돕는 즐거움'을 느껴보면 참 좋을 텐데 하는 마음뿐이다.

중증장애인重症障碍人 봉사에 나가면 100킬로그램에 육박하는 자신의 몸무게 때문에 '조폭'으로 의심하여 법원에서 '사회봉사명령'을 받고 온 것으로 오해받기도 한다. 그래도 오경위는 항상 웃고 다닌다. 체육특기생으로 졸업한 근육질의 큰 체구에 날카로운 눈매는 웃지 않으면 조금 무서워 보인단다. 그렇게 계속 웃다보니 인상 좋은 아저씨가 되어 버렸다.

오늘 오전에도 노인종합복지관에서 할아버지들의 목욕봉사를 마친 오경위는 점심시간에 맞춰오신 어르신들께 부지런히 밥을 퍼 드리고 있다. 이처럼 '밥퍼봉사' 시간이 되면 어르신들은 오경위를 '밥박사'라고 부른다. 그 많은 밥을 퍼면서도 재빠른 손놀림으로 밥알 한 톨도 흘리지 않고 밥을 잘 퍼 담아준다고.

'박사는 참 좋은 말이야. 근데 밥박사는 나 혼자일 걸. 그래도 혼자보다는 둘이 더 좋은데, 쩝쩝.'

지금의 밥박사는 나 혼자지만 얼마 가지 않아서 둘이 되고 또 셋이 될 것이다.

바퀴 달린 것은 모두 접수한다

예로부터 신령스런 독수리가 앉아있다는 큰 산이 있고 그 밑에 큰절이 있는 시골파출소에 근무하는 정경사의 단춧구멍 눈은 웃을 땐 눈동자가 하나도 보이지 않는다. 그래도 세상의 모든 것을 다 볼 수 있고 운전도 잘 한다. 의무경찰로 복무할땐 경찰서장님의 차도 몰았고 경찰관으로 들어와서는 커다란 기동대 버스도 몰고 다녔다. 그리고 순찰차를 탈 땐 운전도 도맡아 한다.

농촌 파출소는 하루 근무인원이 소장님을 포함해서 고작 3명이다. 구불구불한 시골길엔 교통량은 별로 많지않지만 큰절이 가까이 있어서 관광객들이 타고온 차들이 제법 많은데 도로가 좁고 커브길이 많아 교통사고도 간간이 나기 때문에 순찰을 게을리 할 수가 없다. 물론 순찰을 하거나 신고출동을 나가면 파출소엔 소장님 혼자서 북 치고 장구치고(?)를 다 해야 한다. 그래도 시골에서 좋은 공기를 마시며 인심이 넉넉한 분들과 근무한다는 게 참 행복하다. 철마다 옷을 갈아입는 사계절을 제대로 느끼며 산다는 것도 얼마나 좋은 지 모른다.

봄기운이 한창이던 5월 늦은 오후, 정경사가 퇴근준비를 하고 있는데 관광객으로 보이는 아저씨가 헐레벌떡 파출소로 뛰어 들어왔다. "어떤 할아버지가 술을 드시고 경운기耕耘機를 운전하는데 지그재그로 차도의 중앙선을 넘나들고 있다"는 신고였다. 벌써 어두워지기 시작했는데 앞뒤를 밝히는 불도 없이 차들이 많이 다니는 도로에서 경운기를 운전한다는 것은 대단히 위험한 일이다. 정경사가 반사적으로 뛰어나가 운전석에 오르자 주경사도 재빨리 탔다. 사건은 어떤 상황이 벌어질지 모르기 때문에 반드시 2명이 같이 가야 한다. 순찰차가 경광등을 울리며 나가자 사무실에 혼자 남은 소장님은 어떤 어르신일까 하며 고개를 갸웃거린다. 아마도 또 그 어르신? 하는 생각도 하며.

편도 1차로의 좁은 길을 급하게 순찰차를 몰아 할아버지의 경운기를 발견했다. 오래되어 페인트가 거의 다 벗겨진 경운기는 털털거리며 차도를 완전히 차지하고는 갈지之자로 가고 있었다. 뒤에서 순찰차의 사이렌을 울리며 경운기를 세우시라고 방송을 해도 할아버지는 듣지 못하는지 지그재그 운전을 계속 했다. 그대로 두면 너무 위험하다. 언제 마주 오는 차와 부딪칠지 모른다. 정경사는 옆의 골목길을 재빨리 돌아 순찰차로 경운기의 앞을 가로 막았다.

"갱찰차가 와 길을 가로 막노? 비키라~."

급하게 경운기를 세운 일흔 넘어 보이는 할아버지는 큰소리를 치며 계속 운전할 태세였다. 백발이 성성한 머리와 약주끼가 번져있는 얼굴이 대비되어 보인다. 아마도 면소재지의 5일장에서 친구들과 약주를 드신 듯 했다.

"할아버지, 약주 드시고 운전하시면 위험해요. 경운기는 여기 세워두고 저희들이 순찰차로 집까지 모셔다 드릴 게요."

"맨날 타고 다니는데 개안타, 비키라~."

혀가 꼬부라진 말씨부터 한눈에도 약주를 많이 드신 것이 보이는데 할아버지는 꼭 집까지 경운기를 몰고가야 한다며 고집을 피우셨다. 주경사가 '저 할아버지는 장날만 되면 약주를 하신다'며 고집도 대단한 어르신이라면서 난감해 하는 표정을 짓는다. 정경사보다 반년 일찍 배치된 전입 고참 주경사는 역시 다르다. 도로에서 한참동안 설득하고 달래도 할아버지는 막무가내였다. 적재함에 타고있는 '할아버지의 강아지'는 계속 꼬리만 흔들어 댔고 털털거리는 기계음을 내는 경운기 뒤로 차들이 여러 대가 밀렸다.

날은 저물어가고 퇴근시간은 지났는데 어떡하지 하다가 정경사는 '내가 경운기를 운전해 볼까?'하는 생각을 했다. 고향 농촌의 초등학교 다닐 때 큰댁 형에게서 배웠던 기억이 떠오른다.

"주경사님, 제가 경운기를 운전해 볼게요."

"뭐라고? 경운기 운전할 줄 알아?"

"예. 어릴 때 조금 배우긴 했는데…."

"조심해, 조심. 내가 뒤따라갈게."

정경사가 경운기 운전석에 앉았는데 이번엔 할아버지가 순찰차에 타지 않겠다고 우기신다. 끝까지 경운기 적재함에 타서 집으로 가는 길은 안내하겠다고 난리다. '순경이 어떻게 내 집을 알겠느냐며.' 할 수 없이 할아버지를 적재함에 안전하게 앉히고는 조심스레 경운기를 몰았다. '덜컥, 덜컥, 택택택택~~' 어릴 적에 배우기는 했지만 경운기 운전은 쉬운 게 아니다. 목덜미에서 식은땀이 흐른다.

해가 이미 떨어진 저녁 시간.

경찰복을 입은 정경사가 경운기를 '무료 대리운전'하고 할아버지는 애견愛犬과 함께 적재함 기둥을 꽉 잡고 탔다. 그 뒤로 주경사가 순찰차의 경광등을 켜고는 전조등을 비추며 조심스레 따라오는 광경이 연출되었다. 할아버지는 적재함에 앉아서도 '순갱이 경운기도 잘 모네~, 허허'라시며 기분 좋게 콧노래를 흥얼거리는 모습, 웃지도 울지도 못하는 우스꽝스런 장면이 시골길을 차지했다.

얼마쯤 갔을까.

아무리 교통량이 적은 시골길이라지만 경운기의 느린 속도에 뒤따라오던 차들이 밀리기 시작했는데 한 대도 추월追越하지 않고 모두 천천히 오며 이 광경을 보곤 웃었다. 마을버스 · 승용차 · 트럭 등 10여 대의 차들은 그렇게 할아버지네 동네 입구까지 한 줄로 늘어서 천천히 갔다.

이윽고 작은 마을의 맨 위쪽에 있는 집에 도착하자 할아버지 보다 강아지가 먼저 뛰어내려 자기집(?)으로 들어갔고 할아버지는 “아따, 순갱이 경운기 운전도 잘 하네, 잘 가소~”라며 손을 흔들곤 집으로 들어가신다. 마중을 나오는 사람이 없는 걸 보니 혼자 사시는가 보다. 남루한 옷의 할아버지 뒤로 외로움이 따라간다.

뒤따라 온 주경사가 잘 계시라고 인사를 했는데도 정경사만 바라보시는 늙은 경운기할아버지.

순찰차를 보고 구경 나온 이웃집 할머니가 할아버지를 걱정스럽게 바라보는데 뒤이어 나온 마을이장님은 할아버지는 자신이 잘 챙길 테니 걱정하지 말라며 할아버지 댁으로 걸어간다. 순간 그렇게 따뜻한 이웃을 둔 할아버지가 부럽다는 생각이 스친다. 정경사는 뿌듯함 뒤로 알 수 없는 야릇한 무거움을 느끼며 안도의 한숨을 내쉰다. ‘내가 그때 경운기 운전을 잘 배웠어, 형에게 욕을 많이 먹으며 배웠는데 오늘 제대로 써 먹은 것 같다.’

파출소로 되돌아오니 주경사의 무전으로 상황을 이미 알고있는 소장님이 묻는다.

“혹시, 할아버지 경운기에 강아지 한 마리 없든가?”

“아니, 소장님이 그걸 어떻게 아세요?”

“내 그 어르신 일 줄 알았지, 조심하며 다니셔야 할 텐데, 걱정이야.”

장터에 나올 때마다 강아지를 끌고오시는 할아버지를 소장님은 이미 알고있었던 탓에 볼 때마다 걱정이 되었다고 한다.

하여튼 소장님은 알고 있는 것이 참 많다.

정경사는 자신이 굴러다니는 것들과 인연이 깊다고 생각한다.

작년엔 관내에서 자동차 타이어 절도범 때문에 골치를 썩인 때가 있었는데 정경사의 직업적 기지奇智로 잡았다. 그날도 새벽 두시 경에 순찰을 돌고 있는데 검정색의 낯선 승합차가 지나가는 것을 보고 차량번호를 수첩에 적어 두었는데 이튿날 또 타이어를 통째로 도난당했다는 신고가 들어왔다. 타이어 절도범은 주차되어 있는 차의 밑에 벽돌로 받치고는 타이어 네짝을 모두 빼내어 가버린 것이다. 세상엔 참으로 별스런 도둑도 다 있다. 어제 적어둔 차량번호를 전산조회하여 다시 차주조회를 하니 절도전과 기록이 다섯 번이나 있는 사람이어서 즉시 형사계에 알려주었는데 사흘 후 잠복 중인 형사들에게 잡혔다. 그후론 타이어를 도난당했다는 피해신고는 들어오지 않았다.

이번 '할아버지 경운기의 대리운전'에 대해 뜻밖에도 아버지가 무척 좋아하셨다. 고향의 시골 마을에까지 알리며 '착하고 경운기 운전 잘하는 아들'을 자랑하기에 바빴는데 아무래도 시골노인과 돌아가신 할아버지를 같이 생각하고 계신 듯 했다. 괜히 멋쩍게 부끄럽기도 했지만 기분은 좋다. 아내는 두 눈을 크게 뜨며 '자기가 경운기까지 운전할 줄은 몰랐다'며 정말 대단하단다. "경찰관이면 그 정도는 해야지, 음." 모처럼 아내 앞에서 어깨를 으쓱해 보였다. 또 정경사의 단추구멍 눈꺼풀이 눈동자를 가린다.

정경사는 초등학교 4학년까지 시골에서 다니곤 아버지를 따라 도시로 이사를 왔었다. 시골 큰집의 형에게서 위험한데 운전하지 마라는 소리를 듣기도 하고 논바닥에 자빠져 온몸이 흙탕물에 빠져 꾸중을 들으면서도 고집을 부려 경운기 운전을 배웠던 기억이 오롯이 떠오른다. '그래도 그때 내가 경운기 운전을 잘 배웠어~.' 큰댁 형도 이번 일을 알고 있을까.

정경사는 자신도 모르게 웃음이 나오는 것을 느끼며 별이 반짝이는 농촌의 하늘을 오랜만에 올려다본다. 둥그런 보름달이 온 하늘을 비추고 있다. '나는 둥근 것과 인연이 참 많아, 운전대도 둥글고 타이어도 둥글다. 세상의 모든 것들도 둥글둥글 했으면 좋겠다.' 가만히 생각해 보니 큰절 대웅전의 부처님도 눈은 초생달인데 볼 테기는 사탕은 머금고 계시는지 둥글게 보이는 것이 홀쭉한 것보다는 훨씬 좋아 보였었다. 아 참! 부처님 사리가 모셔진 부도浮屠도 둥글다. 둥근 것과 인연이 많은 내가 큰절 아래 파출소에 근무하는 것도 인연인가 보다. 과분한 생각일까? 뭐 좀 과분하면 어떤가 도둑놈 잘 잡고 어르신들 잘 모시면 돼지, 히히.

그해 겨울은 따뜻했다

새치머리가 이미 반백을 넘어서버린 박경위가 근무하는 시골 파출소는 덕유산 줄기의 산 밑에 있다. 지대地帶가 높은 곳이다보니 겨울엔 눈도 많이 오고 꽤나 추운 곳이다. 대부분의 주민들이 농업에 종사하고 있는데 시골이라 연세 드신 어르신들이 많이 계신다. 이농현상離農現狀으로 젊은 자식들은 도시로 떠나고 혼자 남은 노인들만 집을 지키는 경우가 많은데 이렇다보니 할머니 한 분이 돌아가시면 빈집이 한 곳씩 생긴다. 우리나라 농촌의 현실을 적나라하게 보여주는 것 같다. 사정이 이러니 시골경찰관들은 혼자 계시는 노인들의 안전을 챙기는 것이 무엇보다 중요한 업무 중의 하나이다.

박경위도 혼자 사는 어르신들의 자녀 전화번호도 꽤 많이 알고 있다. 도시에 사는 자녀들로부터 '부모님이 며칠 째 전화를 받지 않으니 확인해달라'는 전화를 받곤 그 집에 가보면 "내가 밖에 있을 때만 전화해서 못 받는데 괜히 순경만 고생시킨다"며 미안해하시기도 한다.

지난 설날 연휴 때의 일이었다.

경찰관이 된 후 모처럼 설날을 집에서 보내고 이튿날 출근하여 순찰을 도는데 명절에 고향을 찾은 사람들의 색동옷들이 눈길을 붙잡는다. 고향은 참 좋은 곳이다. '어머니'란 말처럼 수식어를 필요로 하지 않는 단어가 또 '고향'이지 않을까 하는 생각을 해보기도 한다. 그런데 여러 가지 사정으로 고향에 오지 못한 사람들도 많은 것을 생각하니 괜히 짠해진다. 자신도 경찰관이 된 후 20여 년 동안 겨우 서너번 고향집에서 명절을 지냈다. 2월 첫날인데도 기온이 따뜻해서 참 좋다. 세상 사람들이 따뜻한 날씨처럼 오늘 하루만이라도 편안한 명절을 느끼는 좋은날 이었으면 좋겠다.

명절이라 식당들이 문을 닫아 파출소에서 식은 밥과 라면으로 대충 점심을 때우고는 마을을 돌아보고 있는데 97세 된 치매할머니가 집을 나가 돌아오지 않는다는 신고무전이 날아온다. '혹시 그 할머니가 아닐까?' 박경위는 한 달 전쯤 순찰 중에 도로 중앙분리대에 기대어 앉아있던 할머니를 발견하여 집에 모셔다 드린 적이 있었다. 평소에 치매를 앓고있는 할머니였었는데 추운 겨울 오후 늦은 시간에 왕복 6차선의 넓은 도로 한가운데에 앉아있는 것은 위험천만한 일이다. 운좋게 교통사고를 피해가더라도 어두워지면 추위를 이겨낼 수 없는 것이다. 중앙분리대 너머 반대차선에 앉아있는 것을 발견하곤 순찰차를 재빨리 몰아 유턴해 와야하는데 평소 때와는 달리 그 거리가 왜 그렇게 멀게 느껴졌을까. 외투도 입지않고 생활복 그대로인 채 중앙분리대에 기대어 먼 산을 보고있는 할머니를 번쩍 안아서 순찰차에 태웠었는데 할머니의 몸무게가 참 가볍다는 느낌이 들었다. 머리가 하얀 할머니는 '자신의 이름' 말고는 아무것도 모른다고 한다. 박경위는 할머니를 순찰차에 태우고 인근 마을을 돌며 수소문했다.

뒤에 알았지만 할머니가 집에서 4킬로미터나 걸어간 탓에 할머니의 거처를 알아내기까진 여러 마을을 돌아야 했다. 100살에 가까운 할머니가 어떻게 4킬로미터나 걸어갔을까. 겨우 할머니의 집을 찾아 모시고 갔을 때 70 넘은 아들은 혼이 나간 듯한 표정으로 어머니를 감싸안으며 "엄마, 제발 집에 계셔 줘, 응? 엄마아~."라고 말했지만 할머니는 멍하니 한눈을 팔고 계셨다. 옛말에 '자식이 효자면 부모가 오래 산다'는 말이 가슴 속으로 들어왔었다. 나는 얼마 만큼의 불효자일까.

집을 나간 할머니의 연세가 97세라니까 오늘 가출한 장본인도 아마 그 할머니일 것 같다는 생각을 하며 파출소로 돌아와 확인하니 역시다. 어디로 가셨을까. 무엇보다 빨리 찾는 것이 급선무인데 그

려려면 수색범위를 좁히는 게 중요하다. 전날 신고처리부를 모두 뒤졌다. 너덜너덜한 신고부엔 많은 사연들이 녹아있다. 그런데 전날 22:30경 그 할머니의 집으로부터 약 1킬로미터 떨어진 주유소 근처 길가에 노인이 혼자 서 있어 위험해 보인다는 운전자의 신고가 있었는데 여러 사람이 동원되어 야간수색을 해도 발견하지 못하였고 가출인 신고도 없어서 지나가는 행인으로 종결처리한 것이 있었다. 함께 살던 70대 아들은 '아침식사 하시라고 확인할 때 계시지 않아서' 주변을 찾아다니다가 신고를 했다는데 아마도 어젯밤에 나오시곤 길을 잃은 듯 했다. 만약 할머니가 어젯밤에 집을 나온 것이 사실이라면 큰일이다. 아무리 겨울날씨가 따뜻하다고 해도 나이 많은 치매 할머니가 견디기란 거의 불가능에 가깝다.

비상이 걸렸다.

인근 파출소는 물론이고 경찰서 5분대기조까지 출동해서 수색작전이 시작되었다. 어젯밤에 신고가 들어왔던 지역부터 집중적으로 뒤지며 범위를 넓혀나갔다. 그 뿐만 아니었다. 설 명절을 세우려고 고향집을 찾은 동네 사람들은 이장님의 마을 방송을 듣고 어른아이 할 것 없이 뛰어나와 '할머니 찾기' 수색에 나섰다. 그야말로 한겨울 시골동네에서 펼쳐진 '수색대작전'이었다.

농촌의 겨울은 온통 논밭의 마른 잡초들을 베어내지 않아 눈에 불을 켜고 샅샅이 수색하지 않으면 곁에 있어도 지나치기 일쑤다. 온 들판에 검은 기동복의 경찰관들과 색동옷 · 생활복을 입은 많은 이웃사람들이 하나 씩의 점이 되어 이리저리 뛰어다니며 할머니를 찾아 헤매었다.

시간이 얼마나 흘렀을까.

"여기 할머니가 있어요, 할머니 찾았습니다."

저만큼 떨어진 곳에서 논을 수색하고 있던 5분대기조 대원隊員이 두손을 흔들며 소리친다. "어디 어디? 할머니는…." 차마 살아 계시냐고 묻지 못하고 뛰어가는데 "아직 살아계신 것 같아요."라며 대원이 자기의 두꺼운 상의를 벗어 덮어주고 있었다.

겨울 논에 새우잠을 자듯 누워계신 할머니는 신발을 옆에 가지런히 벗어놓고 속옷에 두껍지 않은 점퍼를 덮고 있었는데 아마도 치매증세 때문에 논바닥을 방으로 생각하고 주무시는 것 같았다. 할머니의 하얀 머리카락이 논바닥 흙의 색깔과 대비되어 더 희게 보이는 것은 나만의 생각일까. 찾았다는 외침소리를 듣고 인근에서 우루루 모여든 이웃들도 안도의 한숨을 내쉬면서도 걱정을 하는 눈빛이 역력하다. 작은 체구의 할머니는 더욱 작게 보였고 곧 꺼질 듯 희미하게 숨을 쉬는 모습에 다급하게 움직일 수밖에 없다.

대원이 덮어놓은 점퍼 위로 우의까지 껴덮어 보온을 하며 119에 연락을 했다. 순찰차로 옮길 수도 있지만 전문적인 119로 도움을 청하는 게 낫다. 곧이어 도착한 119는 능숙하게 할머니를 들것에 모셔 병원으로 후송했다. 119구급차가 사이렌을 울리며 멀어지는 것을 보면서 어제 오늘 사이 날씨가 겨울답지 않게 따뜻한 것이 얼마나 다행인지 모르겠다는 생각을 모두가 하고 있었다.

"탁상경, 네가 일찍 발견해서 할머니를 살렸다. 오늘 아주 대단한 일을 한 거야."

의무경찰이 되어 군복무를 대신하고 있는 탁상경은 짧은 머리를 긁적이다가 큰소리로 말했다.

"감사합니다. 오늘은 할머니를 찾아서 억수로 기분이 좋습니다."

탁상경은 지난 번 수색상황을 생각하고 있었다.

2주일 전쯤 이었을 것이다.

그때도 여든이 넘은 치매할머니가 집을 나갔다는 신고로 밤을 새워 수색을 했지만 찾지못하고 이튿날도 계속 수색을 하고 있었는데 12시쯤에 할머니가 숨진 채로 발견되었다. 길 가던 사람이 발견하여 신고를 한 것이다. 우리가 엉뚱한 곳에서 찾고 있을 때 할머니는 길바닥에서 돌아가신 것이다. 치매할머니는 집에서 20리里나 떨어진 강둑의 풀섶에서 쓰러져 숨을 거두셨는데 그 부근이 할머니의 어릴 때 고향이었다고 한다. 치매환자들은 가까운 시기의 기억은 상실해도 먼 옛날의 기억은 잊지 않는다고 하더니 지금 상황을 두고 하는 것 같다.

고향은 단순히 땅이 아니고 사람이라고 했다. 마을 어른들은 아마도 할머니가 돌아가시기 전에 고향을 한 번 보고 싶어서 갔던 모양이라며 안타깝게 말씀하셨다. '치매 할머니는 과연 멀리서라도 고향을 보시고 돌아가셨을까.' 오리나무는 십리밖에 서있어도 오리나무고 고향목은 타관땅에 있어도 고향목이라고 했는데, 고향목도 치매할머니의 수구초심首丘初心을 넘지 못한 모양이다.

며칠 후, 머리를 길게 묶어 예술가로 보이는 70대 아들이 97세 할머니가 응급실과 중환자실을 거쳐 집으로 돌아오셨는데 지금은 괜찮으시다는 소식을 전해주며 그때 경찰관들이 빨리 찾지 못했다면 마을 전체가 설 명절을 거꾸로 세울뻔 했다며 진정으로 고맙다고 했다. 할머니를 발견한 건 경찰이지만 그날 명절임에도 너나없이 '수색대작전'에 나서 주었던 이웃들이 더 고맙다는 생각이 가득하다. 그런 이웃들이 있어서 경찰활동에 힘이 나고 게으름을 밀어낼 수 있는 것이다. 그리고 무엇보다 기쁜 것은 할머니가 건강하다는 사실이다.

박경위는 농촌에서 태어나 대도시에서 생활하다가 다시 시골로 와서 경찰관을 하고 있다. 혼자 되신 어머니는 큰형이 모시고 있지만 시골 할머니들을 보면 늘 어머니가 생각난다. 나이 드신 할머니들에 대해 내 어머니, 네 어머니가 어디 있는가. 모두가 우리들의 어머니인 것을. 아~ 오늘은 어머니가 더욱 보고 싶다.

희돌이의
친구 사랑법

올해 스물아홉 되는 윤순경을 친구들은 '희돌이'라고 부른다. 이름 한 자字가 포함되기도 하지만 그보다도 둥근 얼굴에 항상 웃고 다녀서 붙여진 것 같다. 남도의 공업단지 옆 초등학교에 다닐 때도 별명은 희돌이였다.

아직 추위가 몸을 움츠리게 하는 겨울 아침 어느 날, 희돌이가 지구대로 출근하는데 낯 모르는 전화가 와서는 본인이냐고 되물어온다. 조혈모세포은행造血母細胞銀行이라고 했다. 아~ 그것 때문이구나, 군복무 중에 '골수기증 신청서'를 작성했던 것이 퍼뜩 생각난다. 또 친구 영식이 얼굴이 떠오른다.

그랬었다.

고등학교 1학년 때 짝지를 했던 영식이는 태껸동아리 복장을 하고 뛰어다니며 분위기를 잘 띄우는 친구였다. 서로 자기가 하는 운동이 더 좋다며(나는 유도동아리였다) 되지도 않는 기술을 뽐내기도 하고 같이 축구도 하며 재미있게 지냈었다. 2학년으로 올라가 반班은 바뀌어도 친하게 지냈었는데 영식이가 어느 때부터 이상하게 감기가 잘 걸린다더니 얼마 안 되어서는 코피까지 자주 난다고 했었다. '짜식이 시원찮기는~' 하며 놀리기도 했다.

얼마 후 영식이는 급성백혈병急性白血病 진단을 받았다. 그리고 서울로 가서 치료를 해야한다며 휴학했다. 백혈병이 무서운 병이라고 막연히 알고 있었던 터라 덜컥 겁부터 났다. 영식이는 괜찮을까. 1학년 때는 그렇게 재미나게 놀았는데 영식이가 많이 아프다니 안타까움을 말로 표현할 수 없었지만 희돌이는 자신이 해줄 수 있는 게 아무것도 없고 친구가 빨리 낫기를 바랄 뿐이었다. 그렇게 영식이는 서울의 큰 병원에서 1년 넘게 치료를 받았다. 가끔 들려오는 소식은 치료기간이 길어서 병원생활을 더 해야 한다고 했다.

3학년 새 학년이 시작된지 얼마 되지 않았을 즈음, 치료를 마쳤다며 집 옆의 병원으로 왔다는 소식을 듣고 가보니 영식이는 창백한 얼굴에 모자를 쓴 채 병실침대에 힘없이 누워있었다. 다 나아서 내려 왔다던데 그게 아닌 모양이었다. 의아스러운 마음을 가진 채 병실 밖에서 영식이의 어머니로부터 들은 말은 희돌이의 머릿속을 하얗게 만들었다. "더 이상 치료할 방법이 없어서 내려 왔다"고 말하는 영식이 어머니의 얼굴은 백지장 같았다. 영식이 어머니는 희돌이의 손을 꼭 잡고는 "영식이가 서울 병원에서 희돌이 얘기를 많이 하더라"며 자주 와 달라고 하셨다. 영식이 어머니의 굵은 눈물을 바라볼 수 없어 고개를 떨구었다. 희돌이의 눈물방울도 병원 복도에 떨어졌다. "또 올게…"라며 병실을 나설 때 침대시트에 싸인 채로 힘없이 눈을 깜박이며 대답하던 영식이의 눈빛은 지금도 잊을 수가 없다.

그리고 이틀 후 희돌이는 '절친'이었던 영식이가 먼 여행을 떠났다는 소식을 들었다. 희돌이는 학교 화장실로 뛰어가 한참 동안 혼자 울었다. 거의 1년 동안이나 비어있던 영식이의 책상엔 한 송이 국화꽃이 놓여졌다.

그리고 희돌이는 군대 정훈교육 시간에 의무관의 설명을 듣고 망설임 없이 골수기증을 결심했다.

이번에 그 기회가 온 것이다.

골수기증자와 환자의 조직적합성에서 항원抗原이 일치할 확률은 형제 · 자매가 25퍼센트, 부모가 5퍼센트 이내이고, 직계가족이 아닌 경우에는 2만분의 1퍼센트에 불과할 정도로 희박하다고 한다. 또 일치해도 기증을 거부하거나 돈을 요구하는 사람도 있다고 한다. 그런데 희돌이와 조직적합성이 일치하는 환자가 나타났다는 것이다. 희돌이는 영식이를 생각하며 주저없이 이식수술을 받기로 했다. 그야말로 생면부지生面不知의 환자는 20대 대학생이라는 것 밖에 모른다. 조혈모세포은행측에서는 규칙상 알려줄 수 없다고 했지만 희돌이는 알고싶은 생각도 없다. 오로지 나의 친구 영식이에게 주는 것이다.

환자의 상태가 급하다며 근무시간 중에 지구대로 찾아온 간호사가 2차 검사를 위한 채혈을 하자 동료들이 부러운 눈길을 보내왔다. '이것도 부러움의 대상이 될까? 아니 정말로 부러움의 대상이 되었으면 좋겠다.' 항원이 일치하는 사람들이 많아서 여러 사람들이 어렵지 않게 조혈모세포를 기증받을 수 있다면 많은 사람을 살릴 수 있을 텐데. 그날 저녁 부모님께 전화를 드렸다.

"아버지, 제가 골수이식수술을 받기로 했습니다, 받을 사람은 대학생인 것 같은데 좋은 일이죠?"

"골수이식? 그래 좋은 일이긴 한데 네 몸이 상하는 건 아니냐?"

"괜찮데요, 건강한 사람은 금방 회복한다고 걱정 말랬어요. 저도 다 알아봤어요. 걱정하지 마세요."

"그래, 잘했다. 역시 내 아들이다. 그래도 수술한 뒤 휴가 내어서 며칠 쉬는 게 좋겠다."

"네에~, 아버지."

넓은 들이 공업도시로 변한 곳에서 산림계통 공무원으로 일하다가 정년퇴직하신 아버지는 처음에는 약간 걱정하시는 듯 하다가 희돌이의 결심을 확인하고는 흔쾌히 힘을 주셨다. 희돌이는 2차 검사를 한 후 술을 한 잔도 먹지 않았다. 친구를 좋아하는 성격에 어울려 한잔씩 마시기도 했지만 검사를 마치고는 이식수술 일정을 잡기 전부터 술을 끊기로 했다. 오로지 깨끗하고 온전한 몸을 영식이에게 주고 싶다는 스스로의 마음 때문이다.

유난히 눈이 많이 내렸던 겨울이 꼬리를 보일 무렵에 수술날짜가 잡혔다는 연락을 받았다. 수술을 받기로 한 날 아침에 집을 나서는데 음지陰地쪽 골목길엔 아직 녹지 않은 하얀 잔설殘雪이 밟힌다. 잠시 멈추고는 담벽에 얹힌 잔설을 헤쳐보니 먼지를 뒤집어 쓰고 있던 눈 속엔 새하얀 눈이 결정結晶을 키워 그대로 있다. 희돌이는 자신의 몸도 저렇게 깨끗했으면 얼마나 좋을까, 또 눈은 한겨울에 이불 역할을 해서 땅 속 생물에게 봄을 준비시키게 한다는 말을 생각하며 걸었다.

기분 좋은 날이다.

희돌이는 병원이름이 세로로 적힌 가운을 입고는 환자용 간이침대에 누워있다. 간이침대가 수술실로 밀려들어갈 때 절친 영식이만 생각했다. 그리고 영식이와 얘기했다.

'영식아, 나다 희돌이. 나 괜찮은 놈이냐? 크크.'

'짜아식, 이제 조금 철이 든 거 같은데~. 히히.'

지리산 큰물과 토란잎사귀

하순경은 1980년대 중반에 국방의 의무를 마치고는 경찰학교에서 교육을 받은 뒤 여름이 시작되던 6월 중순에 시골 파출소로 발령을 받았다. 초임 임용장을 받으러 고향을 떠나 올때 집 앞 공터에서 한창 보리타작을 하시던 어머니는 옷가방을 버스 정류소까지 들어다주시며 여름 뙤약볕을 머리에 이고 말씀하셨다.

"자네가 순갱을 허것다 쿤께 알아서 잘 허것지만 남들에게 손가락질 받는 일은 없도록 허게. 사람을 기시가꼬 쪼깨 편하모 당장은 몰라도 비오는 날 우산을 씨고 가도 오래 걷다 보모 옷이 다 젖는 거맹키로 갤국은 지 몸을 헤친다네. 사람은 어떠던지 바르게 살아야 되는기라. 알건능가?"

(네가 경찰을 하겠다니 잘 알아서 하겠지만 남에게 손가락질 받는 일은 없도록 해라. 남을 속여서 좀 편하면 당장은 몰라도 비 오는 날 우산을 쓰고 가도 오래 걷다보면 옷이 다 젖는 것처럼 결국은 자기 몸을 해친다. 사람은 어떤 일이 있어도 바르게 살아야 한다, 알겠는가?)

경찰학교에서 여러 가지 실무교육을 받기는 했지만 일선 현장에서의 활동엔 턱없이 부족하다. 그래도 신고전화만 들어오면 좌충우돌 뛰어나간다.

신임순경으로 일선에 배치된 지 겨우 한 달이 지난 어느 날.

면소재지 파출소 옆의 천川엔 평소의 적막함과 달리 전날 내린 큰비로 냇물이 많이 불어나 흐르고 있다. 지리산 줄기 밑에 자리한 지역은 냇물의 양도 여느 곳과는 다르다. 말이 냇물이지 '가로 방향으로 흐르는 강橫川'이란 이름이 붙을 정도로 큰물이 흐른다.

오전 11시쯤 되었을까, 비온 뒤 흐트러진 파출소 주변을 청소하고 있는데 전화가 울린다. "사람이 냇물에 떠내려가고 있다"는 신고였다. 하순경은 얼른 카메라와 기초조사 파일을 챙겨 오토바이를 타고 사람이 떠내려간다는 곳으로 향했다. 어제의 큰비로 시냇가의 풀들은 키가 더 자랐고 바위틈을 휘돌아 흐르는 물소리도 커져서 떠내려가는 사람을 찾기란 쉽지 않다.

강둑을 따라 한참을 헤맨 끝에 황톳빛 물결에 휩쓸려 가는 사람형체를 발견했지만 강폭이 넓고 흐르는 물결이 드세어 물로 뛰어들 수는 없는 상황이었다. 오토바이를 더 빠르게 몰아 하류 쪽에 있는 보堡

에서 기다리기로 했다. 빗물에 파인 비포장 강둑길은 오토바이 속력을 내는데 장애가 되었지만 마음은 벌써 저만큼 앞에서 달린다.

몇 분만에 왔는 지도 모르게 작은 보에 도착하니 함께 모였다가 보를 넘쳐 쏟아내리는 물의 기세는 무서울 정도였다. 저만큼 30여 미터 위쪽에서 떠내려 오는 사람 모습이 보인다.

바지를 걷어올릴 여유도 없이 물이 넘쳐흐르고 있는 보의 한가운데로 조심하여 게걸음을 하듯 옆으로 발바닥을 바닥에 딱 붙인 채 조금씩 들어갔다. 자칫하면 하순경 자신까지 떠내려갈 형편이었다.

뒤늦게 소식을 듣고 달려온 면사무소 공무원은 강둑에서 조심하라고 소리를 치며 어떻게 도울까 안타까워하고 있는 모습이 역력하다. 이윽고 약간 뚱뚱한 형체의 할머니 시신이 떠 내려와 하순경의 허벅지에 터억 걸쳐졌다. 이미 숨을 거둔 할머니는 실족失足 후 떠내려오면서 얇은 여름옷이 다 벗겨져 버린 상태였다. 물에 젖은 할머니의 맨몸은 더욱 미끄럽다. 물에 둥둥 떠 있는 할머니를 허벅지와 양손으로 받히고는 역시 발바닥을 땅에 딱 붙이고 게걸음으로 조금씩 조금씩 강둑 쪽으로 나왔다. 아무런 생각도 없이 오로지 미끄러지지 않고 밖으로 나가야 한다는 마음뿐이다.

겨우 강가에 다다랐을 때 기다리고 있던 면사무소 직원이 어쩔 줄 몰라하고 있어서 "뭐하요? 다리 좀 잡아끌어 올리세요." 라고 했더니 그는 잠시 머뭇거리다가 할머니의 발가락을 잡는 시늉을 한다. 순간 화가 치밀었다. 나는 위험을 무릅쓰고 강물에 들어가 돌아가신 할머니를 겨우 모시고 나왔는데 면직원은 할머니의 발가락만 잡아올리려는 것이 화나게 했다.

"지금 발가락만 잡고 뭐 하는교?"

목소리가 높아졌다.

그제서야 나이든 면직원은 할머니의 발목을 잡고 끌어 올렸다. 둘이서 낑낑거리며 강둑 깨끗한 곳에 할머니를 모셔 놓고는 옷이 다 벗겨진 것을 생각하여 얼른 옆에서 자라고 있는 넓은 토란잎을 꺾어다가 할머니의 몸을 가렸다.

휴…. 이제야 비로소 한숨이 나왔다. 바지는 물에 젖었고 저고리는 땀에 젖어버렸다. 할머니가 넓은 토란잎으로 된 옷을 입고 누워계신 옆으로 풀들이 깨끗이 씻은 채로 서서 흔들리고 있다. 비 때문에 할머니가 변을 당하셨는데 풀들은 비에 깨끗이 씻겨져 싱싱하게 자라는 것을 보면서 머릿속이 헝클어진다. 면직원과 여러 조치를 하고 있는데 저쪽에서 논둑길을 가로질러 달려오고 있는 노인이 눈에 들어온다. 아마도 누워계신 할머니의 바깥어른인 모양이다.

나이가 드셔서 더욱 작아진 키에 빠진 머리와 수염길이가 비슷한 여든이 다되어 보이는 할아버지는 누워계신 할머니의 얼굴에 덮여 있던 토란잎을 들어 얼굴을 확인하고는 땅바닥에 풀썩 주저앉았다. 그리곤 이내 어깨가 들썩거렸다. 한참 동안의 소리 없는 들썩임이 시간을 멈춘다.

"아이고, 할망구야, 그만 집에 있으라 켓는데 뭘라꼬 데불로 오다가 이런…."

그날 아침에 할아버지가 건너마을에 일을 보러 갔었는데 집에 돌아올 시간이 늦어지자 할머니가 마중을 나가다가 변을 당하셨다고 한다. 뒤에 마을사람들에게 들으니 두 분은 그렇게 사이가 좋으셨단다. 이어 장의사가 오고 할머니의 시신을 수습收拾하여 가는데 뒤따라가는 할아버지의 몸집은 더욱 작아보였고 주변의 벼는 그런 상황을 모르는지 여름 바람에 흔들거리기만 했다.

하순경은 사무실로 돌아와 낮에 있었던 일을 생각한다. 약간은 무모하게 보堡로 뛰어 들어갔던 일, 그때 머뭇거렸다면 보를 지나 바다로 떠내려가고 말았을 할머니의 시신, 강가 쪽으로 할머니를 모시고 나올 때 위험하기도 했지만 할머니의 무게 때문에 물살에 떠밀리지 않았던 것(물살이 센 냇물을 건널 때는 등에 무거운 짐이 있어야 물에 휩쓸리지 않는다 했다), 또 면사무소 공무원의 부친 기일이 오늘이라서 할머니의 시신을 잡는 것을 머뭇거렸던 사실(시골에선 집에 제사가 들면 시신을 보지 않는 풍습이 있는데 공무원 신분 때문에 순간적으로 머뭇거렸다고 한다).

며칠 뒤 그 할머니의 동네 어르신들이 파출소에 오셨다. 그때 그곳에서 할머니를 붙잡지 못했다면 아마도 시신을 잃어버렸을 거라며 새로 온 젊은 순경이 너무 고맙다면서 손을 꼭 붙잡았다. 노인의 거친 손이 눈에 들어온다. 고향에서 보리타작을 하시던 어머니 손의 느낌과 같다. 나중 알게 되었지만 돌아가신 할머니의 사위는 직장 선배였었고 손자는 경찰서에 근무 중인 의경이었다. 그렇게 우리들은 모두가 가족으로 어울려 살아가고 있는 것이다.

또 어머니의 말씀이 생각난다.

"차를 몰고 다니다가 늙은 노인들 보이면 차를 세워서 어디 가는지 물어보고 조금 돌아가더라도 태워드리게, 혹시 알란가, 내가 읍내장에 갔다 올 때 누가 태워 줄지…."

형사관계, 민사관계 불간섭 원칙

A씨는 길을 가다가 우연히 초등학교 동창을 만났다. 정말로 오랜 만에 만난 친구를 그냥 보낼 수 없었다. 초등학교 시절을 떠올리며 마시는 한 잔의 술은 그야말로 추억여행이었다. 객기를 부려 양주도 한 병 시켰다. 친구의 손을 잡고 기분 좋게 일어나며 호주머니를 더듬는데 "아뿔싸~ 이런 낭패가…" 지갑이 없다. 아침에 분명히 챙겨 나왔는데 아마도 소매치기를 당한 모양이다. 사정을 얘기했지만 주점 사장은 처음 온 사람이 무슨 외상이냐며 사기범을 잡아가라며 파출소에 신고를 했다. 출동 나온 경찰관은 사정을 듣곤 자신이 보증을 서겠다며 귀가시켰다. 이튿날 A씨는 술값을 갚았다.

건달인 B씨는 오늘은 어제와 다른 지역에서 후배들을 데리고 술을 먹었다. 비싼 술에 고급안주를 잔뜩 시켜먹으며 너스레를 떨고 있다. 거나하게 술을 먹곤 지갑을 가져 오지 않았다며 내일 꼭 갚겠다며 시비를 건다. 소란스러움을 보고 지나던 다른 손님이 주점 여사장에게 "저 사람들 다른 술집에서도 저렇게 하는 것을 보았다"며 신고하란다.

출동 나온 경찰관은 현장상황을 파악하곤 여러 사람 중에 한 사람도 돈이 없다는 것도 말이 안 되고 비슷한 신고사항 확인도 필요하다며 파출소까지 임의동행을 요구했다. 이후 B씨는 상습사기로 입건되어 벌을 받았다.

비슷한 상황을 두고 형사관계와 민사관계를 구분하기란 쉽지 않다. 그러나 조금만 깊이 생각해 보면 의외로 간단하다. A씨는 범의(犯意)없이 지갑을 소매치기 당한 것을 모르고 술을 먹었기 때문에 술값만 갚으면 되는 순전히 개인간의 일인 민사관계이고, B씨는 처음부터 술값을 낼 의도 없이 외상을 빙자한 무전취식의 의도가 있었기 때문에 국가형벌권이 개입하는 형사관계인 것이다.

개인간 채권 채무관계도 마찬가지다. 어렵게 대출까지 내어서 돈을 빌려 주었는데 돈을 갚지 않는 사람을 처벌해 달라고 찾아오는 민원인이 많다. 처음부터 갚을 의도없이 속여서 빌렸다면 사기지만 형편이 나빠져서 갚지 못한다면 민사관계다. 사기꾼들의 잔머리가 보통인가. 책상에 산더미만한 고소서류가 진을 치고 있다. 인근의 섬나라에 비하면 우리나라의 개인간 고소사건이 2백 배가 넘는다고 한다.

16살 중고차와 단발머리 여경

아담한 키에 늘 단발머리인 박경위는 오늘 아침 출근길도 흰색 소형승용차의 '똑'하는 안전벨트 잠김소리를 듣고는 대화를 시작한다.

"희야, 오늘도 천천히 안전하게 가자."

"네에~ 그럴 게요."

"그래 난 너와 함께하는 출근길이 늘 편안해, 고마워."

"저도 그래요, 조심해서 운전해 주니깐 다치지도 않고 참 좋아요. 어젠 신발도 새로 바꿔주셨잖아요."

"군! 자 출발한다, 부릉~."

경찰서 민원실장으로 일하고 있는 박경위는 자신의 승용차를 '희야'라고 부른다. 희야는 올해 16살이다. 오랜 세월 동안 같은 차를 타고 다니며 매일 출발 전에 둘이서 대화를 나눈다.

성능 좋은 신차들이 쏟아져 나오고 승용차가 이동수단에서 과시수단, 또는 취미로까지 바뀌고 이웃들의 차가 경쟁적으로 바뀐다. 동료들은 16년이나 탔는데 이젠 이혼(?)하고 새 차를 사라며 농담 섞인 성화를 부리기도 하지만 '내 차가 어때서?'라며 웃어넘긴다. 박경위의 생각엔 아직은 희야와 이혼할 때가 아니니다. 16년, 짧지 않은 시간을 같이 지내온 희야가 연식이 오래된 탓에 편의성과 힘이 좀 떨어지기는 하지만 그래도 편안하고 고마울 뿐이다. 사실 작년에 희야와 멀어질 뻔한 일도 있었다.

박경위는 30년 넘게 경찰생활을 하면서 내내 어머니와 둘이서 살았다. 여고를 갓 졸업하고 당시엔 조금은 희귀했던 여경으로 들어와 여러 분야의 업무를 보다가 몇 년 전부터는 민원실 업무를 고집하고 있다. 굳이 민원실 업무를 하려는 것은 억울하게 자신만 교통스티커를 끊겼다며 큰소리로 따지는 힘든 민원인도 있지만, 경찰서를 처음 찾아오는 방문객들의 대부분이 긴장하는 모습을 보면서 차분히 도와주면 여간 좋아하지 않는 것이 나름대로의 보람도 있어서였다. 그래서 형편이 허락할 때까지 민원실 일을 하고 싶다.

그러는 사이 혼기婚期를 흘려보내고 일찍 혼자 되신 어머니와 단둘이 살았는데, 어머니는 10년 넘게 중풍으로 앓고 계셨고 마지막엔 치매까지 겹쳐 고생을 많이 하셨다. 박경위는 어머니를 내내 간호하며 같이 울고 웃었다. 어떨 땐 한밤중에 병원으로 가야할 때도 있었는데 몸집 작은 여자 혼자서 힘없이 늘어진 어머니를 옮기는 일이 보통 힘든 일이 아니었다. '희야'도 소형이라 차안이 좁은데다 일반 좌석이었던 탓에 뒷좌석이 '환자용'이었으면 하는 생각을 많이 했었다. 그래서 차를 바꿀 땐 뒷좌석에 어머니를 편하게 모실 수 있는 특수 제작된 차를 사기로 하고 3년간 적금을 부었다.

"엄마, 몇 달만 있으면 넓은 새 차가 나올 거야, 조금만 참아~."

"그래? 희야도 좋은데 돈 들여 새 차를 사? 그래도 새 차 나오면 꼭 타봐야지." 어머니도 '희야'라고 부른다.

"그러음~ 엄마를 위한 찬데, 엄마가 타야지."

그렇게 중풍에 걸려있던 어머니도 새 차를 기다렸다. 그런데 적금 만기積金滿期가 다 되어갈 무렵 어머니는 박경위의 손을 놓고 머나먼 하늘로 여행을 떠나시고 말았다.

어머니가 중풍과 치매로 많이 힘들어 하실 때 '엄마가 그만 편하게 가셨으면 좋을 수도 있겠다'는 생각을 한 적도 있었지만 떠나신 후 그렇게 마음이 아플 줄 몰랐다. '자신이 했던 그 생각'이 가슴 아픈 한恨으로 돌아와 엄마와의 끈이 되고 있었다. 특히 조용한 밤을 혼자서 보낼 땐 같이 살아준 어머니가 그렇게 고마울 수가 없었다는 생각이 많이 든다. 더욱 죄송하다.

내내 곁에 계시던 어머니가 하늘여행을 떠나 버리자 박경위가 신청해 둔 특수제작 주문차는 본래의 의미를 잃게 되었다. 박경위는 그냥 일반적인 차로 교체 신청을 해야하나 고민하다 평소 짬짬이 봉사활동을 해오던 '마음의 집' 사람들에게 도움이 되겠다 싶어 특수차를 그대로 사서 기증하기로 했다. 특수하게 제작된 차일지라도 출 · 퇴근시엔 새 차를 타고 다닐 수도 있었고 혼자 사용할 것이기에 불편함도 없을 것 같아 그냥 내가 사용할까 하는 생각이 없었던 것도 아니었지만 꼭 필요로 하는 사람들에게 기증하는 것이 더욱 좋겠다는 생각이 앞섰다. 주변 사람들은 어렵게 적금 넣어 마련한 것인데 아깝지 않느냐고 묻기도 했지만 오히려 기증하고 나니 마음이 훨씬 편하다. 아마도, 아니 틀림없이 어머니도 하늘나라에서 딸이 하는 짓을 내려다보며 좋아할 것이다.

어머니를 생각하면서 그녀는 말하기도 했다.

"나는 결혼을 해보지 않아서 아기를 키우는 맛을 몰랐는데 치매에 걸렸던 어머니가 아기역할을 해 주셔서 아기 키우는 것도 느낄 수 있었네요. 그래서 어머니가 참 고맙고요, 제가 새 차를 '마음의 집'에 드린 것을 보고 엄마도 그렇게 바라고 계셨을 것 같아요."

박경위는 어제 희야의 엔진오일도 갈고 타이어도 새것으로 바꾸었다. 희야도 자신을 아껴주는 주인이 무척 좋은 모양이다. 아침에 대화할 때 그렇게 가볍게 대답해 온 것을 보면.

박경위와 희야는 오늘도 웃으면서 천천히 퇴근한다.

"희야, 우리가 이혼하기는 아직 멀었지?"

"저도 이혼은 싫어요, 히히."

16살이나 먹어 흰색깔이 약간 바래진 '희야' 뒤로 노란 은행잎이 또르르 따라가는 것이 둘을 축복해주는 것 같다.

젖은 돈뭉치와 과일주스

비가 오다말다 하는 여름날 저녁. 이경장은 도심 주택가의 파출소에서 시끄러운 무전기 소리를 듣고 있다. 오늘은 또 얼마나 많은 사연과 접해야하나 생각하며 탁자 옆 우의를 바라본다.

저녁 8시 30분경, '신문에 싸서 보관 중이던 현금 550만원을 아내가 폐지로 오인誤認하여 쓰레기통에 버렸다'는 신고가 접수되었다. 이경장은 잃어버린 돈을 찾으려면 시간이 많이 걸리겠다는 생각이 들어 먼저 우의부터 챙겨입고 순찰차 경광등을 돌린다. 현장에 도착하니 우의에 떨어지는 여름비가 더욱 후텁지근하고 구두는 벌써 빗물에 젖어간다.

우산도 챙겨쓰지 못한 40대 중반의 남자는 돈을 찾아다녔는지 옷이 젖은 채로 당황해하고 있다. 사연을 들어보니 돈을 버린 사람은 차량의 중고시트를 갈아주는 영세업자 남편이 거래처 대금을 신문지에 싸 놓았는데, 그의 아내가 그 돈뭉치를 폐지로 생각하여 재활용수거함 옆에 버렸단다. 남편은 지급약속일에 맞춰 겨우 마련해 두었는데 큰일이라며 허둥대는 모습에서 우리 서민들의 힘든 삶이 적나라하게 보이는 듯 했다. 서민들에게 550만원은 적은 돈이 아니다. 그런데 현금이어서 더욱 걱정스럽다. 당일 19 : 50경에 '폐지'를 버리고 30여 분이 지나서 버린 사실을 확인한 후 뛰어가봤지만 이미 깨끗이 치워져있었다며 폐지더미를 본 사람도 없더란다.

낮에 보면 외벽의 페인트 색깔이 바래진 서민아파트에는 CCTV가 설치되어 있었지만 재활용수거함이 화면의 사각지역이라 전혀 찍혀있지 않았다. 이경장은 분실사건 발생보고는 뒷전으로 하고 잃어버린 폐지 속의 돈을 찾아나섰다. 먼저 구청당직실을 통해 청소용역에게 폐지 돈뭉치를 확인하였지만 그 시간은 수거시간이 아니라서 자기들로서는 알 수 없다는 대답만 돌아왔다. 돈주인 남자는 "시간이 지나면 찾기가 힘들 텐데…" 라면서 꼭 좀 찾아주라는 눈빛을 보내고 있다. 우산도 쓰지 않은 남자의 얼굴에 흐르는 빗물이 어쩌면 눈물일지도 모른다는 생각이 스친다. 우의를 입고 있는 이경장의 옷도 젖어버리기는 마찬가지였다.

그런데 그때 또 비를 맞으며 뛰어다니는 사람이 있었으니 '아파트 경비원 장씨'였다. 중소기업에 다니다 3년 전에 명퇴하고 경비원 일을 하고 있는 장씨는 누구보다 부지런한 사람이다. 주민들이 그 누구든 항상 먼저 인사하는 그의 손에는 거의 작업용 장갑이 끼어져 있다. 화단의 잡초제거는 늘 그의 몫이고 입주민의 화장실 고장도 대부분 그의 손에서 다시 태어난다. 그렇게 입주민들과 편한 사이라서 집집마다 찾아다니며 폐지 속의 돈뭉치 행방에 대해 '자신만의 수사'를 하고 있다. 이경장은 더욱 열심히 뛰어다녀야겠다고 생각한다.

시간은 흐르고 비가 계속 내리는 가운데 인근 건물 CCTV를 점검해 가던 중 다행이 분실시간에 주차되어 있던 차량을 발견하곤 차주를 확인하여 딱한 사정을 얘기하고 같이 차량 블랙박스를 검색해 보니 조그만 리어카를 힘들게 끌고가는 폐지 줍는 할머니의 모습이 보였다. 그때 차주가 블랙박스 화면을 보면서 "할머니가 폐지뭉치를 리어카에 싣는 것 같은데요?" 라며 눈을 맞춰온다. 마치 자기 일처럼 좋아하는 모습에서 우리 이웃의 따뜻한 모습을 보았다. 아무런 관계가 없는 사람도 저렇게 나서서 도와주는데…라는 생각이 발걸음을 더욱 재촉하게 한다. 흐릿한 CCTV화면을 캡쳐인쇄하여 오래 거주한 주민들을 상대로 일일이 "밤늦게 죄송합니다"라는 양해를 구하며 탐문한 끝에 폐지 할머니를 만난 시간이 자정을 넘긴 01 : 20경, 신고접수 후 5시간이 흐른 시간이었다.

돈주인 남자는 비에 흠뻑 젖은 채로 역시 비에 젖어 축 쳐진 신문 돈뭉치를 들고는 눈을 감고 안도의 한숨을 몰아쉬는 모습이 그가 얼마나 간절히 돈 550만원을 찾고 있었는지를 말해준다. '오늘 비가 와서 주운 폐지를 고물상에 넘기지 않아 다행'이라고 말하는 할머니는 어린 손녀와 둘이 살면서 폐지수거로 하루하루를 연명하고 계신 분이었다. 돈을 찾은 남자는 고맙다는 말밖엔 드릴 말씀이 없다면서 연신 허리를 굽히는데 허리를 굽힐 때마다 남자의 젖은 옷이 등짝에 붙었다 떨어졌다를 반복한다.

이경장도 덩달아 기분이 좋았는데 더 기분 좋은 것은 블랙박스 차주가 비를 맞으면서 뛰어와 자료를 검색하며 도움을 줄 수 있다고 좋아하던 모습과 폐지할머니가 자신도 어렵게 살면서도 비 때문에 돈뭉치를 고물상에 넘기지 않아서 다행이라고 말하는 그 표정에서 우리들이 혼자 사는 것이 아니라는 생각 때문이었다. 비에 젖은 채로 함박웃음을 짓는 장씨를 보며 분명히 집에서도 존경받는 아버지일 것이라는 생각이 든다.

아~ 이런 이웃들과 함께하는 우리 세상이 얼마나 아름답고 시원한가, 여름비가 조금 후텁지근하면 어떤가, 내 옷이 조금 젖으면 또 어떤가 말이다. 도심에 높다란 빌딩만 있다면 얼마나 삭막할까, 폐지할머니의 리어카도 있고 돈을 신문에 싸는 보관하는 사람도 있어야 '사람들이 사는 세상'이 아니겠는가.

며칠 후 야간근무로 출근을 하니 주간근무를 하고 교대하는 동료가 낮에 이경장의 근무가 언제냐고 묻는 전화가 왔었다고 말하며 퇴근한다. 누굴까?

순찰근무를 나가려고 외근장비를 챙기고 있는데 그날 문제의 돈 주인이 과일주스를 사들고 파출소로 들어와서는 "그날 비까지 맞으면서 돈을 찾아주셔서 정말 고마웠다"며 더운데 한 병씩 드시란다. 이경장은 주스를 보면서 어렵게 사시는 폐지할머니가 먼저 생각났다. "그 할머닌 잘 계시더냐?"고 안부를 물으니 남자의 말인즉, 그날 집에 가서 곰곰 생각해 봤단다. 어렵게 사시는 할머니를 보니 돌아가신 자신의 어머니 생각이 나서 뒷날 다시 찾아가 폐지할머니의 손녀에게 용돈을 좀 주고 왔다며 앞으로 자기 집에서 나오는 재활용품은 전부 모아서 할머니께 가져다 드리기로 했단다. 참 따뜻한 말이다.

이경장은 "정말 잘하셨네요, 이 과일주스도 할머니께 드리면 더 좋아하지 않을까요?" "이것 까지요?"라고 말하는 남자의 표정은 며칠 전 그렇게 허둥대던 얼굴이 아니었다. 여유로움이 있었다. 들고온 과일주스를 되가지고 나가는 남자는 미소를 머금은 채 몇 번이나 파출소를 되돌아보며 손을 흔들곤 차를 할머니댁 방향으로 몰고 갔다. 오늘은 날씨마저 시원한 듯하다. 가을이 가까이 온 건가?

이경장은 순찰차를 운전하며 천천히 바깥 풍경을 살핀다. 불야성不夜城을 이룬 곳에 많은 사람들이 바쁘게 오간다. 그 발걸음 마다 많은 사연이 있을 것이다. 그 사연 뒤로 광고지 종이들이 날리며 흩어진다. 그날 비를 맞으며 뛰어다닌 경비원 장씨아저씨에 비하면 경찰관인 나는 몇 점이나 받을 수 있을까.

소는 정말 말을 하지 못할까

대대로 농사를 지으면서 살아온 우리 조상들에게 소牛는 또 다른 가족이었고 큰 재산이었다. 그 소는 집에서 제일 힘센 일꾼이기도 했고 자녀들의 대학등록금이 되기도 했다. 오죽했으면 상아탑이라 불리는 대학을 우골탑牛骨塔이라 불렀을까.

아버지께선 '집안이 잘 되면 소털에 기름이 흐른다'더라며 시간만 있으면 커다란 마당빗자루로 소의 등을 쓸어주곤 하셨다. 또 외출하셨다가 집으로 들어오면서 하는 첫마디는 "소 여물 주었냐?" 였다. 점심을 삶은 고구마 하나로 때우던 그 시절에도 자식들 밥걱정 보다 소의 여물이 우선이었다.

철없는 막내 동생이 "아부지는 아들이 밥 굶는 것은 걱정 안하고 소만 챙기신다."라며 투정을 부리면 "이놈들아 너그는 말이라도 하지만 말 못하는 소는 굶으면 우짜노?"

"치이, 소는 배고프면 음메~하고 울잖아요?"

"저놈이 그래도~."라며 빗자루를 들고 뒤쫓아오면 맨발로 도망을 가면서도 이상스럽게 소가 밉지가 않았다. 그만큼 소는 단순한 가축이 아니었다.

언젠가부터 농기계가 소를 대신하면서 더 이상 쟁기를 끄는 소가 아닌 육우로 바뀌어 버렸지만 소가 곧 가족이라는 의식은 농사를 지어본 사람이면 지금도 마찬가지다. 농촌에서 태어나 자랐고 지금은 도농都農지역의 파출소에 근무하는 이경위는 순찰 중에 가끔 소를 보게 되면 옛 생각에 젖기도 하고, 육우사육 농가를 지나며 한우를 볼 때도 육우로 생각되기보다 예전 논에서 쟁기를 끌며 일하는 누렁소로 보인다. '참, 소 먹이러 많이 다녔지. 어른들께 혼나기도 하면서 소의 등을 타고 장난도 많이 쳤었는데…' 하는 기억을 더듬으며 풀잎을 뜯어 혼자 씹기도 한다. 눈만 감으면 떠오르는 그 시절이 그립고 그런 추억을 담고 사는 것이 행복하다.

하늘이 나날이 높아가는 어느 가을날 오후 1시쯤. 파출소 옆 단골 식당에서 점심을 먹고 사무실로 돌아와 의자에 앉으려는데 전화벨이 울린다. '열흘 전에 도망간 소를 산꼭대기 부근에서 발견했으니 잡아달라.'는 신고 전화였다.

이경위는 119에 연락하여 출동케 하고 소를 붙잡기 위해 동료들과 산으로 올라갔다. 해발 285미터, 썩 높은 산은 아니지만 언제가부터 땔감이 석유와 가스로 바뀌면서 울창해져 길이 없어진 산을 오르기란 쉬운 일이 아니다. 목까지 차오르는 숨을 헐떡이며 산 정상부근에 이르자 소의 주인이 대뜸 권총으로 쏴서 잡아 달란다. 권총으로 쏘면 소가 죽을 수도 있다고 말하자 주인은 그러면 마취총으로 쏴서 산 채로 잡아달라고 한다. 죽은 고기로 팔면 값이 싸다면서….

열흘 전에 우시장에 내다팔려고 트럭에 태우려할 때 도망갔다는 누렁소는 자기를 찾아다니는 주인만 보면 30여 미터 정도의 거리를 유지하며 도망을 간단다. 다른 사람들을 보면 도망갈 기색이 별로 없어 보인다나? 소의 눈치가 보통이 아니다.

곧이어 119대원이 도착했다. 경찰관, 119대원, 이웃 주민 등 10여 명이 산 정상에서 한우포획대책회의를 열었다. 마취총의 유효사거리가 10미터에 불과하여 소를 한쪽으로 유인한 후 쏘기로 했다. 119 마취총 대원을 나무 뒤에 숨어있게 하고 그쪽으로 몰아갔지만 영리한 소가 숨어있는 119대원을 보고 도망가버리는 바람에 처음에는 마취총을 쏘지도 못했다.

또다시 수색작전이 시작되었다. 다행히 소가 400킬로그램이나 나가는 큰 덩치 때문에 어렵지 않게 찾을 수는 있었지만 열흘이나 산에서 지낸 때문인지 여기저기로 도망다니는 실력이 제법이다. 119차량을 임도林道 위까지 올려서 대기시키고는 소를 차쪽으로 몰아 운전석에 숨어있던 대원이 마취총을 2발이나 쏘아 명중시켰는데 거구巨軀

의 소는 쓰러지지도 않고 괴성의 울음소리를 내며 산을 뛰어다녔다. 여러 사람들이 산의 위쪽에서 넓게 서서 아래쪽으로 몰이를 했다.

이윽고 20여 분이 지났을까 산의 3부 능선에 이르렀을 즈음, 소가 옆으로 주저앉아 드러누우며 마취효과를 나타냈다. 주민들과 힘을 합쳐 소를 묶어 조금씩 조금씩 임도 쪽으로 끌어내리는데 눈을 크게 뜨고 있는 소가 '자기를 잡아가지 말라'는 듯해 보인다. 이경위는 순간적으로 다른 사람들도 그렇게 느끼고 있을까 하는 생각이 들어 주위를 둘러보았지만 모두들 소를 끌어내리느라 힘을 쓰는데 여념이 없다.

거의 트럭 가까이 끌고왔을 즈음, 소가 서서히 깨어나고 있어서 트럭의 높은 적재함에 태우려면 마취에서 깬 뒤에 싣기로 하고 여러 개의 줄을 묶어 준비를 하는데 거구의 몸 전체를 흔들며 일어선 소는 여러 가닥의 줄을 매달고 도망가기 시작했다. 이경위도 도망치는 소의 고삐를 잡고 있다가 길에 자빠지며 손바닥을 다치기도 했지만 이번엔 놓치면 안 된다는 생각에 정신없이 줄을 잡고 있었다. 119대원과 소의 주인도 여기저기 찰과상을 입기는 마찬가지였다. 겨우 소를 안정시키곤 트럭을 가까이 오게 하여 적재함으로 끌어 올리려는데 소가 버티는 바람에 결국은 소를 들어 옮기는 윈치를 사용해 올려야 했다. 소를 트럭에 싣고 난 뒤의 땅바닥엔 소가 버틴 흔적의 '땅파임'이 선명하게 드러나 있었다. 얼마나 차에 실리기 싫었을까, 또 그 트럭이 우시장을 거쳐 마지막으로 가는 곳을 알았을까.

오후 5시가 지난 시간, 모두들 땀에 흥건히 젖은 모습들이었지만 소를 살려서 잡았다는데 만족해하고 있는 표정들이 여러 가지 생각을 하게 한다.

이경위는 자신도 모르게 주인에게 말한다.

"어르신, 소가 저렇게 팔리기 싫은 모양인데 그냥 키우시죠."

담배를 피우고 있던 주인은 '휴우~'하는 한숨을 내뱉곤 한참 동안 생각하다가 고개를 내젓는다.

"예~ 그렇긴 한데 집에서 다시 키우긴 어렵겠소, 소의 눈빛이 달라졌소, 또 도망갈 눈빛이요."

트럭의 적재함에 실린 채 허공을 이리저리 둘러보는 소의 눈빛엔 두려움만 가득해 보였는데 어떤 눈빛으로 변했다고 하는 걸까. 곁에서 땀을 훔치고 있던 주민 한 분이 이경위를 거든다.

"행님, 소가 저렇게 팔리기 싫은 모양인디 쪼매 더 키우다 팔소. 자식처럼 키우다가 내다파는 행님 마음을 누가 모르것소만 내 눈에는 영판 겁에 질린 모양새라 기분이 좀 그렇소."

"어허, 자네까지 왜 그래? 안 그래도 심란해 죽것구만."

주인의 큰 목소리는 이웃동생이 아닌 불쌍해 보이는 소를 팔 수밖에 없는 자기 자신에게 분풀이하는 것으로 보인다.

도망갔던 소는 주인이 추석명절을 앞두고 3마리를 우시장에 팔려고 트럭에 태우려할 때 홀로 도망갔다고 했다. 우시장을 거쳐 결국은 도축장屠畜場으로 갈 것을 알고 있었는지도 모르겠다. 주인이 며칠 동안 찾아다닐 때 계속 일정한 거리를 두고 도망을 다니다가 저녁때가 되면 마을로 내려와 다른 집의 축사畜舍로 찾아간 흔적을 남기기도 했단다. 산에서 사료 대신 풀을 뜯어먹으며 또 얼마나 무서워했을까. 예전부터 소는 눈이 커서 무서움을 많이 탄다고 했는데. 집을 나간지 열흘이나 지나는 동안 체중이 줄어든 것이 눈에 보일 정도였다. 소의 등에 드러난 갈비뼈의 윤곽이 그것을 말해주고 있었다. 이경위는 그 소를 보면서 참 영리한 동물이라는 생각을 지울 수가 없었다. 주인이 소를 유인하기 위해 산기슭에 다른 소를 매어 두기도 했지만 그곳에는 나타나지도 않았단다.

소를 20여 마리나 키우는 나이 많은 주인은 경찰관과 119대원을 보고 무척이나 고마워하고 있었지만 이경위는 왠지 소가 불쌍하다는 생각이 떠나질 않았다. 내가 어릴 때 우리 집에도 큰 소가 한 마리 있었다. 누렁소는 한낮이면 헛간 앞에서 되새김질을 하곤 했는데 이웃한 닭이 등 위로 올라가도 가만히 있었고, 졸고있을 때 내가 귀를 잡아당기며 장난을 해도 눈만 떴다가 다시 감고는 그대로 졸았다.

오늘 트럭 위에 실려가던 영리한 소의 눈빛이 자꾸 눈앞에 어른거린다. 아무래도 나는 영락없는 농부의 아들인 모양이다.

백경사의
기분 좋은 무리

탄탄한 몸을 가진 백경사는 지구대의 일꾼이다. 근무체제가 3부제로 바뀌어서 예전에 비하면 휴식 시간이 늘어나기는 했지만 역이나 터미널을 관할하는 지구대의 야간근무는 그야말로 힘든 시간이다. 폭력사건에서부터 취객들의 주사酒邪까지 받아주는 전쟁을 치르다 보면 시간가는 줄도 모르고 파김치가 되어 아침을 맞는다.

불규칙적인 생활 때문에 잃기 쉬운 건강지수를 휴무일 등산으로 체력을 유지하는 백경사는 팀원들과 단체로 등산을 할 때는 언제나 산행대장이 된다. 산행대장 백경사는 등산로 안내에만 그치는 것이 아니고 무거운 물품을 제일 먼저 챙겨서 짊어진다. 백경사의 등산에는 여름, 겨울이 따로 없다. 자신의 배낭이 제일 무거우면서도 산을 오르다 지친 동료의 배낭까지 챙긴다. 동료들은 50살이 가까워 머리까지 희끗희끗하면서도 어디서 그런 힘이 나오는지 모르겠다고 입을 모운다. "아마도 산신령하고 씨름을 많이 해서 그럴 거다"라며 등산을 즐기는 것을 빗대어 말하는 동료도 있다.

무학대사의 전설이 있는 산 아래 마을에서 태어나 50년을 살아오면서 그 산을 천오백 번 이상이나 올랐다. 10여 년 전부터는 2~3일 간격으로 오르며 등산화를 5켤레나 닳아 없앴고 물론 밑창을 갈아가며 떨어질 때까지 신었다. 여러 운동 중에 등산만큼 좋은 것도 없다는 생각으로 건강을 다지는데 요즘은 아예 산을 넘어 출퇴근을 한다. 힘들게 오르면 반드시 내려가야 하고 때가 되면 옷을 미련 없이 갈아입는 산은 많은 것을 가르쳐 준다.

아직도 컴퓨터가 서툴러 양손 검지 두 손가락으로 치는 타이핑을 보고 '병아리 타법'이라고 동료들로부터 놀림을 받기도 하지만 회식 때 노래 잘 부르고 사람들을 선천적으로 좋아하는 백경사는 어려운 사람을 보고는 지나치지 못하는 성품 때문에 마음이 여리기로도 소문나 있다.

그날도 지구대의 바쁜 시계가 복잡하게 돌아가던 늦가을 오후였다. 오전부터 연고자 없는 변사자 처리로 정신없이 뛰어다녔는데 오후 3시경에 접수된 신고는 우리들을 더욱 긴장하게 만들었다. 오전에 집을 나간 50대 정신지체장애인이 점심시간이 한참이나 지났는데 집으로 돌아오지 않는다는 신고였는데 끼니때를 절대로 거르지 않는 사람이라고 한다. 접수 즉시 인상착의 등을 수배조치 하고는 경찰서 의경까지 지원받아 지구대 가족 전원이 인근 지역을 수색하였지만 허사였다. 주간근무를 마친 백경사는 바로 퇴근하지도 않고 가출인이 가끔 볕을 쬐러간다는 인근의 작은 산기슭을 혼자서 서성거렸다. 야간근무자들이 사건을 인수받으면서 “우리가 잘 찾아보겠다”고 했지만 백경사는 한참이나 야간근무 팀과 함께 찾아다니다가 늦게서야 퇴근했다.

지구대 초저녁의 시간은 계속 흘러 신고 출동조를 빼곤 모두 함께 찾았지만 가출인은 보이지 않고 밤은 깊어갈 뿐이다. 다행이라면 날씨가 그다지 춥지 않다는 것이지만 가출인 가족들을 생각하면 흘러가는 시간은 정말 안타까웠다.

이튿날 아침 일찍 일어나 날씨부터 살핀 백경사는 푸석한 얼굴로 여느 날보다 일찍 출근해서는 가출인 수색을 할 준비를 마치고 팀원들을 기다리고 있다. 간단히 조회朝會를 한 뒤 최소한의 신고출동조만 남기고는 다시 실종자 수색작전이 시작되었다. 동사무소에도 인상착의를 알려주며 통 · 반장들에게 알려주십사 부탁하니 동장님은 자신들도 어제 그 소식을 들었다며 빨리 찾아야할텐데 큰일이라고 걱정하며 담당공무원을 내보내겠다고 서두른다. 주민과의 최접점 부서인 동사무소도 도움을 받을 일이 많은데 행정과 치안의 협조는 지역안정에 큰 축이기도 하다.

다행히 날씨는 따뜻하다. 경찰서 의경과 자원근무자까지 인원을 보강하여 실종자가 가끔씩 다녔다는 인근의 등산로 주변으로 수색 범위를 넓히고 보호시설, 친척집 등 모두 찾았지만 시간이 지나도 발견치 못하자 백경사의 마음은 더욱 급해졌다. 그는 혹시 잘못되기라도 했다면 큰일이라는 생각을 하며 가출인이 잘 간다는 산을 전부 다 뒤지듯이 헤매고 다녔다. 가출시간이 만 하루를 넘겨 오후로 접어들며 모두가 초조해하던 때, 백경사의 등산으로 다져진 체력의 가치가 유감없이 발휘되었다. 그가 정신지체 가출인을 발견한 것이다. 가출인은 등산로로부터 한참 떨어진 밭 언덕의 한구석에서 추위를 피하며 떨고 있었다. 어제 운동 삼아 인근의 산을 올라가던 중에 목이 말라 샘터를 찾다가 길을 잃었단다. "가출인, 여기 있습니다. 찾았습니다~"라며 무전보고에 떨려나오던 그 음성은 백경사가 얼마나 좋아하고 있는지 알고도 남게 했다. 평소에 지지직거리며 섞여나오던 기계음도 백경사의 목소리에 눌렸다.

전날 저녁 다행스럽게 날씨가 춥지 않아서 변變을 당하지는 않았지만 밤을 지새우면서 얼마나 외롭고 또 무서웠을까. 순찰차에 태워와서 가족들에게 인계할 때 가족들이 그토록 좋아하던 모습과는 달리 정신지체 가출인은 경찰관들에게 어색한 미소를 지으며 미안해했다. 어쩌면 더욱 일찍 찾지 못한 우리가 미안해해야 하는데도 말이다.

백경사와 팀원들은 모두가 무척 기뻐했다.

주간근무를 마치고 이대로 퇴근할 수는 없다며 조촐하게 삼겹살 회식을 했었는데 "대장님요, 이 정도면 지구地球는 우리 지구대가 지키는 게 아닙니까?" 라는 동료의 썰렁한 유머도 억지소리로 들리지 않았다. 파출소 경찰관들의 대화내용을 들은 주인아주머니가 삼겹살 쟁반을 들고 온다.

"일부러 들은 건 아닌데예, 오늘 낮에 억수로 좋은 일을 하셨네예. 이건 제가 기분이 좋아서 드리는 써비씁니다. 잡수이소."

"아줌마, 쏘주는요?"

"이그~ 쏘주는 마 돈 내고 사 잡수이소."

"와~ 그래 그기 맞다, 쏘주는 따로 시키라."

삼겹살 귀신이 붙은 막내 김순경은 잽싸게 쟁반을 받아서 불판에 고기를 올린다. 왁자지껄한 회식 자리에서 수많은 사연들이 또 다른 안주가 되었다. 그리고 백경사가 남달리 그토록 애를 쓰며 장애인을 찾으러 뛰어다녔고, 찾고나서 큰 입을 귀밑에 걸고는 흥분할 정도로 좋아했던 이유도 밝혀졌다. 몇 년 전에 몸이 불편한 백경사의 형이 집을 잃어서 비슷한 일을 겪었고 치매를 앓았던 어머니가 집을 나가서 3일만에 찾았었다는 사실을.

우리는 눈에 보이는 것만이 사실의 전부이고 내가 모르는 것이 얼마나 많은지를 모르는 경우가 많다, 누구에게나 알 수 없는 아픈 사연이 있다는 것을 말이다. 안개만 내려와도 뒷산을 볼 수 없는 것이 우리들의 눈 아닌가? 또 정작 소중한 것은 눈에 보이지 않는다고 하지 않는가.

지구대 외근 일을 하다 보면 연고자가 없거나 혼자 살다가 숨을 거두고는 상당한 시간이 지난 뒤에 발견되는 일이 많다. 그때 부패한 시신을 두고 어디서부터 무엇을 손대어야 할 지 모를 복잡한 현장조치를 거의가 평소에 동작이 느리거나 나이가 많은 직원들이 묵묵히 처리하는 경우가 많다. 누가 그들을 보고 최신 컴퓨터를 다루는데 서툴다며 구시대 사람이라고 말할 수 있는가.

삼겹살 회식을 마치고 일어설 때 TV뉴스에서 두툼한 옷을 입은 아나운서가 '내일은 기온이 많이 내려가 추울 것'이라는 예고방송을 하고 있었고 밖엔 이미 차가워진 가을비가 내리고 있었다. 백경사와 팀원 모두는 서로를 바라보며 똑같은 생각을 하고 있다.

'어젯밤 기온이 따뜻했던 것은 정말 다행이야….'

낮에 우리에게 보여준 그 지체장애인의 어색한 미소가 오래도록 눈앞에 아른거린다.

"어이~, 오늘 대리운전비는 내가 쏜다!"

얼굴이 불콰해진 우리의 백경사는 오늘 또 기분 좋은 무리를 한다. 하여튼 백경사는 우리 지구대의 분위기 메이커다. 그래서 지구대장인 나는 정말 인덕人德이 많은 사람이다.

'다음번엔 대리운전비까지 내가 쏴야지, 지구대장地區隊長이 진짜 지구를 지키려면 그 정도는 해야 안 되겠어?'

돈은 귀신도 부린다?

8월 초 한여름, 유난히 더위를 많이 타는 최경장은 오늘도 헥헥거리며 순찰을 돌곤 파출소로 들어온다.

"우와~, 더위가 진짜로 장난이 아니다."

세면대로 가는 최경장의 상의는 벌써 땀으로 젖어있다. 오늘 손수건을 두 번째 빨고있는데 파출소의 좁은 아스팔트 마당에서 올라오는 복사열은 세수를 하자마자 땀을 쏟아내게 한다. 일 년 중에 여름이 없다면 좋겠다는 생각을 여러 번 하다가도 '아니지, 여름이 없다면 농사가 제대로 되지 않으니까 내가 참아야지.'라고 생각하는 건 그가 농부의 아들로 태어난 태생적 한계이다.

상의단추를 풀고 선풍기 바람을 쐬고 있으려니 "2층에 노총각이 혼자 사는데 몇 일째 보이지 않고 그 집에서 이상한 냄새가 난다"는 신고전화가 걸려온다. 최경장은 땀에 젖은 상의의 단추를 채우며 순찰차에 오른다.

신고장소는 산 밑의 주택지였는데 대문 여기저기에 대나무를 꽂은 무당이나 점占집이 많이 보인다. 오래된 주택의 좁은 계단을 통해 2층으로 올라가니 문은 잠겨있는데 바로 옆방엔 대나무가 서 있어서 집주인에게 물으니 용한 무당이 살고 있단다. 여름 땡볕에 달구어진 콘크리트 계단과 시멘트 바닥은 모두를 더욱 덥게 한다. 땀에 젖은 손수건을 목덜미에 두르고 창문을 살펴도 열려 있는 곳은 없다. 옆집 무당에게 물어보면 노총각이 어디로 갔는지 알 수 있을 텐데 하는 생각이 드는 것은 최경장 혼자만의 생각일까.

알루미늄으로 된 문은 안에서 잠겨 있는데 여러 번 두드려도 인기척이 없고 큼큼한 냄새가 나는 것 같다. 찜찜한 기분이 엄습해 온다. 머뭇거릴 상황이 아니라서 장도리로 문을 강제로 열었다.

헉…!

좁은 부엌 뒤로 방문이 열려 있는데 방안의 시커먼 물체가 눈에 확 들어온다. 사람의 시신이다. 고인故人은 여름이라 팬티만 입고 죽어 있었는데 숨을 거둔지 상당한 기간이 지난 듯 온몸은 시커멓게 색깔이 변해있고 배는 가스가 차여 곧 터질 듯이 팽창해 있다. 역한 냄새가 방에서 밀려나오며 주인의 죽음을 알린다. 방바닥엔 여러 개의 술병과 먹다 남은 수면제가 여러 알 흩어져있는데 숨을 거둔 고인은 40대의 노총각이었다. 그는 한 때 원양어선을 타기도 했었는데 혼기를 놓친 후 공사장 등을 전전하며 혼자 외롭게 지냈다고 한다.

변사처리절차를 밟으며 신분확인을 위해 책상서랍을 열어보니 유서遺書와 함께 1600여 만 원이 든 예금통장이 나왔다.

'세상이 외롭고 힘들어 먼저 가니 통장에 있는 돈으로 장례를 치루어 달라'는 내용이었다. 그런데 유서의 수신인이 없다. 가족은 없는 것일까, 있다면 어디 있을까. 고달프지 않은 인생이 어디 있고, 외롭지 않은 인생이 어디 있더냐고 말하는 사람도 있지만 '도대체 얼마나 외로웠기에' 목숨까지 끊었을까? 세상 천지에 사람이 바글거리는데 손 잡아주는 한 사람도 없었을까.

우선 연고자 찾기에 나섰다. 예금통장을 근거로 가족을 찾았는데 고인의 사망소식을 들은 가족의 반응이 너무 놀랍다. 고인이 외로움에 빠질만 하다는 생각이 스친다.

바닷가의 어느 동네에 산다는 고인의 형이라는 사람은 "죽은 사람과는 가족의 연緣을 끊고 지낸지가 오래 되었으니 무연고자로 해서 처리하고 그런 일로 다시는 전화하지 말라"며 전화를 끊으려고 했다. 그래도 그렇지 사람이 죽어 있는데 어떻게 그럴 수 있느냐며 고인의 예금통장 애기를 하니 잠시 조용하던 전화기 저쪽의 반응이 또 놀랍다. 예금통장의 잔액을 묻더니 1600만원이라는 소리를 듣고는 곧바로 장례를 치루러 오겠단다. 그러면서 사인死因에 대해서는 관심이 없으니 행정조치를 하고 시신을 조그만 장례식장으로 옮겨 놓아 달란다. 내일 바로 장례를 치루고 싶은데 주변에 화장장이 있는지도 알아봐 주면 좋겠단다. 전화를 끊고도 한참 동안 기분이 씁쓸했다.

숨을 거둔지 3주일이나 지난 시신은 더운 여름 날씨에 많이 부패되어 구더기가 생겨 방구석과 부엌까지 돌아다니고 어떤 것은 이미 번데기가 되어버린 것도 있었다. 좁은 부엌엔 때 묻은 운동화와 양은냄비가 엎어져 있다. 주인을 잃은 모든 것들은 외롭다. 그는 무엇을 잃고 외로워했고 죽음을 생각했을까.

장의사가 염殮을 하며 시신을 움직일 때마다 팽창해있는 배가 터질까 봐 조마조마하다. 하얀 천에 싸여지는 검은 시신을 보며 알 수 없는 생각이 머릿속을 떠나지 않는다. 조심스럽게 정성(?)을 다하여 일하는 장의사의 손길을 도우며 조수助手 역할을 한다. 몸은 이미 땀으로 다 젖어 버렸다. 장의사가 귀한 직업인으로 보인다.

2층 쪽방을 나온 시신이 계단을 지나 앰블런스에 실린다. 땀을 비오듯 흘리는 장의사는 장갑을 벗으며 손에 묻은 고인의 흔적과 땀을 닦는다.

"사장님, 덥죠, 이런 일 하면 무섭지 않습니까?"

"무섭긴요, 직업인데. 근데 사람이 혼자 죽어있는 모습을 볼 땐 맘이 영 아픕니다. 무슨 사연이 있겠지만 말입니다."라며 한숨을 쉰다.

돈을 버는 방법은 참으로 많다. 그러나 할일이 있고 잃은것이 없는 사람은 외롭지 않다.

돈이란 과연 뭘까?

동생이 죽어있는데도 가족도 아니라며 전화하지 말라던 사람이 예금통장의 금액을 확인하곤 서둘러 오겠다고 하는 건 돈의 어떤 힘일까. 옆에서 변사사건 처리하는 것을 구경하다가 집으로 들어가 버린 무당아주머니는 무슨 생각을 할까, 옆방에서 사람이 죽어 3주일 넘게 방치되어 있었는데 신령님의 영험靈驗이 거기까진 미치지 못했을까.

어느 종교에서 노동을 하지 않으면 밥을 먹지 말라고 했다. '손을 놓는다'는 말은 나이가 들어 더 이상 일을 하지 못한다는 것이고, '숟가락을 놓는다'는 것은 수명을 다하고 흙으로 돌아가는 것을 말한다. 나라에서는 노동을 권장하면서 한편으로는 로또 등 여러 가지 복권을 만들어 일확천금一攫千金의 심리를 유도하기도 한다. 물론 세수稅收를 확보하여 어려운 사람들을 돕는데 쓴다는 말로 포장하고서. 세상에 자본주의 국가들이 더 잘산다고 떠들어 대지만 어느 순간부터 돈에게 신의 권능이 부여되면서 인간사회에 위기가 왔다고 말하는 이들도 있다. 우리가 돈의 노예가 되어 '천민賤民자본주의' 시대에 사는 것도 모르면서 자본주의를 찬양하는 노래를 부르고 있는지도 모른다.

멀어져 가는 앰브런스의 뒷면에 '양보해 주셔서 감사합니다.'라고 적혀 있다. 무엇을 양보해 줘서 감사하단 말인가? 길을 양보해 줘서 고맙다는 말이겠지만 앰브런스에 실린 고인故人이 어쩌면 외롭고 힘든 세상을 하직下直하는 길을 먼저 갈 수 있도록 양보해 줘서 고마워하는 것인지도 모르겠다.

땀을 훔치며 순찰차에 오르니 좁은 골목길 여기저기에 서 있는 대나무 잎이 더위에 지쳤는지 축 늘어져 말라가고 있다. 동자보살, 처녀보살, 신령보살… 참 이름도 많다. 고인의 옆방에 살면서 잘 알아맞히기로 소문나 있다는 무당은 지척咫尺에 있는 사람의 아픔을 몰랐을까? 그리고 과연 자신의 운명은 알고 있을까?

순찰차에 올라 에어컨을 켜던 김선배가 묻는다.

"참나 원, 돈은 귀신도 부린다더니만 세상에 돈이란 것이 없다면 어떤 모습일까, 아프리카 사람들이 우리나라보다 행복지수가 훨씬 높다던데 최경장은 어떻게 생각해?"

무죄추정의 원칙

무죄추정의 원칙이란 우리 헌법 제27조 4항과 형사소송법 제275조의2 그리고 프랑스 인권선언 및 세계인권선언에 나오는 말로써, 피의자·피고인은 유죄의 판결(실형선고판결, 형의 면제·집행유예판결 등)이 확정될 때까지는 원칙적으로 죄 없는 자에 준하여 다루어져야 하고 그 불이익은 필요최소한에 그쳐야 한다는 원칙이다.

헌법재판소의 결정에도 이 원칙은, 첫째 유죄의 확정판결이 있기까지는 죄 없는 자에 준하여 취급하여야 하고 불이익을 입혀서는 아니되며, 불이익을 입힌다해도 필요최소한에 그치도록 비례의 원칙이 존중되어야 하고, 둘째로 불이익에는 형사절차상의 처분에 의한 불이익 뿐만 아니라 그 밖의 기본권 제한과 같은 처분에 의한 불이익도 입어서는 아니 된다는 의미도 포함된다고 한다. 그리고 판결 이전의 절차에서는 물론 판결 자체와 판결 형성의 과정에서도 준수되어야 하는 원칙이다.

구체적인 내용을 살펴보면, 피고인과 피의자 모두에게 적용되며 불구속수사 및 불구속 재판이 원칙이다.

그러나 도피할 우려가 있거나 증거를 인멸할 우려가 있는 때에 한하여 구속수사 또는 구속재판이 예외적으로 인정된다. 그리고 범죄의 입증책임이 기소자인 검사에게 있고, '의심스러울 때는 피고인의 이익으로(in dubio pro reo)' 라는 것이 적용되며 최종적으로 범죄혐의에 관하여 입증이 없으면 무죄를 선고하여야 한다.

이와 관련하여 우리 대법원은 판례에서, 첫째, 형사재판에 있어서 유죄로 인정하기 위해서는 법관이 공소사실의 진실성에 관하여 합리적인 의심이 없을 정도로 확신을 가지게 할 수 있는 증명력 있는 증거가 있어야 하고, 둘째로 그와 같은 증명력을 가진 증거가 없는 경우에는 피고인에게 유죄의 의심이 간다고 할지라도 피고인의 이익으로 판단하여야 한다. 또 유죄의 예측 아래 무리한 진실추구(고문·폭행·협박·구속의 부당한 장기화 등)를 하여서는 아니된다고 유죄추측을 불허하고 있으며, 모욕적 언동을 포함한 필요 이상의 강제조치를 배제시키고 있다.

할머니!
저와 함께 가주셔야겠습니다

50살을 넘긴 송경정은 휴가길에 예전에 근무했던 곳을 들렀다. 작은 부두에 서서 바닷바람을 맞으며 그때를 생각하고 있다. 25년 전 그 당시 초임初任 경찰이었던 송순경의 직함은 '어선신고소장'이었지만 경찰관이라기보다는 마을주민에 가까웠다. 어선 전용의 조그만 부두가 내려다보이는 곳에 서있는 하얀 건물이 그의 일터이고 집이었다. 의경1명과 둘이서 밥을 해먹으며 어민들의 안전을 돕는데 조업구역을 제대로 알고 있는지, 늦게 들어오는 어선은 없는지를 챙기며 통신시설을 확인하기도 한다. 때론 마을회의에 참석하여 바다에서의 안전수칙 등을 설명하기도 하지만 마을주민들과 늘 같이 생활하기 때문에 '소장님의 한 말씀' 차례가 되면 “저도 마을 주민입니다”라며 언제나 안전을 먼저 생각해 주십시오 라며 마친다.

그땐 해질 무렵이 되면 작은 무동력선의 노櫓도 저었다. 오래된 통발의 교환작업을 하는 어민에게서 헌 통발을 몇 개 얻어서는 ‘통발어업’을 한 것이다. 어릴 적 바닷가에서 자란 터라 노를 저을 줄 알고 있어서 오후 늦은 시간에 어민들이 버리는 작은 물고기를 미끼로 하여 통발을 어선신고소 가까운 바다에 설치하고는 뒷날 아침에 건져 올리면 문어도 올라오고 갯장어가 올라올 때도 있다. 이렇게 잡은 물고기를 반찬으로 하기도 하고 신고소에서 조금 떨어진 곳에서 혼자 사시는 강할머니에게 몇 마리 드리기도 했는데 순경이 고기를 잡아준다며 웃으셨다. 동네 어민들이 할머니에게 생선을 줘서 자주 드시기는 하지만 순경이 잡은 고기를 어떻게 먹느냐며 웃는 얼굴로 핀잔을 주기도 하셨다.

송순경은 노를 저어 통발을 건져 올리는 재미를 느끼지만 어디까지나 시간이 있을 때만 가능한 것이 아쉽다. 또 노를 썩 잘 젓지 못하는 것을 보고 걱정하는 할머니의 눈빛도 조금은 부담스러웠다. 그런가 하면 어선들이 들어오는 시간엔 선창에서 뱃줄도 잡아 주어야 하고 인원도 확인해야 했는데 주민들과 하나 되어 지내는 것이 그저 즐거울 뿐이었다.

바닷가의 오후는 늘 바람이 조금씩 불었다.

어선신고소 밑에 사는 어민이 밥 먹으러 오라는 소리에 오늘 조업이 괜찮은가 보다하고 가보면 고생만 실컷하고 몇 마리 잡지 못해서

팔지도 못하겠고 그냥 같이 먹자고 할 때는 가족이 따로 없다는 생각을 하기도 했었다. 송순경은 마을주민들과 친하게 지냈지만 특히 혼자 살고 계시는 강할머니와 가장 친했다. 작은 체구에 흰머리를 쪽진 모습이 멀리서 보면 어머니와 꼭 닮았기 때문이기도 했다. 강할머니 집에서 밥도 자주 같이 먹었다.

강할머니는 아들 하나를 두었는데 마흔도 되기 전에 교통사고로 잃고 혼자 계셨고 며느리는 도시에서 손자들과 살고 있단다. 손자들을 돌보며 생업을 책임지고 있는 며느리를 볼 때마다 괜히 미안한 생각이 들기도 한다고 말씀하셨던 기억이 난다. 그런데 그 며느리는 시어머니를 자주 찾아뵙지 못해 더욱 죄스럽다며 명절에 다녀갈 때는 꼭 어선신고소를 찾아와 고맙다는 인사를 하고 갔었고 송순경은 전혀 인사를 받을 일이 아닌데 라는 생각을 하면서도 도시에 사는 며느리가 참으로 착하고 좋은 사람이라는 생각도 했었다.

그해 여름 태풍이 몰아치던 그날을 생각하면 지금도 가슴이 쿵쾅거리며 뛴다. 송순경은 그날 낮에 두 번이나 할머니에게 다녀왔다. 밤중에 '셀마'라는 이름의 강력한 태풍이 상륙할 것이라는 예보가 있었고 비바람은 온종일 태풍의 냄새를 잔뜩 풍기고 있었기 때문이다. 강할머니의 집 마당이 바다와 접해 있어서 오늘 저녁은 신고소에서 같이 지내자고 말씀드렸지만 항상 깔끔하고 남에게 피해주기 싫어하는 성격의 강할머니는 한사코 괜찮다며 손사래를 쳤다.

"할머니, 김의경도 휴가가고 방이 비어있습니다, 제발요~."

그러나 강할머니는 조용히 웃기만 하셨다.

어선들은 땅위로 끌어 올려지거나 서로 몸을 묶은 채 대비하고 바닷새는 한 마리도 없다. 하늘엔 먹구름만 춤을 춘다. 그야말로 재난대비 모드다. 초저녁이 되자 비바람은 더욱 세찬 태풍으로 변해 갔다. '참, 할머니가 고집 피우지 말고 여기 같이 계시면 좋을 텐데….' 송순경은 안절부절하며 시간을 세고 있다.

얼마나 밤이 깊었을까, 비바람소리가 정말로 예사롭지 않다. 강풍과 비바람을 동반한 태풍은 세상 모든 것을 날려버릴 기세였고 어선신고소의 2중 유리문도 곧 깨어질 듯 비명을 질러대었다. 문을 빼꼼히 열고 강할머니 집을 보니 희미한 불빛도 비바람에 묻혀 보이지 않는다. 일순간 이대로 있을 수 없다는 생각에 송순경은 외투를 집어 들고는 손전등을 앞세워 뛰기 시작했다. 우산은 쓸 수도 없다. 지금 모셔오지 않으면 너무 위험하다는 생각뿐이다.

할머니의 집에 도착했을 때 마당엔 벌써 바닷물이 삼킬 준비를 끝낸 듯 어둠 속에서 너울거리고 있다. 문을 열고 들어가니 강할머니는 조그만 방 모퉁이에 웅크리고 앉아 계셨다. 촉수 낮은 전등불은 더욱 어두움을 느끼게 한다. 송순경은 외투를 할머니에게 씌우며 "할머니 일어나세요. 저하고 같이 가야겠습니다." 그 순간으로선 할머니의 의사意思를 물어 볼 상황이 아니다. 할머니를 업고 나와 빗길을 뛰려는데 두 손으로 업은 탓에 후레쉬로 땅을 비추기가 어렵다. 강할머니가 말한다.

"불은 내가 들면 안되겠소?"

등에 업혀서 후레쉬를 당신이 들고 땅을 비추겠다는 말이다.

"예, 그러실래요?"

송순경은 강할머니를 업고 빗길을 뛰었다. 등에 업혀 후레쉬 불빛으로 앞을 비추는 할머니의 두 팔에 힘이 느껴진다. 비는 세차게 쏟아져 시야를 가렸지만 그것은 아무런 장애가 되지 않았다. 작은 방파제를 지나고 계단을 올라 바람에 왱왱거리는 신고소 문을 겨우 열고 방에 들어가서는 수건으로 비를 닦아내는데 "이거 미안해서 어쩌누…?"라고 말하는 할머니의 눈빛은 고마움으로 가득해 보였다.

"할머니, 저도 오늘 같은 날은 할머니랑 있으면 더 좋습니다. 혼자 있으면 무섭잖아요."

"커다란 사람이 무섭긴…."

할머니는 말꼬리를 흐리셨다.

시간이 갈수록 태풍은 더욱 거세어 덩치 큰 송순경도 정말 무서울 지경이었고 불을 끄면 모든 것들이 어둠 속으로 날려가 버릴 것 같아 저녁 내내 켜둘 수밖에 없었다.

그렇게 사납던 태풍이 밤과 함께 지나간 이튿날 아침. 일찍 잠을 깬 할머니가 송순경을 깨웠다.

"할머니 일찍 일어나셨네요, 조그만 더 잘 게요."

"더 잘라꼬?"

할머니가 뭔가 하실 말씀이 있으신 모양이다.

"왜 그러시는데예, 무슨 일 있습니까?"

"아니 집이 우찌되었나 싶어서…."

"예, 제가 뛰어가 보고 오겠심더."

집이 어떻게 되었을까 궁금해하는 강할머니의 눈길을 느끼며 뛰어가보니 세찬 파도에 앞마당은 어디론가 사라져버렸고 할머니가 앉아계셨던 방엔 창호지가 모두 떨어진 방문이 널부러져 있고 물이 가득 고여 있었다. 역시 할머니의 안부가 궁금해 찾아온 이웃사람들은 할머니가 계시지 않는다고 커다란 눈으로 걱정을 하며 허둥대고 있었다. 마을 앞의 어장지킴이를 몇 년 째 하고 있는 박씨 아저씨의 표정엔 걱정스러움이 가득 차 있다. 태풍이 하도 걱정이 되어서 새벽녘에 할머니 집에 갔더니 안계시더라며 누가 모시고 갔느냐고 묻고 다니는 것이었다. 그의 눈을 다시 바라보았다. 박씨의 어깨가 자신보다 더욱 넓어 보였다.

송순경은 가슴이 뛰었다. 사정없이 가슴이 뛰었다. 송순경은 할머니는 신고소 방에 잘 계신다고 얘기하곤 한참 동안 물이 차있는 방을 바라보았다. '내가 모셔오지 않았어도 박씨든지 또 누군가는 모셔가서 할머니를 보호했겠지만 어젯밤엔 내가 참 잘한 것 같다.'

바다는 보고寶庫다.

어부들이 어장에서 수확을 올릴 때 보면 바다가 지구의 마지막 자원창고라는 생각이 들 때가 많다. 농부들의 수익과는 비교가 되지 않는다. 가끔 태풍이 어장을 망치는 일이 있긴 하지만 수확이 좋을 때를 보면 그야말로 '보물곳간' 이라는 생각이 든다.

그러나 바다는 또한 무섭다.

아차하면 커다란 배를 삼키기도 하고 부두를 무너뜨리기도 한다. 마치 사람들에게 겸손을 가르치려는 듯이. 송순경은 작은 배를 타고 나가는 어부들을 볼 때엔 언제나 기도하는 마음을 가진다. 용왕님이 어부들을 품어주고 안전하게 보호해주시길 바라면서.

송순경이 1년의 어선신고소장 근무를 마치고 발령이 나서 이삿짐 보따리를 이웃집 트럭에 싣고 떠나올때 강할머니는 차가 보이지 않을 때까지 손을 흔들고 계셨었다. 그리곤 가끔씩 생각만 하고 지내다가 25년이 지난 지금에야 휴가차 선산先山을 돌아보고 되돌아오는 길에 들린 것이다.

그날 강할머니와 태풍의 밤을 지낸 곳에 서서 바다를 바라본다. 한낮의 바다는 햇살을 받아 은가루를 뿌린 듯 눈이 부신다. 선창에서 가까운 곳에 있는 할머니의 집이 폐가廢家로 변해가고 있는 모습을 보면서 또 가슴이 뛰는 것을 느낀다.

잔잔한 바다는 그때 그 바다였다.

작은 배로 오가던 섬도 그대로였고 고물통발을 가지고 고기를 잡던 바다도 그대로였다. 그런데 할머니는 오래전에 돌아가셨고 박씨 아저씨도 몇 년 전에 일터인 바다에서 돌아가셨단다. 바다에 안긴 것이다. 강할머니의 집 윗쪽의 전망 좋은 곳엔 별장으로 보이는 건물이 들어서서 바다를 내려다보고 있다.

"바다를 함부로 내려다보면 안 되는데…."

송경정은 혼잣말을 하며 짭쪼름한 바다냄새를 맡는다. 오늘도 바닷가의 오후 바람은 여전히 옷깃을 헤치고 가슴속으로 스며들어

온다.

저만큼 갈매기가 수면을 스치듯 끼룩거리며 날아간다. 갈매기는 강할머니의 그 사연을 기억하고 있을까.

어쿠스틱 기타, 말라위

'아~ 아, 알립니다, 농삿일 하시느라고 피곤하신 줄은 알지만 오늘 저녁 7시에 마을회관 회의실에서 경찰관들의 위문공연이 있습니다. 저녁을 잡수신 어르신들께서는 회관으로 오셔서 구경을 해 주시기 바랍니다. 옛날 노래도 많이 부른답니다. 다시 한번 알립니다~.'

이미 어두워진 낙동강변의 농촌마을에 허리가 여러 각도로 굽어진 어르신들이 한분 두분 마을회관으로 모인다. 담배를 피우며 오시는가 하면 지팡이를 짚고 오시기도 한다.

마흔을 넘긴 도경위는 도道경찰청에서 학교폭력 전담경찰로 근무하면서 틈틈이 시골노인정 등에 경찰관 7인조 '색동회(색소폰 동호회)'와 함께 무료공연을 다닌다. 공연을 시작하기 전엔 도둑이나 잡는 경찰관들이 왠 나팔을 부느냐고 의아해하던 어르신들이 분위기가 무르익으면 작은 무대로 나와 춤을 추며 좋아하는 모습에서 자신이 더 큰 힐링을 받고 온다. 그렇게 서먹서먹하게 시작된 공연은 경찰제복을 입은 뮤지션과 시골 노인들과의 한바탕 춤판으로 끝난다. 어르신들이 너나없이 덩실덩실 춤추는 모습을 보노라면 일과 놀이가 하나였던 우리 민족의 삶을 엿볼 수 있다. 확실히 우리는 흥이 많은 민족이야.

두 시간쯤 공연을 하고 돌아올 무렵이 되면 어르신들은 '노래 부른다고 배가 많이 고플낀데 뭐 좀 줄게 없다'며 두 손을 붙잡고 아쉬워하는 모습이 또 코끝을 찡하게 한다. 퇴근 시간에 곧바로 와서 시작한 탓에 공연을 마치고 늦은 시간에야 저녁밥을 먹게 되는데 대부분이 돼지국밥 한 그릇씩을 두고 모두들 즐거운 이야기꽃을 피운다. '세상에 이렇게 맛있는 국밥이 어디 있노~'라며.

작달막한 키에 검은 눈썹, 반곱슬 머리의 도경위는 항상 웃음띤 얼굴을 하고 다닌다. 어릴 때부터 음악을 하는 집에서 자란 덕분에 기타며 피아노 등 웬만한 악기는 다 다루는데 기타 중에서도 어쿠스틱을 제일 잘 다룬다. 고향의 교회에 다니면서 독학으로 피아노를 익힌 올해 여든다섯 되신 아버지는 요즘도 노인회 행사가 있으면 꼭 아코디언을 들고 나가서 연주를 하신다.

도경위는 농촌의 과수원집에서 3남3녀의 막내로 태어났다. 어린 시절, 아버지가 교회에서 피아노 치시는 것은 여러 번 봐왔는데 초등학교 6학년 때 군대를 제대한 큰형이 가져 온 기타를 어깨너머로 배우면서 악기를 가까이 하게 되었다. 이젠 가족 모두가 이런저런 악기를 다루는 음악집안이다. 1991년도에 경찰에 입문해서 틈틈이 악기를 만지다가 아마추어 기타그룹을 만들어 병원로비 등을 다니며 환우들을 대상으로 공연봉사를 했다. 공연을 하려면 개인악기 외에도 방송장비를 임대해야 하는데 그 비용도 만만찮아 부담이 되기도 하지만 박봉을 쪼개어 사는 아내에게 조금 미안한 것을 빼곤 음악에의 열정에 그것은 별로 장애가 되지 않는다.

무엇보다 환자복을 입은 환우들의 호응도는 대단하다. 공연 후 장비를 챙기고 있으면 목발을 짚고 와서 진정으로 고마워하는 눈빛으로 악수를 청해 오기도 한다. 어느 책에선가 장애인들은 나를 대신하여 아파주는 사람들이란 글을 읽었던 기억을 되살려 주기도 하는 고마움, 여러모로 음악은 참 좋다. 그리고 특별할 것까지는 없지만 자신의 음악재능을 취미생활에만 쓰는 것은 너무 아깝다고 생각한다. 무료공연을 하며 마주치는 사람들의 눈빛만큼 내 가슴을 뛰게 하는 것이 있을까. 강렬한 그 눈빛에서 어느 순간엔 벼락을 맞은 것 같은 전율을 느끼기도 한다.

여러 곳에 무료공연을 다니면서 특히 잊혀지지 않는 것은 농촌에 있는 정신병 환우시설의 야외위문공연이었다. 300여 명의 정신병환우들이 치료받고 있는 병원은 고향 마을 인근에 있는데 그곳에서 일하는 친구와 연결되어 소나무 숲이 우거진 공원에서 야외공연을 하기로 했다. 그 친구는 만날 때마다 느끼는 것이지만 나보다 훨씬 가슴이 따뜻하고 속이 깊은 친구다. 병원의 원장님도 환우들의 치료를 시설 내에 가두어서 하는 것만이 아니라는 친구의 설득에 흔쾌히 허락하여 야외공연 준비가 착착 진행되고 있는데 의외의 벽에 부딪쳤다.

모 언론사의 기자가 '위험한 정신병 환우들을 야외로 데려와 공연하는 것은 통제하는데 문제가 있고, 만약 집단으로 도망을 치기라도 한다면 또 다른 피해가 우려된다'며 취재를 해 오자 원장님은 야외공연 추진을 난감해 했다. 도경위와 친구는 취재기자를 만났다.

"기자님의 걱정은 충분히 이해하겠는데 정신병환우들은 정신이 이상한 사람들이 아니고 마음이 조금 아픈 사람들입니다."

"그건 저도 알지만 만약에 보호시설에 수용되어 있던 환우들이 밖에 나와 집단으로 도망치기라도 한다면 큰 문제를 일으킬 수 있습니다."

"저는 뮤지션이기도 하고 경찰관이기도 합니다. 공연을 준비하는 동안 정말 즐거워하는 환우들을 봤습니다. 마음이 아픈 사람들에게 신뢰를 보여주면 훨씬 높은 치료효과를 낼 수 있습니다."

"그래도 위험할 텐데…."

곁에 있던 친구가 거든다.

"제가 여기서 20년 넘게 일하고 있는데, 항상 느끼는 것은 환우들이 저보다 훨씬 맑은 영혼을 가지고 있습니다. 기자님의 걱정은 분명히 걱정으로 끝날 것입니다."

"경찰관으로서 제가 책임지겠습니다."

도경위는 약간은 간 크고 무모하게 큰소리로 약속했다. 그렇게 해서 야외공연은 계획대로 열리게 되었다.

여러 대의 버스가 동원되어 환우들을 태워 날랐고 한여름 더위를 피해 나온 주민들도 왠 구경거리인가 하고 호기심어린 눈으로 지켜봤다. 오후 4시에 시작된 공연은 거의 2시간 가까이 계속되었는데 그때처럼 '앵콜'을 많이 또 큰소리로 받아본 적도 없었다. 뮤지션들도 땀을 뻘뻘 흘리며 열정적으로 연주하고 노래를 불렀다. 공연이 막바지에 이르자 환우들의 열광적 환호에 뒤질 수 없다는 듯이 같이 구경하던 주민들도 크게 박수를 치며 함께했다. 그날 우리 모두는 음악으로 하나가 되었다. 그날의 공연 후 그 병원에는 환우들로 구성된 음악동호회가 생겼고 매년 여름이면 지금도 그때 그 자리에서 공연이 열리고 있다. 원장님도 그날의 야외공연 후 환우들와 병원직원 간에 신뢰가 쌓여 병원분위기가 훨씬 좋아졌다는 편지를 보내왔다.

도경위가 초등학교 4~5학년에 다닐 쯤이었을 것으로 기억된다.

통닭집을 하던 큰누나의 심부름으로 그 병원에 자전거를 타고 배달을 간 적이 있었는데 그땐 정신병원의 큰 철문이 그렇게 무서울 수가 없었다. 지금의 경찰서의 유치장보다도 더 무서웠던 것 같다. 그러나 지금은 무섭지 않다. 요즘도 가끔 그 병원의 친구에게 놀러가기도 하는데 얼굴을 알아보는 환우들이 가까이 다가와 악수를 청해오면 덥썩 안아준다. 그들은 전염병 환자도 아니고 치료를 받고 있는 우리의 이웃일 뿐이다.

도경위가 학교폭력 전담요원으로 일하면서 깨달은 것은 정신병 환우나 학교폭력 가해자들도 똑같은 우리의 이웃이고 자녀들이라는 사실이다. 선진외국에서는 가족들도 정신병환우를 숨기지 않고 병원의 프로그램에 따라 적극적으로 치료를 한다고 하는데 우리나라는 아직까지도 쉬쉬하며 숨긴다. 그런가 하면 학교폭력 가해자의 부모들도 국가의 프로그램을 외면하고 건강보험 급여도 되지 않는 비싼 비용으로 치료를 시키고 있는 것을 본다. 그 가해학생이 성인이 되어 의료기록을 제출하게 되면 해당 프로그램의 치료경력 때문에 불이익을 당할 수 있다는 걱정 때문이란다.

우리가 입으로 단순히 폭력근절暴力根絶을 외칠 것이 아니라 그들이 자연스럽게 우리 사회의 일원으로 참여하게 하는 본질적인 의식전환이 있을 때 진정으로 따뜻한 세상이 될 것이란 생각을 해본다.

도경위는 음악을 해오면서 자신이 정규 음악교육을 받지 못한 아쉬움을 늘 가지고 지낸다. 제대로 배웠다면 음악의 깊은 따뜻함까지 여러 계층의 이웃들에게 나누어 줄 수 있지 않을까 하는 욕심 때문이다. 이것도 음악이 가진 의미일까.

"팀장님, 어젠 대촌마을의 어르신 공연이 그렇게 재미있었다면서요? 정말 보람있는 일을 즐겁게 하셔서 부러워요."

학교폭력 상담요원으로 일하는 옆 좌석 여경이 부러운 눈으로 말한다.

"조경사는 더 좋은 일을 하잖아, 난 그 마음이 더 부러운데?"

마흔이 다 된 조경사는 어머니와 둘이 지내면서 6년 전부터 국제 구호단체를 통해 동부아프리카 최빈국중의 한나라인 말라위의 다이레스란 소녀와 결연을 맺어 6년째 돌보고 있다. 당시 6살이던 아이가 벌써 12살이 되었다. 얼마 전엔 작년보다 훌쩍 커버린 아이가 사진과 함께 편지를 보내왔다. 이젠 학교도 다니고 자신과 달리 수학을 좋아한다는데 성적은 '하下'란다 큭큭. 학교라고 해야 맨땅에 책상만 놓고서 여러 명이 공부하는 모습이다. 어쨌든 반가운 편지였는데 사진속의 늘어진 소매가 가슴을 메이게 한다. 난 잘 입고 다니는데.

편지를 받고는 재래시장에서 여름옷을 6벌 사서 보냈다. 다이레스의 4식구가 입을 수 있도록. 누군가는 그런다. 우리나라도 못사는 애들 많은데 남의 나라 아이를 왜 도와 주냐고? 하지만 5살도 되지 못한 애들이 영양실조로 죽어가는 것을 보니 '가슴이 시키니깐, 또 언제까지 이렇게 나를 위한 삶만 살다가 갈 순 없으니깐….' 이 아이가 성인이 될 때까지 지금 뛰는 이 가슴으로 소녀를 지켜줄 것이다. 그러면 나의 가슴이 더 따뜻해진다. 결국은 내게도 이익이다.

조경사는 책상위에 놓인 소매 늘어진 아이의 사진을 한참동안 바라보고 있다. 도경위는 그런 조경사를 보며 '참 착한여경'이라는 생각을 하며 조용히 웃고 있다. 도경위의 책꽂이 앞엔 학교폭력 대응 매뉴얼과 함께 위로공연 일정이 적힌 작은 달력이 큰 자리를 차지하고 있다. 창밖에서 불어오는 시원한 바람이 두 사람과 책상 위의 난화분을 스쳐 지나간다.

어느 작은 기록들. 하나

동행의 기쁨

매월 오토바이 운전면허 시험을 치루는 날이면 16세를 갓 넘긴 고등학생부터 주부 · 노인까지 여러 계층의 이웃들이 모인다. 늘 같은 식으로 진행되는 무미건조한 시험이지만 가끔씩 감동을 주는 이웃과도 만나게 된다.

지난 3월 시험장에서 겪은 일이다. 감독관인 나는 문맹자文盲者들에게 문제를 읽어주기 위해 조심스레 해당자가 있느냐고 물었더니 50대 남자 맹인이 나왔다. 깜짝 놀라 사연을 물어보니 이번 시험에 응시한 청력장애인 친구를 도와주기 위해 나왔다고 대답했다. 감독관이 읽어주는 내용을 수화手話로 친구에게 설명해 주어야 한다는 것이다. 그의 설명을 듣고 장내는 일순 숙연해졌다.

그의 친구는 청력장애 뿐만 아니라 양다리마저 제대로 쓰지 못했다. 그러나 청력장애자 운동능력 측정에 합격했다는 통지서를 붙여 응시한 친구는 필기시험은 물론 곧 이어 실시된 기능시험에서도 장애인용 오토바이를 타고 당일 응시자 중 가장 멋지게 코스를 돌아 나왔다. 구경하던 사람들 사이에서는 "야. 베스트 드라이버다." 라는 탄성이 터져나왔다. 늘 "합격", "불합격" 이란 짤막한 단어만 반복하던 내 입에서도 평소와는 다른 말이 흘러나왔다.

"지금 들어오신 분은 귀는 조금 어두워도 이 세상에서 가장 밝고 따뜻한 눈을 가진 분입니다. 우리 모두 큰 박수를 보냅시다. 24번 이인우씨, 합격!"

장내는 우레 같은 박수소리로 가득했고 비록 듣지는 못해도 표정으로 느끼고 겸연쩍어하는 모습에서 우리는 더욱 큰 감동을 받았다.

시험이 끝난 후 두 친구가 장애인용 세 바퀴 오토바이를 타고 나가는 모습은 영화 속의 멋진 한 장면 같았다. 두 사람은 서로에게 '눈'이었고 '귀'가 되어왔던 것이다. 이제 정식 면허증을 받은 이들이 앞으로도 신뢰의 기반하에 험한 인생을 '안전운행' 해주길 기도한다.

내겐 어떤 친구가 있는가? 그리고 나는 그 누구에게 어떤 친구일까.

화상火傷 입은 난蘭에게

별관 사무실에 가자마자 사용중지 중인 여자화장실 문을 연다. "휴우…" 안도의 한숨을 쉰다. 고맙다, 미안하다. 두 개의 난화분이 늠름하게 푸르름을 뽐내며 살아있다. 물기 머금은 화분석花盆石을 품고서.

사흘 전 지난 주말, 오랜만에 별관 사무실에 들렀다. 인원감축으로 비어 있어서 먼지내음이 가득하다. 자주 와서 살펴보아야 했는데… 안타까운 마음으로 둘러보니 참숯에 얹혀있는 꼬마난이 말라 비뚤어져 아사직전餓死直前의 상태다. 얼른 물을 받아와 뿜어준다, 뿌욱뿌욱 품어져 나오는 물세례를 맘껏 받아먹는다. 미안하다, 미안하다. 그리곤 옆사무실에서 커피를 한 잔 마신 후 석간신문을 훑어보고는 돌아와 치약을 묻혀 화장실로 간다.

세면대 옆에 춘란 · 양란 두화분이 역시 목마름을 외치고 있다. 화분석의 메마름, 너희들에게도 미안하다. 한 손으로 양치를 하며 한 손으로 물뿌리개를 든다. 물줄기를 세게 하여 먼저 화분석을 흠뻑 적셔준다. 쎄에~ 하며 물을 빨아들이는 소리가 반갑다.

이어 비 맛으로 느끼라며 난의 잎에다 세차게 뿌려주는데 손끝 느낌이 이상하다. 으잉? 물뿌리개 손잡이가 뜨겁다. 세차게 쏟아져 나오는 물이 뜨겁다. 이크, 낭패다. 난이 얼마나 뜨거웠을까. 물뿌리개 끝이 뜨거울 정도라면 뜨거운 물이 한참 나왔다는 말인데. 던지듯 치솔을 내려놓고 수도꼭지를 조절한다. 목마른 갈증을 풀다 말고 발끝부터 뜨거워져 오는 고통을 어떻게 참았을까, 살갗에까지 뿌려지는 뜨거움은 또 어떻게 참았을까, 한참 동안 찬물을 뿌려주며 서 있다. 아 얼마나 뜨거웠을까…. 내 딴엔 갈증을 해소시켜 준답시며 약간은 우쭐한 마음까지 가지고 물을 뿌려준다는 게 뜨거운 물을 한참이나 뿌려대고 있었으니.

우리가 알지 못하는 사이 고통받는 것은 얼마나 많을까, 무심코 발걸음을 옮길 때 밟히는 풀이며 풀잎 밑에서 쉬고 있던 개미 · 지렁이들에겐 또 뭐라고 변명해야 하나. 나이 조금 먹었다고, 경력 조금 쌓였다는 얇은 생각으로 내뱉는 말들이 내가 느끼지 못하는 것들, 이들에게 얼마나 많은 상처를 줄까. 결국은 겸손히 살 수 밖에 없을 것이다. '품안에서 키울 수 없는 외손자 때문에 함부로 말하지 않는다'는 옛 어른들의 말씀을 되새긴다. 내가 의식하지 못하는 사이에 얼마나 많은 이들에게 아픔을 주었을까.

뜨거운 물에 데인 난을 생각하며 짧은 시간이었지만 뜨거운 물이 적게 나왔기를 바랄 뿐이다. 그리고 빨리 찬물을 흡수하여 화상의 상처가 작아지기를 바랄 뿐이다.

작은 난을 받치고 있는 참숯의 수분 빨아들이는 소리가 고맙다.

화장실로 가서 다시 물뿌리개를 든다. 그리곤 수도꼭지를 틀고 손으로 찬물임을 확인한 후 물을 흠뻑 뿌려준다. 미안하다를 반복하며.

그랬었는데, 오늘 아침 이렇게 늠름하게 푸른색을 발하며 찬란燦爛하게 서 있으니 얼마나 고마운가, 난잎 가까이 눈을 대고 살핀다. 물기 머금은 화분석이 더욱 고맙게 느껴진다.

'고맙다, 살아 있어 주어서~.'

어느 작은 기록들. 셋

자전거 출근과 환경미화원

"토톡, 톡, 지직~, 지지지직~~."

자출(자전거 출근)길은 재미있다. 이른 아침에 좁은 자전거 도로를 가다보면 은행열매를 밟고 지나갈 때도 있고, 수북이 쌓인 낙엽 위를 지나기도 한다. 차를 타고 다닐 땐 느껴 보지 못했던 경치들을 많이 느끼는 것도 큰 기쁨 중의 하나이다. '도시!' 하면 우선 아스팔트와 회색 빌딩을 떠 올리기 마련이지만 의외로 예쁘고 아름다운 것들이 많다. 대로변의 오솔길도 있고 바닷가를 따라 길이 이어져 있기도 하다. 또 출근 때와 퇴근 때의 공기가 다르게 코끝을 스치기도 한다. 비가 많이 내리지 않는 아침이면 매일 채비를 하여 집을 나선다. 늦가을 아침 공기가 차갑기도 하지만 어제 퇴근 땐 마지막 가을비까지 맞는 행운도 누렸는데 찬 공기가 대수일까.

자, 어디보자. 이 녀석 바퀴에 바람은 빠지지 않았는가, 브레이크 패드는 언제 이렇게 닳았지? 어제 비를 맞아 삑삑거리는 브레이크 소리를 들으며 페달을 밟는다. 출근시간에 쫓겨 쌩쌩거리는 자동차들이 무서워 자전거 도로와 갓길을 조심스레 드나들며 도로를 뒤로 밀어낸다.

자전거 출퇴근을 하다 보면 참 많은 것들을 보게 된다. 자동차의 속도 때문에 눈길 한번 주기도 어려운 안전 가드레일 너머 바다를 이웃한 갓길, 마치 숲속 같은 오솔길이 있는가 하면 갈색 타일을 예쁘게 깔아놓은 전용도로 등 아름답고 좋다 못해 행복하기까지 하다. 바닷가를 지나다 보면 길가에 쉬고 있던 갈매기가 저만큼 다가가기도 전에 날아오른다. 차도에 쌩쌩거리는 차는 관심도 없어 하면서도 사람이 곁으로 오는 것은 경계를 한다. 내가 갈매기의 휴식까지 방해를 하나? 그러나 얼마를 지나치고서 뒤돌아보면 다시 그 자리에 내려앉아 쉬고 있는 갈매기를 본다.

오솔길도 참 새롭다. 십여 년 전 넓은 인도에 나무를 심는 것을 보고는 어려운 사람 도울 일도 많고 예산 급한 곳도 많을 텐데 굳이 바쁘지 않은 것에다 예산을 쓴다는 생각을 하기도 했지만 세월이 흘러 나무들이 자리잡고 오솔길 꼴로 변한 길을 따라가면 고마움마저도 든다.

그런가 하면 시간적으로 여유로운 퇴근길엔 가보지 못한 곳으로 둘러 가기도 하는데 시냇가를 따라 조성된 자전거 도로는 또 다른 느낌을 준다. 우선 안전하고 편안하다. 차들도 저만큼 떨어져 지나가니 여유로움이 절로 생겨난다. 자전거 도로를 만든 사람들의 수고로움이 더욱 고맙다. 자전거 출퇴근이 계속되면서 시간의 고마움을 새삼 느끼기도 한다.

엊그저께는 은행열매가 맺혔었는데 오늘은 은행낙엽이 발밑에 뒹군다. 시간을 함부로 쓰지말라는 세월의 가르침까지 덤으로 준다.

오늘은 일찍 출근하는데 앞쪽에 야광물체夜光物體가 움직인다. 가까이 다가가니 새벽에 낙엽을 치우는 환경미화원이다. 미안한 마음이 엄습해 온다. 나는 건강을 위해 게으름을 밀치고 겨우 일어났는데 환경미화원은 자신의 생업을 위해 매일 새벽잠을 밀쳤을 것이다.

자전거 출근길의 기쁨도 어찌 생각하면 나 혼자만의 기쁨으로만 생각하기엔 너무 과분하다는 생각이 든다. 자전거 도로를 만든 사람, 이른 새벽에 청소하는 환경미화원, 그리고 가로수와 안전울타리 등등 모든 것들이 어우러져 내게 즐거움을 주고 있다. 이들의 수고 덕분에 내가 기쁨을 누리고 있으니 모든 것에 감사할 따름이다. 새삼 '들풀은 아무 곳에나 자라지만 아무렇게 피지는 않는다'는 말이 생각난다.

어느 작은 기록들. 넷

염소와 갈대 그리고 박수

추운 겨울에 더운 우스갯소리 하나.

흑염소는 더위를 싫어한다. 그럼에도 어릴 적 여름날 볕이 잘 드는 헛간 한 켠은 늘 검은 염소들이 차지하고 있었다. 뙤약볕이 내리쬐는 한낮에도 더위 많이 타는 검은 옷을 입고서 게슴츠레한 눈으로 헥헥거리고 있다. 참 이상하다. 한여름에 그늘에 있어도 더울 판에 더위를 싫어하면서도 뙤약볕을 마다하지 않고 왜 여러 마리가 다닥다닥 붙어 있을까? 왜 그렇지? 우습게도 염소는 남이 잘되는 꼴을 보지 못한단다. 용심이 발동하여 다른놈이 시원하게 있는 것을 보지 못해 더위를 무릅쓰고 붙어 앉아 서로를 덥게 한단다. 용심도 용심이지만 한여름 더위를 참아내는 의지가 대단하다.

그런데 갈대는 모두가 군집생활群集生活을 한다. 혼자 서 있으면 여름이 훨씬 시원할 거고 다른 이웃의 귀찮은 간섭도 받지 않을 텐데… 이유인즉, 혼자 있으면 쉽게 쓰러지기 때문이란다. 그래서 이웃과 같이 어울려서 서로의 버팀목이 되어 주고 또 자연스럽게 흔들리면서, 곧 자연에 순응하며 이웃과 함께 지낸단다. 갈대의 지혜가 부럽다.

며칠 전 일선경찰서에 간담회를 다녀왔다. 오찬 간담회를 하면서 주제를 놓고 각자 돌아가며 의견을 교환하는 방식으로 진행되었다. 식사를 하면서 발표자의 의견을 듣고는 박수치고 또 밥 먹는 것을 반복하는데 박수를 칠 때마다 수저를 들었다 놓았다 하려니 자주 토론의 맥이 끊겼다. 굳이 박수를 치지 않고 식사하며 듣기만 해도 되는데 처음 발표자부터 치게 되어 어쩔 수 없이 계속 박수를 치게 되었다. 궁리 끝에 식사를 먼저 하고 의견을 말하기로 진행방식을 바꿀 수밖에 없었다. 밥 먹고, 박수치기를 동시에 할 수 없는 상황이 '또 하나의 깨달음'을 준다. 밥은 남을 위해 먹는 것이 아니라 나를 위해 먹으니 한 손으로도 할 수 있으나, 박수는 타인을 위해 쳐야 하니 반드시 두 손으로 쳐야한다. 마음을 모아 겸손히 쳐주어야 하는 것이다. 또, 나를 위한 박수는 반드시 타인이 쳐주어야 하고, 여러 사람이 쳐주면 더욱 좋다.

나는 타인을 위해 박수를 몇 번이나 쳤는가? 또 가슴 깊은 곳으로부터 축하하는 마음으로 쳐 주었는가. 그리고 타인으로부터 박수 받을 일을 한 적이 과연 몇 번이나 있는가. 남을 위해 흘리는 눈물은 모든 사람들의 가슴 속에 숨어있는 보석이라고 했는데 아마 박수도 눈물의 사촌四寸쯤은 되는 것 같다.

여름, 가을 내내 제몫을 다하고 떨어진 낙엽이 바람에 딩굴며 나를 바라보는 듯하다.

너무 낮은 나의 행복지수

지인知人의 딸 결혼식장에 갔었다. 서민들이 주로 이용하는 구민회관區民會館 강당이었는데 안면 있는 사람들이 많이 와서 흐뭇하다. 혼주婚主는 앞을 보지 못하는 맹인아버지였는데 어머니를 닮은 신부인 딸은 참 예쁘다고 한다.

신부입장 시간이다. 신부의 어머니가 맹인인 남편의 손을 잡고 신부입장 지점으로 가는데 맹인아버지가 큰소리로 외친다.

"야, 우리 딸 이쁘다~."

곁에서 이끌어주는 아내를 딸로 착각한 것이다. 하객들이 "와~" 하며 웃자 신부 아빠는 어리둥절해 한다. 아내가 남편의 귀에 대고 살며시 말한다. "아직은 저예요~." 그러면서 남편의 손을 꼭 잡아준다. 웃는 하객들의 눈빛이 곱다. 신부대기실로 달려온 친구에게서 그 얘기를 들은 신부도 화사하게 웃으며 좋아한다.

참 기쁜 결혼식이라는 생각이 든다. 그들의 인생이 아름답게 서로 도와가는 행복한 삶이길 기도하며 일어나서 박수를 친다. 무척이나 기분 좋은 꿈이다.

그날 월요일 아침 출근길은 행복했다. 고등학교 3년간을 기숙사에서 갇혀지내는 막내녀석과 같이 출근하기 때문이다. 주중엔 학교에서 지내다가 토요일 늦게 와서 일요일엔 또 독서실에서 살다시피 하는 녀석을 볼 때마다 안쓰럽다. 학교 앞에서 내려서 무거운 가방을 메고 종종걸음으로 사라지는 키 작은 녀석 뒤로 안쓰러움과 기쁨이 따라간다.

'고맙다, 잘 자라줘서….'

차를 돌려 출근길을 재촉한다. 학교 골목길을 빠져나올 즈음에 대로의 신호등이 기다린다. 늘 여기에선 교통신호를 받아야 한다. 좁은 길이 끝나는 모퉁이. 그곳은 그녀의 일터였다. 겨우내 마스크를 쓴 채 서있던 김밥아주머니는 오늘은 맨얼굴이다. 늦은봄까지 감기를 달고 있었나보다. 가느다란 다리를 한 철제받침대 위에 스치로폼 박스를 올려두고 '김밥 1000원'을 팔고 있다. 한겨울에는 마스크와 목도리, 앞치마를 두른 채 얇은 장갑 낀 손엔 오천 원권과 천 원권을 바꿔가며 출근차량들의 차창으로 김밥을 나른다. 때론 지나가는 사람들과 인사까지 나누는 것을 보니 그 자리에서 김밥을 판지가 오래된 모양이다.

인근 공단의 중소기업 근로자, 또 다른 일터로 가면서 김밥 한 줄로 아침을 때우는 이웃, 이웃들. 앞차에서 김밥 세 줄을 주문 받았는데 잘못 들었는지 재빨리 한 줄을 더 가져다 준다, 얼굴 가득히 미소를 머금은 채.

행복이란 뭘까?

꼭 얼굴이 예쁘고 큰돈이 있어야만은 아닌 것 같다. 추운 골목길 모퉁이지만 김밥을 팔 곳이 있고, 서로 마주보고 웃을 수 있는 이웃이 있고, 기다리는 가족이 있는 사람들은 행복하다. 너무 소박한 행복인가? 나의 행복지수가 너무 낮은가? 막연히 내게 묻고 있다.

산비탈의 원룸 중에서도 음지쪽의 작은 방이 나의 관사官舍다. 햇볕은 잘 들지 않지만 낮엔 뻐꾸기 소리가 들리고 밤엔 소쩍새가 가슴을 울린다. 그리고 아침이면 들일을 나가는 농부의 경운기와 참새가 잠을 깨워준다. 이쯤 되면 나도 행복하지 않은가.

운전석 계기판은 아직도 기름이 반 이상이나 남아있다고 가리키고 있다.

문화훈장을 받은 경찰관 차일혁 총경

굳이 문무(文武)를 나눈다면 무인에 가까운 경찰관이 문화훈장을 받았다고 하면 다들 고개를 갸우뚱 할 것이다.

'차일혁 총경', 그는 일제강점기 충남 홍성에서 태어나 27세에 중국으로 망명하여 중국군관학교를 졸업하였으며, 1947년 육군대위에 임관되어 6.25에 참전하였고, 유격전투 중 부상으로 제대한 뒤 1950년 12월에 경찰에 특채되어 전투경찰 대장이 되었다. 당시 남한의 유일한 수력발전소인 칠보발전소를 방위하면서 70명의 경찰력으로 적군 2천명을 격퇴하였다.

이후 서남지구 전투경찰 2연대장 시절엔 빨치산인 '남부군'의 은신처로 이용되던 화엄사를 불태우라는 상부명령을 받았으나 각황전의 문짝만 떼어내 태운 뒤 '사찰소각사실'을 보고하며 천년유산을 지켜냈다. 이 사실에 대한 명령불복종으로 감봉처분을 받았다.

그리고 빨치산 총사령관인 이현상을 사살한 뒤 적장의 예를 갖춰 장례를 지내 주었다. 물론 이 일과 관련해서도 불이익 처분을 받았다.

전후(戰後) 그가 충주경찰서장 재임 중에는 가정형편으로 진학하지 못하는 불우청소년을 위해 직업소년학원을 설립 운영하기도 했다.

차일혁 총경은 1958년 공주경찰서장으로 재직시 사망하였고, 그해 조계종 초대종정으로부터 감사장을 받았으며, 1998년엔 화엄사 경내에 공덕비가 세워졌다. 그리고 대한민국 정부는 2008년, 그에게 문화활동을 통하여 국민문화 향상에 이바지한 공로로 '보관문화훈장'을 추서했다.

그의 일기장엔 '경찰은 공기와 같아야 한다.'고 적혀 있다.

chapter 2

피해자의 눈물은 우리가슴을 뛰게 한다

특수구조단 대원들은 가족에게 긴박한 현장상황을 말하지 않는다.
구조대원이 위험한 상황을 말하면 가족은 말릴 수밖에 없고,
자신의 안전을 먼저 생각하면 구조를 기다리는 사람에게 가까이 갈 수 없기 때문에.

꼭꼭 숨어도 머리카락은 보인다

머리카락이 약간 곱슬해서 올백을 하고 다니는 신경위는 악성惡性사기범을 쫓는 팀장이다. 팀이라지만 후배인 박경위와 단둘이다. 올백머리에는 콤비 상의가 어울리지만 신경위는 등산복 점퍼를 자주 입는다.

50을 넘긴 소띠의 신경위는 오늘도 썬팅된 차 안에서 몇 시간째 쭈그리고 앉아 밖을 살피고 있다. 며칠 전 공소시효公訴時效가 한 달도 채 남지 않은 사기범을 잡았을 때 피해자가 오열嗚咽하던 모습이 내내 뇌리를 떠나지 않는다. 그때 신경위도 뒤돌아서서 아무도 모르게 눈물을 훔쳤다.

지방에서 올라온 피해자 한씨는 어려운 생활에 찌들린 나머지 명의名義를 빌려주면 400만원을 주겠다는 사기꾼의 꼼에 넘어가 덤터기 대출사기를 당했다. 사기꾼은 한씨로부터 빌린 명의를 이용하여 회사를 설립하여 법인대출을 받고, 카드를 만들어 거액을 빼내고는 또 다른 사기브로커에게 명의를 되파는 수법으로 대출이 반복되어 한씨는 엄청난 빚더미에 올라앉았다.

경찰서에 고소장을 넣었지만 신분까지 위장한 사기꾼을 잡기란 쉬운 일이 아니다. 사건은 피해자, 피의자의 주소지 등으로 이송을 거듭하며 지지부진했고 한씨의 가정은 그야말로 풍비박산風飛雹散이 났다. 한씨의 아내는 "왜 그렇게 어리석은 짓을 했냐"는 원망을 계속하다가 결국은 집을 나가버리고 말았다.

또 다른 피해자들로부터 빚 독촉을 받는 것은 점점 심해졌고 몇 푼 안 되는 재산은 모두 압류되었으며, 한씨 자신도 화병 탓인지 위암 초기판정을 받았다. 치료를 차일피일 미뤄가는 한씨는 죽고 싶은 생각 뿐이었다. 그러기를 몇 해 세월은 흘러 공소시효 만료가 다가오던 날, 여러 곳을 돌고 돌던 사건이 악성사기범 전담팀의 신경위에게 배당되었다. 신경위는 두꺼운 수사서류를 검토하면서 자신도 모르게 이빨을 깨물며 사투리를 토해내었다.

"요런 놈은 내가 반드시 잡아넣을 꺼여, 이."

악성경제사범을 잡기는 어렵다지만 신경위는 손에 침을 퉤퉤 뱉으며 필검必檢의지를 다진다.

사기범죄의 특성은 '피해자도 어느 정도 이득을 볼 것이다'라는 심리가 있어서 일련의 책임이 있고, 강력범죄처럼 사회적 파장이 크지 않은 문제도 있어 긴장도가 떨어진다. 담당부서의 적은 인원에 산더미 같은 고소장을 접수하면 피해자 진술을 받고, 피의자 행적수사 등 관련수사를 하고는 기소중지로 처리되는 것이 태반이었다.

신경위도 처음엔 그런 생각이 없었던 것이 아니었지만 어느 날 경찰서 화장실에서 '살인자보다 더 나쁜 게 사기꾼' 이라는 여자 글씨체를 보고는 생각이 달라졌다. 화장실에서 큰일을 볼 때마다 '그 글씨'는 신경위를 노려보듯 눈앞으로 다가왔었다. 여자가 경찰서의 남자화장실에 들어와 '살인자보다 더 나쁜 게 사기꾼'이라는 글을 쓸 때의 상황이 자꾸 그려졌다. 아마도, 아니 분명히 형사들이 보라고 써 놓은 것일 게다. 살인자보다 나쁜 사기꾼에게 얼마만큼의 사기를 당했을까? 경찰은 수사를 제대로 했을까? 이른바 화이트칼라 범죄인 '사기詐欺'는 세상을 보는 눈이 잘 못 박힌 '똑똑한 인간'들이 여러 사람에게 해독을 끼친다. 이런 것들을 보면 세상이 시끄러운 것이 못 배운 사람이 많아서가 아니고 잘못 배운 놈들이 많아서 탈인 것이다.

지금도 신경위의 책상 위엔 '그 글씨'가 적혀 있다. 그렇게 신경위의 어금니에 힘이 들어갈 무렵, '악성사기범 검거전담팀'이 만들어졌고 그때부터 신경위는 '물 만난 고기'가 되었다.

사기피의자는 전문 사기범답게 인적사항이 거짓인 것은 물론 전화도 타인명의로 되어있어 추적이 쉽지 않았지만 '그 글씨'를 기억하고 있는 신경위의 투지를 꺾지 못했다.

피의자의 최초연고지 탐문 수사를 시작으로 처음부터 저인망식底

引網式으로 쓸어내려 가서 다시 되쓸어 오며 피의자가 있을 만한 곳을 모조리 살폈다. '머리가 조금 벗겨지고 두꺼운 금색 안경테의 키 작은 50대 사기꾼'의 은거지隱居地를 두 번씩이나 급습했지만 허탕치고 행적이 감감해질 무렵, 팀원 박경위가 '시골의 농가창고 안에 컨테이너를 설치하고 숨어지낸다'는 첩보諜報를 들고 왔다.

작전 개시! 신경위팀의 비책秘策은 '은근한 끈질김'이다. 논두렁과 시냇가를 건너 잠복潛伏에 들어갔다. 몇 번 농막주변에 귀를 대고 살폈지만 인기척이 없다. 시간과의 싸움이 시작된 것이다. 죽어나는 것은 담배고 필요한 것은 냉정한 평상심이다. 해가 넘어가고 어둑해지자 헤드라이트를 켠 승용차가 한 대 들어온다. 아마도 낮에 출타했다가 돌아오는 길인 모양이다. 키 작은 몸집 등을 확인하곤 체포영장을 내밀며 들이닥치자 부부로 보이는 사람이 놀라면서도 신분증을 내놓으란다. 그야말로 적반하장賊反荷杖도 유분수다.

그런데 사람이 다르다. 사전에 파악하고 있던 인상착의人相着衣가 아니었다. 대머리에 두꺼운 금색테의 키 작은 50대 라고 했는데 작은 키를 빼고는 전혀 아니다. 대머리가 아니고 안경도 쓰지 않았다. 난감하다. 거기에다 50대 남자는 "사업에 실패하고 어렵게 사는 사람에게 경찰이 무슨 행패냐"며 책임을 묻겠다고 핏대를 세웠다. 신팀장과 박경위는 '이게 어떻게 된 거지?'라고 서로를 바라보며 묻고 있었다. 박경위는 믿을 수 있는 사람에게서 어렵게 수집한 확실한 첩보인데 어떻게 된 일일까 생각하면서도 죄송하다고 사과할 수밖에 없는 지경이었다. 유명메이커의 고급 핸드백을 든 아주머니는

"진짜 경찰 맞냐, 민주 사회에서 이런 무지한 경찰이 어디 있느냐"고 난리를 떨었다.

죄송하다고 사정사정하고 겨우 철수撤收하는데 농가창고가 시야의 어둠에 묻힐 지점에 이르자 신팀장은 박경위의 팔을 잡아끌었다. 어리둥절하는 박경위와 창고와 근접한 논두렁에 몸을 숨기고 또다시 잠복시작. 얼마나 시간이 지났을까, 어둠이 더 짙어지자 농가창고의 문이 조심스레 열리며 커다란 가방을 양손에 든 부부가 허둥지둥 나왔다. 신팀장이 코를 스윽 비비며 그 부부를 막아섰다. 결정적 타임에 나오는 신팀장의 버릇이다.

"김덕호씨! 집 놔두고 어딜 그렇게 급히 가시오? 우선 경찰서부터 갑시다. 가서 지문도 대조해 보고 유전자 검사도 해봐야 항께요 이."

부부는 커다란 가방을 땅에 떨어뜨리며 털썩 주저앉았다.

사기꾼은 머리카락을 이식하고 노안수술에 성형수술까지 하고는 타 지역에서 살고 있다가 경찰의 수사선이 뻗히자 피신해있던 터였지만 잘린 검지손가락을 감추기 위해 장갑을 끼고 있던 것을 본 신팀장의 '직업적 살핌증'은 피해 가지 못했다.

그 이튿날 피해자 한씨는 신경위의 악성사기팀 사무실에서 사기꾼을 만났다.

"파탄 나버린 내 가정을 어쩔 거냐, 돈도 필요 없다, 내 가족과 건강을 돌려달라"며 바닥에 앉아 울부짖었다. 사기꾼의 멱살을 잡을 힘도 없어 보였다. 그의 낡아빠진 외투의 호주머니엔 약봉지만 불룩하게 들어 있었다. 그렇게 공소시효가 끝나기 직전에 '그놈'을 잡아

넣었다. '그놈'은 남을 괴롭혀 누린 만큼 자신도 대가를 지불해야 할 것이다.

신팀장은 이번엔 사기전과 9범인 박씨를 찾아나섰다. 그는 고향 후배의 소개로 알게 된 피해자 김씨에게 접근하여 '지하철역이 들어서면 큰 이익을 볼 수 있다'고 속여 7억1000만 원을 가로챘다. 정작 그 땅은 군사지역이라 개발이 불가능한 지역임에도. 사기꾼 박씨는 2010년 2월에 고소를 당했고 이후 자취를 감추었다. 결국 같은 해 4월경 사건은 기소중지起訴中止 되었고 영영 잡히지 않을 것처럼 보였다.

한편, 피해자 김씨의 고통은 깊어갔고 세상은 아무 일 없는 듯 흘렀다. 3년 7개월 후, 신팀장이 그 사건을 맡게 되었다. 그의 동물적인 감각과 후각은 밤낮을 가리지 않고 킁킁거렸고 한 달이 채 지나지 않아 사기꾼 박씨의 행방을 찾아냈다. 박씨는 사기로 얻은 수익으로 조용한 도시의 고급아파트에서 애완견까지 키우며 유유자적悠悠自適 지내고 있었다. 피해자 김씨는 자살까지 시도하며 고통스럽게 생활하고 있음을 알기나 할까.

해질 무렵 현장에 도착하여 맞은편 건물에서 쌍안경으로 사기꾼이 사는 아파트 안을 살펴 사람이 있는 것을 확인하고, 또 사기꾼이 아침에 개를 데리고 산책한다는 사실도 알아내어 산책경로를 확인하곤 잠복근무에 들어갔다. 옆좌석 김경위가 기지개를 켜며 뭔가 생각났다는 듯 입을 연다.

"팀장님, 지난번에 농가창고에서 성형수술한 사람이 진범眞犯인 줄 어떻게 알았어요? 그때 저는 진짜 난감했었는데….”

“글쎄. 기분이 영 찝찝하더라고~ 얼굴 다르고 안경 안 쓰고 대머리는 아닌데, 키가 같더라고, 네 가지 중에 한 가지가 맞으면 25퍼센트가 일치하는 거 아닌감, 우린 0.1 프로의 확률만 있어도 추적하잖어. 글고 춥지도 않은데 장갑을 끼고 있는 게 눈에 들어오더라고 그 자식이 도피 중에 손가락을 다쳐 정형외과 치료를 받은 기록을 봤거든.”

“그래도…. 하여튼 팀장님의 사냥개 직감은 알아줘야 해요.”

김경위는 고개를 갸웃거리다가 피식 웃었다.

“이 친구야, 같은 말이면 명견名犬이라고 하지 사냥개가 뭐야? 쩝.”

그때 신팀장의 휴대폰 진동음이 울린다. ‘당신은 배가 나와도 멋있으니까, 끼니 거르지 마세요 ^^*’ 아내의 문자메세지다. 그도 피식 웃는다. 아내에겐 미안한 마음뿐이다. 작년엔 휴가도 이틀 밖에 가지 못했다. 휴가보상비도 절반 밖에 받지 못하면서도 범인검거에 대한 특별휴가까지 가지 못했으니 아내나 아이들에겐 늘 미안하다. 그러나 어렵게 찾은 사기꾼의 통신수사 등을 하다보면 실시간으로 현장에 달려가야 하는 판에 휴가는 엄두도 내지 못한다. 그렇게 오늘도 아파트의 구석진 곳에서 출입구와 산책경로를 살피며 밤을 세운다. 범인은 단잠에 빠져있을 수도 있겠지만 그렇다고 긴장을 늦출 순 없다. 한순간에 빠져나가 버리면 ‘십년 공부 나무아미타불’은 아무것도 아니고 피해자의 눈을 어떻게 볼 것인가.

잠복 14시간이 지난 아침 7시경.

드디어 애완견 한 마리를 끌고 나오는 한 사내를 포착했다. 수배전단 사진과 일치하는 영락없는 사기꾼 박씨다. 범인의 산책경로 중 구석진 곳에 오길 기다려 도주로를 차단하곤 체포영장을 내밀었다. 고개를 떨구며 땅바닥에 주저앉는 박씨의 손엔 수갑이 채워졌고 구속되었다.

신경위 팀은 전담팀 창설 후 1년 2개월 동안 30명이 넘는 악성사기범을 잡아넣었다. 그 중엔 공소시효가 임박臨迫한 사건이 많다. 공소시효 기간이 많이 남아있는 사건을 후순위로 돌리면서 기다리고 있을 피해자들에게 미안한 마음을 느끼지만 한 명이라도 더 잡기 위해선 어쩔 수 없다. 신경위가 범죄의 악질 정도가 심한 사건에 더욱 매달리는 것은 피해자들의 눈물을 보면 도저히 머뭇거리거나 물러설 수가 없기 때문이다. 악성사기꾼의 행태를 보면, 20년을 한 동네에서 언니 동생으로 지내오면서도 신분을 속여 사기를 치고는 잡혔을 때, 피해자는 그 때도 '언니'라고 부르는데 정작 가해자인 사기꾼은 '동생'은 안중에도 없고 재수 없이 경찰에 잡힌 사실에만 억울해한다. 재수가 없어서 잡힌 것이 아닌데도 말이다.

그런가 하면, 어렵게 사는 형제들이 돈을 모아 여든 부모를 효도여행시켜 주려다가 사기를 당한 뒤 부모님이 실망하실까 봐 모르게 대출을 해서 보내 드리곤 큰아들이 화병에 걸리는 것도 봤다.

사람은 누구나 도끼 한 자루씩을 가지고 태어난다고 한다.

그 도끼로 나무를 찍느냐, 사람에게 휘두르느냐에 따라서 도움이 되거나 상처가 되기도 한다. 사기꾼들은 자기의 도끼가 타인에게 얼마나 큰 상처를 주고 있는지 알고 있을까. 그리고 언젠가는 자신의 도끼에 발등이 찍힐 수 있다는 사실을 알까.

신경위는 시간이 날 때마다 책상 위의 '그 글씨'를 본다. 그리곤 입을 꽉 다문다.

'그러음, 세상엔 살인자 보다 더 나쁜 사기꾼 놈들이 더 많어, 나가 확 다 잡아부러야지.'

신경위는 올백한 머리를 쓸어올리며 일어선다. 맞은편 벽에 걸린 액자 속의 글이 사무실을 내려다보고 있다.

'天網恢恢 疏而不漏(하늘의 그물은 크고 성긴 듯하지만 빠뜨리지 않는다)'

'저 말씀이 완전 내 마음이여, 이.'

7살 납치된 성훈이를 구하라

2013년 7월. 몇십 년만에 왔다는 폭염은 7월로 접어들자마자 온 나라를 덥히고 있다. 그 살인적인 더위 때문에 사람들은 시장을 보러가도 해가 떨어진 후에 가는 것이 일상이 되었다.

저녁 9시경.

수도권의 대형마트 주차장에서 엄마를 따라온 7살 먹은 유치원생 성훈이가 납치된 사건이 발생했다. 성훈이 엄마가 물건을 다 사고는 주차장으로 가는데 30대 초반의 범인이 갑자기 엄마의 허벅지를 흉기로 찌르고 아이를 납치해갔으며 그때 빼앗아간 엄마의 휴대폰으로 거액을 요구하며 도주했다고 한다. 신고접수와 동시에 인근 경찰서까지 형사비상이 발령되고 곧이어 수도권 전역에 형사가 배치되었다. 마트의 CCTV에 찍힌 용의자의 영상을 확보하여 전역에 배포했지만 해상도가 흐려 신원확보가 어려웠다. 무엇보다 소중한 7살 성훈이의 안전을 고려하여 기동대 4개 중대를 사복차림으로 주변지역에 추가 투입하여 야간수색이 시작되었다. 범인이 휴대폰을 필요시에만 사용하고 전원을 꺼버리는 바람에 행방을 찾기가 어려웠지만 최종적으로 전원이 끊어진 지역을 고려하여 충청지역까지 형사비상을 확대하여 수색해나갔다.

범인의 흔적을 찾지 못해 형사와 수사경찰의 곤혹한 상황이 계속되던 시간, 흐릿한 CCTV의 캡쳐사진 수배전단을 들고 순찰을 하던 파출소 이경사는 눈에 들어 온 렌트카 간판을 보고 혹시나 하는 생각에 문을 열고 들어간다. 렌트카 사장에게 수배전단을 보여주며 최근에 차를 빌려간 사람 중에 비슷한 사람이 있는지 물어보니 렌트카 주인은 "바로 어제 차를 가져 간 사람인 것 같다. 썬팅이 짙은 차량이 필요하다며 빌려갔다."고 말해 주었다.

이경사는 눈과 귀가 번쩍 뜨였다. 용의자容疑者의 인적사항과 '흰색의 K7, 65마 2723' 차량의 번호 · 특징을 상황실로 급히 보고하였고 관련 정보는 인접한 시도市道까지 긴급전파되었다. 수도권을 비롯하여 충청도와 전라도까지 비상체제가 가동되고 심야 수색과 헬기까지 공조한 작전은 밤을 잊고 계속되었다.

도주예상로 인근의 모든 CCTV분석 등으로 차량의 위치가 추적되면서 수도권과 호남지역 경찰의 본격적인 실시간 공조가 펼쳐지던 이튿날 아침. 전날 야간근무를 한 조경사는 선배 한경위와 서전주 IC 부근을 순찰하면서 연신 도로를 살피고 있다. 새벽부터 배치되어 아침밥 먹는 것도 잊고는 눈에 불을 켜고 오가는 차를 살피는데 맞은편 도로를 스쳐 지나가는 용의차량을 발견했다. 차종과 번호가 일치한다.

"선배님! 저기 저찹니다."

한경위는 급히 유턴을 하여 추격하기 시작했다. 싸이렌을 울리며 거듭된 정지경고 방송에도 용의차는 쏜살같이 도주를 했고 곧 고속도로로 진입할 것 같아서 용의차를 강제로 정지시키기로 했다. 용의차가 고속도로로 들어가면 과속으로 인해 납치된 아이의 안전에 더 큰 문제가 발생할 수도 있음에 대한 조치였다. 한경위는 순찰차의 속력을 높여 용의차를 앞지르면서 오른쪽으로 밀어 붙혔다. 승용차와 순찰차가 도로에서 서로 부딪치며 한 대는 도망가려 하고 한 대는 붙잡아 세우려는 상황은 위험하기 이를 데 없다. 영화보다 더 영화 같은 장면이었다. 운전대를 잡은 한경위의 팔엔 힘이 들어갔고 조경사는 방검복을 점검하며 권총을 만진다. 용의차에 탄 아이는 키가 작은데다 유리창에 짙은 썬팅까지 되어 있어서 잘 보이지 않는데 아이의 안전 때문에라도 용의차를 세우는 일이 급선무急先務다. 현장을 지휘하는 하늘의 헬기에서도 용의차를 정차시키라는 무전이 날아왔다. 조수석의 조경사는 손짓으로 계속 세우라고 외쳤지만 눈이 뒤집힌 범인은 도망가기에 바빴다. 제발 납치된 아이는 안전해야 하

는데, '하느님, 부처님! 아이를 지켜주세요.'

넓은 도로에서 추격전이 계속되었는데 싸이렌 소리에 대부분의 차들은 비켜섰지만 용감한 노란택시 기사는 용의차의 앞을 방해하며 과속도주를 저지하고 있었다. 우리 사회의 안전망 한 축이 자발적으로 가동되고 있는 것이다. 이윽고 용의차의 속력이 낮아지고 고속도로 부근의 안전지대가 있는 넓은 도로에 이르자 한경위는 용의차를 오른편 콘크리트 벽 쪽으로 힘껏 밀어 붙여 가로막아 세웠다. "쿠웅 쿵, 왱~" 굉음을 내던 용의차의 엔진이 멈추었다.

한경위는 재빨리 테이저건을 빼들고 용의차의 조수석으로 가서 문을 열기 위해 두드렸고, 조경사는 용의차의 운전석 쪽으로 가서 권총으로 경계하며 차 안에 있는 아이를 살폈다. 조수석에서 떨고있는 아이는 다행히 다치지는 않은 것 같다. 그 순간 한경위는 조수석 문을 열어 제꼈다. 아이는 안전했다. 운전석에 앉아 있는 범인은 불안한 기색으로 허둥대는 모양새다. 지체하다간 아이의 안전이 위험할 수 있는 상황에서 조치를 하지 않을 수 없다. 한경위는 왼손으로 아이를 밀쳐 막으며 테이져건을 발사했다. 그리곤 쓰러지는 범인을 끌어내 수갑을 채웠다. 모든 것이 순식간에 일어난 일이었다. 검은색 방검복을 입은 조경사를 본 차 안의 아이는 무서워하며 긴장한 모습으로 웅크려 떨고있다.

"괜찮아, 아저씨는 경찰이야~."

조경사가 아이에게 손은 뻗자 아이는 얼른 손을 내밀며 조경사에게 안겨왔는데 아이의 두 팔에서 엄청나게 강한 힘이 전해왔다. 도저히 7살 아이의 힘이라고 느낄 수 없는 강한 힘이었다. 유치원 아이의 순수성이 그대로 전달되어 왔다. 적어도 그 순간의 성훈이 눈엔 경찰은 '정의의 사도使徒'였다. 사건발생 후 13시간만에 성훈이를 안전하게 구해낸 것이다.

그때 조경사는 무엇보다도 아이에게 고맙다는 생각이 먼저 들었다. 경찰관으로서 뿐만 아니라 자신도 두 아이를 둔 아버지로서 '아이가 무사하다'는 사실에 대해…. 그리고 경찰직업인으로써 한 생명을 구했다는 뿌듯함에 스스로 자신이 대견하기까지 했다. 그날 저녁 집에 있는 10살, 13살 된 두 아이는 '우리 아빠 최고'라며 좋아했지만 아내는 항상 조심하라는 말만 되뇐다.

조경사는 이틀날 주위로부터 수고했다, 멋지게 잘해냈다는 격려를 받았지만 어디 이것이 혼자서만 한 일인가. 신고접수 후 모든 경찰력이 동원되어 각자가 맡은 일을 했고 그 시간에 용의차가 내 옆을 지나쳐서 순간대응을 했을 뿐이다. 그 어떤 경찰관이든 그 상황에선 그렇게 했을 것이다. 그리고 남들이 비켜설 때 용기를 내어 용의차량의 속도낮추기 방해전술을 펼친 노란택시 기사의 역할도 무척이나 컸다. 그렇지만 무엇보다 아이가 안전해서 기분 좋은 것은 사실이다.

범인은 조선족의 30대였는데 도박빚 때문에 죄를 저질렀다고 했다. '코리안 드림'을 도박으로 이루려고 한국에 오지는 않았을 텐데 또 어떤 요인들이 그를 도박에 빠지게 했을까. 그런데 조사과정에서

'돈만 받고 아이를 해칠 생각은 전혀 없었다'고 진술했다는데 어디까지가 진심일까? 납치를 시도하기 전에 칼을 준비했고 연약한 여자를 찔렀으며 어린 아이를 납치한 사실과 진술내용의 진실성을 어떻게 이해해야 하는가.

압송押送되던 범인의 눈빛이 내내 뇌리에 맴돈다. 그것은 진실한 눈동자가 아니었다. 그도 먼 곳에 있는 가족을 생각하고 있을까. 그리고 돈 많이 벌어서 올 거라며 기다리고 있는 아내가 있고 어린 자식들이 있을까.

한겨울의 구멍 난 양말과 슬리퍼

허름한 등산점퍼에 낚시가방으로 변장한 서팀장은 남도의 외딴섬에 민박을 청했다. 동료인 황경사는 온종일 고기를 한 마리도 잡지 못했다고 투덜거리며 세면장을 찾는다. 방안에 있는 낚시가방엔 수갑과 사진기, 중요범인 수배전단이 가득 들어있다. 이들을 낚시꾼으로만 알고있는 민박할머니는 내일은 많이 낚을 수 있을 거라며 안쓰럽게 바라본다. 서울경찰인 서팀장은 5년째 실종자 수사를 담당하고 있다. 이번에는 14년 전에 가출한 실종자를 찾아 우리나라의 최남단 섬까지 왔다.

며칠 전 초라한 행색行色의 할머니가 경찰서로 가지고 온 편지 한 통을 읽고서 뛰어내려 온 것이다. 서울에서 목포를 거쳐 뱃길로 2시간을 넘게 왔다. 할머니가 내민 편지는 한눈에 장애인이 어렵게 쓴 것임을 알 수 있었다. 맞춤법이 전혀 맞지 않는 것은 물론 삐뚤삐뚤한 글씨는 며칠 동안 힘들게 쓴 듯 보였다. 그 중에서도 서팀장의 눈을 붙잡은 것은 '찾으러 올 때 꼭 소금장수나 낚시꾼으로 위장해서 오라'는 것이었다. 인신매매꾼이 장애인이나 노숙자들을 외딴섬으로 팔아넘긴다는 말이 사실이라는 생각이 서팀장을 긴장하게 했다.

섬으로 잠입한 첫날은 소금장수로 위장하여 집집마다 실종자를 찾아다녔지만 발견하지 못하고 다음날 다시 수사하기로 하고 낚시꾼으로 변장해 민박 중이다. 집집마다 확인하던 중에 느낌이 찜찜한 한 집은 내일 더 은밀하고 치밀하게 확인하기로 했다. 그 집의 창고 앞엔 허름한 옷과 양말 등이 빨랫줄에 널려 있었는데 창고는 잠겨있고 인기척도 전혀 없었다.

이튿날 아침, 일찍부터 서팀장은 멀리서 그 집을 주시하고 있다. 이윽고 집주인으로 보이는 사람이 RV차를 타고 나가고 창고에 남루襤褸한 복장의 사람이 드나드는 것을 확인하고는 재빨리 창고 안으로 들이 닥쳤다.

"김길수씨 맞으시죠? 경찰입니다."

"어…경찰? 진짜 경찰입니까?"

신분증을 내미는 서팀장을 바라보는 작은 몸집의 사내는 부르르 떨며 눈물을 쏟아내었다. 그가 찾은 사람은 지적능력 3급에다 시각능력 5급인 장애인 김길수씨 였다.

그는 14년 전에 집을 나와서는 여기저기 떠돌다가 2년 전에 노숙자 무료급식소에서 만난 직업소개업자의 꾐에 빠져서 염전업자鹽田業者에게 단돈 100만원에 팔려왔다. 육지에서 뱃길로 2시간 넘게 떨어진 염전이 있는 섬은 그야말로 감옥이었다. 소금을 내고 담는 작업은 끝없이 이어졌고 하루 다섯 시간도 못자고 폭행과 노역에 시달렸다. 밥을 먹을 때도 부엌바닥에서 따로 먹었고 잠자리는 한겨울에도 냉골이었다. 참다못해 세 번이나 탈출을 시도 했지만 충실한 파숫꾼(?)의 신고로 붙잡혀서는 죽도록 얻어맞았다. 김씨는 어렵사리 펜과 종이를 구하여 밤마다 몇 줄씩 어머니께 편지를썼다. 옛집의 주소를 기억하고 있는 게 그나마 다행이었다.

그리곤 얼마 전에 읍내로 이발하러 가는길에 몰래 편지를 부쳤고 어머니가 경찰에 신고를 한 것이다. 그리하여 서팀장은 급히 수사에 착수했고 김씨는 2년 만에, 함께 있던 채씨는 5년 만에 구출되었다. 그야말로 현대판 악마의 소굴에서 벗어난 것이다. 물론 염전사장은 법에 정해진 대로 엄중한 처벌을 받게 되었다.

서팀장은 이런 사건을 수사할 때마다 사람이 얼마나 악惡할 수 있을까 하고 생각한다. 염전사장은 악랄하게 일을 시켰음에도 끝까지 미안하다는 말 한마디 않는가 하면, 이웃 주민은 탈출하는 사람을 사장에게 충실히 신고하였다. 이런 것들을 어떻게 이해해야 할까.

그렇게 힘든 일을 하다가도 기분 좋은 일이 생기면 그동안의 피로는 말끔히 사라지기도 한다.

지난 추석 명절엔 사무실에서 만두파티를 했다.

경찰서 옆에 살고 있는 만두빚기의 1인자 정은씨가 커다란 쟁반에 만두를 가득 담아왔다. 일용직 노동자로 나가는 남편과 살면서도 항상 웃는 모습이 참 예쁘다. 모두가 어렵던 시절인 1960년대 말, 정은씨가 8살 때 '식모살이를 하면 밥은 굶지 않는다'는 말에 이끌려 어느 부잣집에 맡겨진 뒤 여러 집으로 떠돌다가 혈육을 잃어 버렸는데 2년 전에 서팀장이 그녀의 어머니를 찾아 주었다. 46년 만에 만났다고 한다.

서팀장이 정은씨의 어머니를 찾는 작업은 그야말로 '무無에서 유有를 찾는 퍼즐맞추기 게임'이었다. 그녀는 초등교육도 받지 못해 글도 읽지 못할 뿐만 아니라 경찰에 신고하는 것조차도 몰랐다. 엄마는 보고 싶은데 알고있는 것이라곤 어릴 때 살았던 마을 앞의 작은 시냇가, 아버지는 벌목꾼, 뒷산의 춘양목 군락지, 외갓집은 탄광이 가까운 곳이라는 정보가 전부였다. 정말로 '맨 땅에 헤딩'하는 꼴이었다.

꼬박 한나절을 면담하여 옛 기억을 더듬게 하고는 며칠 동안 동해안을 헤매다시피 하여 겨우 어느 마을을 특정特定하였고, 그 마을 어르신들의 기억을 도움 받아 이미 늙어버린 정은씨의 어머니를 만났을 때 "단 하루도 잊어본 적 없다"는 어머니의 울음소리를 들으며 이건 DNA검사도 필요 없다는 생각을 했었다. 며칠 후 DNA검사 결과지를 받아 든 서팀장은 자신의 정확한 직감을 뿌듯해 했다. 상봉相逢은 서팀장의 경찰서 사무실에서 이뤄졌다. 어차피 정은 씨는 경찰서 가까운 곳에 살았고 동해안의 작은 마을에 사시던 어머니는 큰딸과 함께 한달음에 달려왔다.

"엄마, 왜 나를 찾지 않았어? 내가 얼마나 기다렸는데 왜 찾지 않았어? 진짜 내 엄마 맞는 거야?"

정은씨는 울부짖었다.

"아가 미안하다, 난들 얼마나 찾았겠니. 정말 미안하다."

상봉장은 울음바다였다. 옆에서 그 광경을 지켜보던 동료들도 고개를 돌리곤 눈물을 찔끔거렸다.

정은씨의 원래 이름은 '김정자'였다고 한다. 어릴 때 이름만 기억하고 있었는데 옮겨다니면서 주민등록 사항도 잃어버렸다. 식모를 하다가 쫓겨나 보호시설에 있을 때 주민등록을 다시 만들면서 이름을 세련되어 보이는 '정은'으로 바꾸었다. 그것이 정은 씨를 찾기 어렵게 만든 원인이 될 줄 누가 알았을까. 그토록 정은씨를 찾던 어머니는 딸의 볼을 어루만지며 몸부림쳤다.

"어릴 땐 정말 이뻤는데 왜 이렇게 늙었니…."

"엄마 엄마, 정말 보고 싶었어, 엄마."

정은씨는 요리 솜씨 덕분에 요즘도 유명 연예인의 가사도우미를 하며 쏠쏠한 수입을 올린다. 그 중에서도 만두를 빚는 솜씨는 일품이다. 그 솜씨로 추석날에 만두를 빚어 경찰서 서텀장을 찾아온 것이다.

"역시 만두 빚는 솜씨는 정은씨가 최고예요."

동료 황경사는 엄지손가락을 치켜세우며 허겁지겁 먹는다.

"황경사님, 그렇게 급히 먹다간 체해요."

그러면서도 정은씨는 연신 웃는다.

서팀장은 만두를 입에 넣고 우물거리며 또 다른 아이 정미를 생각하고 있다. 정미는 갓난애기 때 버려져 고아원에서 자랐다. 학교도 제대로 다니지 못하고 보호시설을 전전하며 지냈는데 벌써 고1의 나이가 되었다. 지난해 가을에 서팀장은 노숙자처럼 지내던 정미를 쉼터에 소개시켜 주었다. 정미는 그럭저럭 적응하면서 지냈고 긴 생머리를 찰랑거리며 시간만 나면 손톱다듬기를 했다.

지난 설날, 서팀장은 집에서 가족들과 차례를 지내고 정미를 찾아갔다. 정미는 여전히 손톱을 다듬고 있다가 활짝 웃으며 인사했다.

"오늘은 정미한테 세배 받으러 왔어~."

"세배요? 제가 아저씨께 세배를 하라구요?"

"그래, 세배 한번 받자, 너 세뱃돈 받고 싶지 않아?"

쭈뼛거리던 정미는 어색하게 웃으며 세배를 했다.

"자, 세뱃돈."

서팀장은 거금 5만원을 내밀었다. 아침에 집에서 세배를 받은 딸에겐 3만원 밖에 주지 않았었다.

"고맙습니다, 아저씨."

세뱃돈을 받은 정미는 한참 동안 고개를 숙이고 있었다. 이어 정미의 어깨가 들썩거리고 눈물이 방바닥에 떨어졌다. 서팀장도 한동안 말없이 앉아 있었다.

"아저씨, 저 세배도 처음했구요, 세뱃돈도 처음 받아 봐요, 흑흑…."

"그래? 이야~ 아저씨가 영광인데. 근데 왜 우냐? 같이 웃자."

한참 동안 훌쩍거리던 정미는 눈물을 훔치곤 어설프게 씨익 웃는다.

"그건 그렇고, 정미야 너 꿈은 뭐냐?"

"꿈이요? 꼭 꿈은 아니지만 전 네일아티스트가 될 거예요."

"네일아티스트? 그거 전문직인데, 열심히 해보거라."

정미는 활짝 웃으며 자기의 손을 뒤집어보며 좋아했다. 서팀장은 올해 설날은 참 의미 있는 날이라고 생각하며 돌아왔었다.

그런데, 며칠 후 쉼터에서 정미가 핸드폰을 훔치다가 들켜서 그 길로 나가버렸다는 소식이 왔다. 서팀장은 전화를 끊고는 한참 동안 눈을 감고 있었다. 그 이후론 정미의 소식을 듣지 못했다. 핸드폰을 하나 사줄 걸. 어디서 어떻게 생활하고 있을까.

우리나라엔 한 해 동안 14세 미만 어린이 실종자가 1만 9천여 명이나 된다고 한다. 그중 400여 명의 아이들은 생사조차 확인이 되지 않으며 치매 노인과 장애인, 청소년 등 수많은 실종자들이 가족 품으로 돌아오지 못하고 있단다. 실종자 가족들의 애타는 심정을 어찌 말로 다할 수 있을까?

서팀장은 어린 시절, 집안 형편이 어려워 막냇동생을 이웃집 수양딸로 보내고는 며칠을 우시던 어머니가 '굶어 죽어도 내가 키우겠다'며 다시 데려온 기억이 지금도 남아있다. 우리들의 삶에 있어서 가족이란 뭘까. 출가하여 이웃동네에 살고 있는 딸은 '우리 아빠 덕에 실종자들이 가족에게 많이 돌아간다'며 어디를 가든지 자랑을 한다. 아내는 서팀장이 며칠씩이나 집에 들어가지 못해도 묵묵히 응원해 준다. 가족의 힘! 이보다 더 큰 힘이 어디 있겠는가?

이미 머리에 새치가 많아진 서팀장은 정년이 3년 정도 남았다. 사정이 허락한다면 퇴직할 때까지 이 일을 계속할 것이다. 혹시 정미를 만나 핸드폰을 사주려면 이 일을 계속할 수밖에 없다. '핸드폰 가격이 좀 더 내렸으면….' 밤늦게 퇴근하는 그의 점퍼 호주머니엔 너덜해진 가출인수배 전단 여러 장이 들어있다.

'함정수사'와 비노출단속

악질 범죄자를 잡기 위해선 '함정아닌 함정수사'를 하기도 한다.

특히 마약사범 수사에 함정수사를 많이 활용하는데 '수사의 신의칙'과 관련하여 국가기관인 수사기관이 비겁하게 함정을 파는 것은 맞지 않다는 주장도 있다. 그러나 본질은 범죄를 저질렀거나 범의(犯意. 범죄 행위임을 알면서도 그것을 행하려는 의사)를 가지고 범죄를 하려는 자를 방지하기 위해 검거하자는 것이지, 범의도 없는 사람에게 죄를 짓게 유도하고는 기다렸다가 잡는 것이 아니다. 대법원에서도 수사기관의 함정에 빠지기 전에 범의를 가지고 있었다면 함정수사가 아니라는 판례를 내놓기도 했다.

즉, 대표적 사회악인 마약을 판매하고자 시도하는 사람에게 형사가 마약을 사겠다고 접근하여 붙잡는 것은 함정수사가 아니고, 절도의 의사가 없는 이에게 도둑질할 것을 사주한 후 물건을 훔칠 때 검거하면 함정수사인 것이다. 함정수사로 잡은 범인은 처벌할 수 없다. 그리고 범의가 없는 이에게 범죄를 하라고 부추기는 수사기관도 없다.

그리고 '비노출 교통단속'에 대해서도 말이 많다.

함정단속이란 선진국에서 많이 활용하고 있는데 준법(遵法)이란 단속하는 사람이 있든 없든 간에 지켜야 하는 것임을 생각하면 간단하다. 예를 들면, 선진국에서는 경찰이 어린이보호구역의 모퉁이 뒤에서 숨어 있다가 공을 굴려서 자동차가 즉시 정지하지 못하면 안전운전 의무위반으로 단속한다. 그만큼 엄격하게 '법의 지배'를 받고 있는 것이다. 법의 지배가 공동의 선을 유지키 위한 모두의 안전을 담보한다.

그러나 우리는 함정단속이 아닌 비노출 단속에도 '왜 함정단속을 하느냐'며 따지기 일쑤다. 법규를 지키면 사람의 생명을 살리는데도 말이다.

비노출이 함정이라는 논리라면 빈집에 들어가서 절도를 하는 것을 형사가 잠복하여 붙잡는 것도 함정단속과 비슷한 것이 아니냐는 생각은 지나친 비약일까?

깡마른 콜롬보

호주머니에 항상 담배가 들어 있는 양팀장은 깡말랐다. 아무리 생각해 봐도 경찰대학 출신자 중에 자신보다 깡마른 사람은 없는 것 같다. 거기다가 코는 크고 눈이 약간 찢어진데다 넓은 이마의 숱이 적은 곱슬머리가 더욱 깡마르고 차갑게 보인다. 웃으면 하회탈이 되는 얼굴은 한없이 사람 좋아 보이지만 지금도 담배의 미학을 읊조리는 '천연 기념물'에 가까운 고집쟁이기도 하다. 그 고집은 불의를 보면 즉시 참지 못하는 행동으로 나타나 아내로부터 "당신만 정의의 사도使徒냐?"라는 핀잔을 여러 번 받았다. 그러나 불쌍한 사람들을 보면 세상의 고민을 혼자 하면서 어떻게 하든 해결할 방법을 찾아내고야마는 '끈기의 수사팀장'이다.

그는 2006년부터 지능 범죄수사팀장을 맡아 왔다. 그무렵 시작된 신종범죄인 이른바 '보이스 피싱'은 지금까지의 범죄양상犯罪樣相과는 완전히 딴판이었다. 사기범죄는 속는 사람의 욕심을 이용하는 사례가 많고 투자금(피해금)도 여유가 있는 경우가 많은데, 보이스 피싱은 사람들의 궁박窮迫한 상태의 당황심리唐慌心理를 이용하여 전화 한 통으로 전 재산을 빼내가는가 하면 마이너스 통장의 한도까지 빼가기도 했다. 그리고 피해자들은 대부분이 서민층이었다.

공장에서 밤새워 일한 근로자가 집에서 잠자고 있는데 전화를 걸어와서 카드사, 경찰청, 금융감독원 등을 사칭詐稱하면서 지금 바로 조치하지 않으면 전 재산이 날아간다고 하는 통에 정신도 차리지 못하고 무엇에 홀린 듯이 현금인출기로 뛰어가서 정말로 전 재산을 날리기도 하고, 군대 간 아들이 사고를 쳤으니 조용히 해결해야 된다는 말에 속아 거액을 송금하기도 한다. 그렇게 비슷한 피해신고는 무더기로 들어오는데 어디서부터 풀어나가야 하는지 막막할 뿐이었다.

주변의 분위기도 이런 범죄는 잡을 수 없다는 것이었고 금융감독원에게도 대책공조對策共助를 시도 했으나 '보이스 피싱은 대책이 없다. 개개인이 조심하는 길 뿐이다.'는 TV인터뷰를 보고는 머리가 텅 비어버리는 것 같았다.

'세상에 못 잡는 범죄가 어디 있어? 새로운 수사기법을 연구해 보면 시행착오는 있을지라도 결국은 잡을 것이다.'

아무리 '피 다 잡은 논 없고 도둑 다 잡은 나라 없다'지만 양팀장에겐 용납되지 않는 말이다. 양팀장의 남다른 '똥고집'은 남들이 어렵다고 손을 놓고있을 때 고개를 더 치켜든다. 피해를 당하여 어려움에 눈물 흘리는 피해자들을 보면 더더욱 가만히 있을 수가 없다. 전 재산을 날린 어떤 장애인 부부는 하루에 10여 통의 전화를 걸어와 울면서 호소하기도 했다.

양팀장은 이미 두꺼워진 피해신고서 철綴을 보면서 저녁 늦게까지 관련 정보를 분석하고 있다. 복도 끝의 재떨이엔 죄 없는 담배꽁초만 쌓였다. 팀원들도 '우리 팀장은 되지도 않는 일에 고생만 한다'는 듯 바라본다. 그러나 양팀장의 생각은 다르다. IT시대에 생겨난 범죄는 IT로 해결할 수 있다는 생각이다. 전화기지국, 통화기록 등으로 자료를 모아 분석하곤 장거리 출장이 계속되었다. 또 상부에 여러 차례 건의하여 전담반을 만들고, 한 달의 절반을 출장으로 보내면서 사무실로 돌아와서도 실패원인 분석과 자료정리로 자정을 넘겨 퇴근하기가 일쑤였다. 남도에서 수도권까지 갔다가 검거에 실패하고 400킬로미터가 넘는 출장길을 되돌아올 때 동료들이 피곤해하는 것을 보며, '내가 괜히 여러 사람 고생시키는구나'는 생각이 들 때도 있지만 그때마다 피해자들의 절규絶叫가 눈에 아른거려서 멈출 수 없다. 두꺼운 사건부事件簿와 싸우고 있던 그 무렵에 비극적인 사건이 발생했다.

한 여대생이 아르바이트를 해서 모으고 부모님이 주신 돈으로 모아둔 등록금 등 600만 원 전부를 보이스 피싱에 낚여 날리고 말았는데, 피해신고 후 이튿날 자살을 해버린 사건이었다. 착하디착한 여린

꽃이 채 피어나지도 못하고 나쁜 어른 때문에 스러진 것이다.

'무슨 일이 있어도 이놈은 내가 잡고야 말 것이다.' 해당경찰서의 관련자료를 협조 받아 분석하고는 팀원 전원이 서울로 올라가, 그동안 축적한 IT수사기법을 활용하고 용의장소에 잠복과 미행을 계속한 끝에, 5일만에 대만 국적의 범인 4명을 붙잡아 구속시켰다.

그때 범인들이 가지고 있던 범죄 수익금 3천여만 원을 회수했으나 숨진 여대생의 돈은 벌써 중국으로 넘어간 뒤였고 회수금의 직접적 피해자가 따로 있는 상황에서 그 여대생 부모에게 돌려주지 못한 것이 내내 아쉬웠다. 일단 4명을 붙잡아 구속시키자 처음엔 뜬구름을 잡는 듯 여기던 팀원들도 눈빛이 달라졌다. 데이터베이스화 한 자료를 토대로 서울 까치산역까지 400킬로미터가 넘는 출장을 가서 수사활동을 하고 있는데 냄새 나는 사람이 있다는 팀원의 보고가 들어왔다. 이미 팀원들도 프로 수사관이 되어 범죄인의 냄새까지 맡고 있었다. 냄새 나는 현장엔 스물너댓 살 되어 보이는 청년이 현금인출기 주변을 맴돌며 두리번거리고 있었는데 인출책만 잡아버리면 결국 꼬리만 자르는 격이 되므로 일당이 모일 때 잡기로 했다. 하지만 그들은 모이지 않고 공중전화만으로 연락하며 현금인출기를 옮겨 다니면서 범행을 계속하므로 일단 인출책 1명을 붙잡고는 그를 회유하여 잡히지 않은 것으로 하고 수사관의 감시하에 통화만 하게 하고 돈은 강형사가 대신 빼내어 보관했다.

그렇게 하기를 세 번째, 공중전화부스 옆에 서성이던 3명을 붙잡았다. 중간책을 포함한 중국인 4명이었는데 검거과정은 정말 아찔했다. 공중전화부스를 가운데 두고 양쪽에서 접근해가자 눈치챈 범인들은 8차로의 넓은 차도로 도망갔다. 이미 알아두었던 길이지만 위험천만한 상황이었다. 차로를 횡단하며 추격하자 여기저기서 "끼익~ 끽"하는 차들의 급브레이크 소리와 경적음이 요란했고 놀란 행인들의 눈동자는 커졌다. 영화 속 장면보다 더 긴박했다.

그날 그렇게 회수한 돈은 1억600만 원. 그 돈을 피해자에게 돌려주는 것도 일이다. 피해금 수령통보를 받고 허겁지겁 사무실로 들어오던 구미에 사는 아주머니의 표정은 설명할 수 없을 정도다. 기쁨에 차 있으면서도 '전화사기를 당하면 끝이라던데 정말 돈을 돌려받을 수 있을까'하는 듯한 불안한 표정. 딸의 결혼자금 4천만 원을 전부 잃었다고 생각하며 절망에 빠져있었는데 이렇게 돈을 돌려받는 것이 꿈인지 생시인지 모르겠다고 여러 번 말했다. 그런데 피해금을 돌려받은 아주머니는 엉뚱하게도 돈이 든 봉투를 식사하시라며 내준다. 팀원들은 서로 마주보며 웃고 있는데 양팀장이 부드럽게 말한다.

"강형사, 뭐해? 아주머니 모시고 은행입금 확인, 알겠지?"

강형사는 웃으면서 돈봉투를 아주머니의 가방에 다시 넣게 하고는 앞장서 걸어간다. 피해자들이 돌려받은 거액의 현금을 가지고 가다 잃을까 하는 걱정에 반드시 은행입금까지 확인하며 챙긴다. 이젠 우리 팀도 제법이다.

2009년 7월 양팀장에게 아주 기분 좋은 일이 생겼다. 보이스 피싱

사건을 취급하며 익힌 노하우를 다른 지역에서도 활용케 하여 검거가 늘어나는 것도 좋았는데 계속 상부에 건의해왔던 '동일인 명의의 대포통장 거래중지'가 시행된 것이다.

보이스 피싱 조직에서는 노숙자 등에게서 10개 단위로 대포통장을 사들여 활용했었는데 그 통장 중에서 범죄에 활용된 것이 확인되면 동일인 명의 통장을 모두 거래중지를 시키니 범죄가 어려워지는 것이다. 이 방법은 은행측에서 고객의 민원을 우려하여 추진이 늦춰지다가 계속되는 피해로 문제가 커지자 시행되었다. 양팀장의 분석은 적중했다. 이 제도의 시행 이후 3개월만에 피해가 71.6퍼센트나 감소하였다고 한다. 3분의 2가 줄어든 것이다.

양팀장은 욕심이 하나 더 있다. 보이스 피싱에 사용된 전화번호를 차단하는 것이다. 이 문제는 통신의 자유를 침해하는 것이 아니고 안전한 사회를 만드는 것이기 때문이다. 범죄는 나날이 발전한다. 최근에는 보이스 피싱이 어렵게 되자 '대출사기'가 등장했다. 대출을 미끼로 수수료를 챙기는 것은 약과이고 유출된 개인정보를 이용하여 대규모 허위대출을 일으켜 가로채기도 한다. 제도권 금융대출을 받기 어려운 서민들이 1000만 원 대출 받으려다 돈을 만져보지도 못하고 1200만원을 사기 당하는 격이 된다.

'범죄가 발전한다고 내가 질쏘냐' 라는 게 양팀장의 고집이다. 얼마 전엔 팀원들과 함께 고생한 끝에 중국에서 대규모 금융사기단을 운영하던 한국인 총책임자 등 64명을 붙잡아 11명을 구속시켰다. 이들에게 당한 피해는 92명에 2억6천만 원이나 되었다. 대포통장 조직원들을 수사하던 중에 국내 조직을 점검하기 위해 들어온 '총책'을 출국직전 공항에서 붙잡았는데 이런 대규모 금융사기단이 중국에 수백 개나 있으며 조직원은 2만여 명이나 된다. 더 안타까운 것은 전화사기원들이 말투나 어감이 우리와 다른 중국동포들이 아니라 현지의 한국인이라는 사실이다. '현지 한국인과 진짜 한국인은 어떻게 다를까.'

또 최근에는 피해자의 개인용 컴퓨터를 악성코드로 감염시켜 가짜은행 홈페이지에 접속하도록 유도하는 '파밍'사기에 이어, 정상적인 인터넷 뱅킹 종료 후 보안 코드를 입력하도록 하는 '메모리 해킹'도 사용되고 있다. 계속 발전하는 범죄는 양팀장의 고집이 더 세지게 만든다. 그래도 조금 위안이 되는 것은 재소자在所者들이 보내오는 편지다.

'제가 유치장에 있을 때 따뜻하게 대해줘서 감사합니다. 죗값을 치루고 나가면 꼭 바르게 살겠습니다. 약속합니다.'

이것이 죄는 미워해도 사람을 미워해서는 안 되는 이유다.

어제 늦게 출장에서 돌아와 수사서류를 정리하고 나니 자정을 넘겨 토요일이 되어버렸다. 유치장에 있는 피의자는 시간 맞춰 저녁밥을 먹고는 편안하게 잠들어 있다. 바쁜 와중에 몇 조각 삼킨 김밥은 뱃속에서 흔적도 없다. 경찰서 앞 '24시 감자탕' 집에 팀원 모두가 둘러앉았다. 요즘들어 머리가 더 빠진 노형사가 투정부리듯 말한다.

"팀장님, 밤늦게 먹는 감자탕이 맛은 좋은데 전부다 뱃살로 가는 기라요, 오늘은 참을라 캣는데~."

제일 먼저 국물을 후루룩거리는 정형사가 거든다.

"팀장님은 아무리 많이 드셔도 살이 안 찐다 아이가."

"그래도 이 시간엔 소화 잘되는 감자탕이 최고라요."

맞다, 양팀장은 살 좀 찌워 볼려고 아무리 먹어도 살이 안 찐다, 참 희한한 체질이다.

호주머니 속에서 문자메세지 수신음이 들린다. 초등학교 3학년인 딸이다.

'아빠 오늘도 많이 늦어? 내일 할머니 댁에 가는 건 알고 있지?'

'그래 곧 간다. 내일이 아니고 오늘이지, 엄마에게 운전해야 된다고 말해라. ㅋㅋ'

그래, 오늘 낮에는 고향집 앞 개울에서 나쁜 놈들 대신 미꾸라지라도 잡아야지….

해병대는 귀신만 잡는 것이 아니다

해병대를 전역한 남주임은 강력계 형사다. 큰 덩치에 짧은 머리, 시커먼 눈썹을 보면 경찰관이라기보다는 '조폭해결사' 같아 보이지만 억센 모습 속엔 여린 마음도 숨어 있다. 산악자전거로 높은 산을 맘대로 오르기도 하고 랠리경주에 부지런히 참가하기도 하면서 가족모임이 있으면 꼭 두 딸을 데리고 와서 '내가 만약 시인이라면~'을 가수처럼 불러제끼는 멋있는 가장家長이다. 야간 잠복근무를 할 때는 마치 잠이 없는 사람처럼 눈을 부라리며 밤을 새운다. 전형적인 '형사묵기'다.

남부 지방엔 한겨울에도 눈이 잘 내리지 않는데 겨울 초입인데도 눈이 제법 내리던 날, 가출인의 범죄연관성이 의심된다는 '합동심의 위원회' 결정사건이 남주임 팀에 배당되었다. '빌려준 돈을 받으러 간 사람이 귀가하지 않고 휴대폰 최종발신지가 엉뚱한 곳이므로 범죄연관성이 있다'는 결정이었다.

예순에 가까운 가출인이 6억 원이 넘는 돈을 빌려주었는데 돈을 받지 못한다며 최근에 많이 고민했다는 것을 듣고 더욱 긴박하게 돌아갔다. 그런데, 돈을 받으러 간 곳은 아흔이 넘는 노모를 모시고 영세한 쌀가게를 하며 생활하는 갓 60넘긴 곱상해보이는 아주머니 집이었다. 그 아주머니에게 참고인 진술을 청취하니, 가출인과는 1년 전에 자신의 집 가스배관 설치공사를 하여 알게 되었고 피해진술 내용과 달리, 자신도 가출인에게서 받을 돈이 있다며 그날은 남동생과 셋이서 식사한 뒤 고스톱을 한판 치고 돌아갔다는 것이다.

그녀가 살고 있는 형편은 동정이 갔지만 미심쩍은 진술은 한두 가지가 아니어서 인근의 CCTV를 살펴보니 피해자가 아주머니의 집으로 들어간 것만 보이고 나오는 장면은 보이지 않았다. 가출인이 타고 갔던 트럭도 인근에 주차되어 있었다. 이 사실을 추궁하니 그것도 '가출인이 가까운 곳에 수금하러 간다며 걸어간다'고 했단다. 복잡한 금전관계로 잠적하지 않았을까 하는 생각을 하면서도 혹시나 살해됐을 수도 있겠다는 마음에 수사의 속도를 올리며 광범위하게 자료를 분석해 나갔다.

수사를 계속할수록 객관적 사실과 상식적 정황情況에 어긋나는 사실들이 여러 가지 드러났다. 당일 식사도 아주머니의 남동생과 셋이서 했고 피해자가 나갈 때 배웅해주었다는 곳엔 CCTV가 고장 나 있었다. 고장난 사실을 알고 있었을까? 들어간 곳의 평탄한 길을 두고 가파른 곳으로 내려갔다는 것도 이해하기 어려웠다. 그런데 아주머니가 그날 저녁에 3시간이나 걸리는 고향까지 사과를 사러 다녀오고 다음날은 재차 김치를 가지러 갔다 왔으며 피해자의 휴대폰 최종 발신지를 통과한 사실도 밝혀졌다.

며칠 뒤 발견된 피해자의 노트엔 엉뚱한 내용이 많이 적혀있어서 우리를 더욱 헷갈리게 했다. 누구나 들어도 금방 알 수 있는 정계·경제계 유명인사의 이름이 여러 번 나오고 특정지역의 개발제한구역이 해제되면 공시지가의 폭등으로 막대한 수익창출 등 정말로 '가출인이 사기범인가?' 하는 생각이 들 정도였다. 수사방향에 혼선混線이 왔다. 동료인 김형사는 "우리가 이럴수록 균형감각과 증거확보가 중요하다, 어쩌면 정말로 피해자가 잠적했을 수도 있다"라고 말했지만 남주임은 아주머니에 대한 의심을 떨칠 수가 없었다.

가출인이 그 집으로 들어간 모습만 있고 나오는 모습이 없는 점, 휴대폰 최종발신지를 경유한 아주머니 남동생의 차량 동선動線, 3시간 이상 걸리는 고향 동네를 이틀 연속 갔다온 점, 등등.

사건 발생 5일 째, 인근의 모든 지역과 아주머니 고향주변 등의 CCTV 분석 협조사항이 속속 도착했는데 아주머니 남동생의 차도 있었다. 정밀분석에 돌입하여 눈알이 빠지게 수십 번 돌려보던 중 "그래 바로 이거다!" 남주임은 자신도 모르게 소리를 질렀다. 여러 번 봐 오던 화면 중에 눈을 사로잡는 것이 있었다.

남동생의 SUV차량 뒷모습에 실린 희미한 물체는 마대자루에 뭔가가 담겨진 모양새를 하고 있었다. 낮에 찍힌 사진은 썬팅이 짙게 되어 있어서 차 안이 전혀 보이지 않았는데 야간에 적외선 기능을 가진 카메라에 찍힌 모습은 무엇인가를 넣어 묶여진 마대자루 형상이었다. 당일 아주머니가 고향에서 사과를 20박스나 사왔다고 했는데 그것은 사과박스 모양이 아니었다.

수사팀은 이튿날 눈이 내리고 있음에도 적당한 구실을 붙여, 같은 시간대에 남동생의 차량에 사과박스를 싣고 문제의 적외선 CCTV가 설치된 도로를 3번이나 왕복했다. 그리곤 CCTV를 분석하는데 이게 어떻게 된 일인가? 카메라에 사진이 찍혀있지 않다. 혹시나 있을 오류誤謬에 대비하여 3번이나 왕복을 했었는데…. CCTV도 기상의 영향 등으로 아주 가끔씩 오류가 난다고 한다, 이것이 기계의 한계인가.

수사는 다시 벽에 부딪혔다. 반드시 객관적 증거가 있어야 하는데. 다시 아주머니의 행적수사行蹟搜査를 시작했다. 셋이서 고스톱을 치고 가출인이 돌아간 후 아주머니 남매가 쌀을 3군데 배달했다는 진술에 착안하여, 구체적 배달장소를 물어보고 일일이 아파트의 출입문 CCTV를 분석했지만 어느 곳에도 배달 흔적은 없었다.

균형감각과 객관적 증거주의자인 김형사의 '이번에도 좀 더 완벽한 증거자료를 확보하자'는 의견에 따라 이 사실은 일단 히든카드로 남겨두기로 했다. 그리곤 뒤늦게 확인한 피해자의 노트에서 나온 차용증을 아주머니에게 보여주며 '자기도 받을 것이 있다'는 진술에 대해 추궁했으나 이번에는 '둘이서 투자금을 마련키 위해 피해자의 아내에게서 돈을 빼내기 위한 수단으로 서로 짜고 그렇게 했다'고

둘러댔다. 점점 아주머니가 비상한 머리를 가졌다는 생각이 들었다.

통화내역과 은행거래내역, 자녀 차량 구입자금 출처 등 여러 사실을 계속 확인하는 한편, 당일 경유지인 저수지 주변과 아주머니의 고향 마을 인근에 버려졌을지도 모를 시신屍身 등 증거를 수색하며 며칠을 보내며 지쳐갈 무렵, '김길선'이라는 용의자의 이름을 들은 다른 과課의 선배가 그녀의 사진을 보여 달란다. 사진을 본 선배는 머리를 흔들었다. '내가 아는 김길선씨는 이 사람이 아니다, 김길선이는 내 친구 와이프인데 이 사람이 분명히 아니다'라며 확신의 눈빛을 보내 왔다. 그 선배는 과거에 수사업무를 오래해서 그 말이 얼마나 중요한지 알기 때문에 엉뚱한 말을 할 사람이 아니다.

이게 도대체 어떻게 된 거야?

노모부터 동생, 가까운 지인들까지 모두 김길선이라고 하고 피해자에게 써 준 차용증에도 김길선으로 씌여 있었다. 남주임은 무언가에게 뒤통수를 세게 얻어맞은 기분이었다. 급히 가족관계 확인수사에 들어갔는데 눈에 들어오는 한 사람, 김길선의 언니 김길숙이 있었다. 김길숙의 과거 여러 수사기록들이 동생으로 신분을 바꾸어 살게 한 이유를 말해주었다. 사기전과만 해도 5건이 넘었다. 신분 확인을 위해 집을 찾아가니 조여져오는 수사망을 눈치챈 아주머니는 이미 어디론가 사라지고 없었다. 아주머니의 행방을 찾는 탐문수사를 하는데 지인들의 반응은 한결같이 '너무나 착한 언니' 라는 것이었다. 이웃들의 어려움을 보면 나중 형편되면 갚으라며 조건 없이 돈을 빌려주기도 하고 외로워하면 같이 잠을 자 주기도 했단다. 한마디로 '절대로 나쁜 짓을 할 언니가 아니다'라는 것이다. 그렇다면 과거의 여러 수사기록들은 어떻게 설명해야 하는가. 결국 아주머니의 남동생을 불렀다. 사과박스를 실은 차 속의 마대자루 형상, 그날 오후에 쌀 배달을 했다는 거짓말, 동생으로 신분을 숨겼던 누나의 잠적 등 객관적 자료와 정황증거를 한꺼번에 들이밀었다. 그때까지 계속 부인하던 남동생은 한숨을 길게 몰아쉬고는 말했다.

"담배 한 대 주세요…."

아주머니는 자기 집의 배관공사로 알게 된 피해자가 재산이 많은 것을 알고 투자금 명목으로 꾀어서 돈을 많이 빼내었는데, 사기의 낌새를 눈치챈 피해자가 돈을 갚으라며 추궁하는 등 계속적인 상환독촉을 하자 이미 탕진해버린 돈을 갚을 길이 없어 고민했단다. 결국 채권자를 죽이기로 하고 그를 집으로 유인하여 남동생과 고스톱을 치는 시늉을 하다가, 등 뒤에서 흉기로 머리를 내리쳐 살해한 뒤 마대자루에 넣어서 고향 가는 길목 야산에 버렸다는 것이다.

고향 길목의 야산에 묻혀있는 피해자의 사체를 보곤 눈을 감아버리고 말았다. 여자가 고스톱을 치는 남자를 뒤에서 망치로 얼마나 세게 내리쳤는지 뒷머리는 완전히 깨어져 있었다. 피가 말라붙어 있는 뻥 뚫린 두개골의 구멍과 아주머니의 동그란 눈이 겹쳐진다.

사건의 전모는 드러났는데 문제는 범인인 아주머니의 행방이었다. 언뜻 보기엔 '약간 고와보이고 조금은 있어 보이는' 연약한 몸으로 어떻게 그럴 수가 있을까, 아무리 빚독촉에 시달렸다 해도, 사람이 과연 어디까지 또 얼마나 독해질 수 있을까. 또 아주머니를 잡아 넣어 버리면 아흔 넘은 노모는 앞으로 어떻게 살아갈 것인가. 아직 범인도 잡지 못한 나의 주제넘는 걱정인가.

잠적한 범인의 소재는 언니가 '착한 언니'가 아니라는 사실이 확인되자 풀려나갔다. 20년 넘게 '언니 동생'으로 지냈는데 이름까지 거짓으로 꾸미고 살면서 사람들을 속였다는 것을 알고는 주변사람들의 반응이 달라졌다. 아무리 웃으며 손을 내밀어도 거짓으론 사람을 감동시킬 수 없다는 것을 몰랐을까, 이런 것을 사필귀정事必歸正이라고 하는 걸까.

'아무리 생각해도 여태까지 속은 것이 너무 분해서 말해야 겠다'는 시장좌판 아주머니의 결정적 제보내용을 확인한 남주임 팀은 피의자 아주머니가 숨어있는 곳으로 달렸다. 또 다른 곳으로 숨어버리면 언제 잡을 수 있을지도 모른다. 범인이 숨어있는 원룸의 주인도 며칠 전에 세를 들어 온 할머니는 너무나 좋아 보이는 할머니라는 것이다, 그곳에서도 아주머니는 좋은 할머니였다. 한적한 읍내변두리에 있는 원룸에 출입문 열쇠까지 바꾸고 '잠수귀신'처럼 숨어있었다. '오늘 또 귀신을 잡아 볼까.' 남주임은 손가락을 꺾어 도도독 소리를 낸다. 주인집 딸에게 조용히 신분을 밝히고 아주머니의 사진을 보여주며 협조를 부탁했다. 주인집 딸은 그 할머니가 정말 사람을 죽였냐며 눈동자를 커다랗게 키웠다.

"할머니, 주인집 딸 인데요~, 엄마가 삶은 감자 좀 가져다 드리래서 왔어요."

방안에서 잠깐 기다리라는 아주머니의 소리가 들리더니 문이 빼꼼히 열린다. 문 뒤에 몸을 감추고 있던 남주임이 문을 확 열어제치자 착한 할머니로 불리던 여인은 남주임을 보고는 "으아악~!" 눈이 튀어 나올 듯이 괴성을 지르며 엉덩방아를 찧곤 쓰러졌다. 마치 저승사자라도 본 듯한 표정이었다.

"할매 일어나소, 김길숙씨, 당신을 살인죄의 범인으로 체포합니다. 묵비권을 행사할 수 있고 변호인을 선임할 수 있으며…."

수갑이 채워진 여인이 집밖으로 나오자 여기저기서 이웃들의 수군거리는 소리가 들린다.

"그 할매 참 곱게 생겼거만, 진짜로 사람을 죽였데?"

"그런가벼~, 정말로 알 수 없는 게 사람 속이라더니…, 쯧쯧쯧쯧."

백미러로 뒤를 보니 양쪽의 형사에게 갇힌 아주머니는 눈을 꼭 감고 앉아 있다. 도대체 무엇을 생각하고 있을까. 남주임은 기동차량의 좌석에 몸을 기대며 속으로 쩝쩝거린다.

"해병대는 진짜귀신을 잡는 게 제격인데 말이야."

내일은 15일만에 비번이다. 잠이나 늘어지게 잘까? 아니다, 내가 쉬면 세상도 쉰다는데 범죄피해보고서를 작성해두고 자전거라도 실컷 타야지.

참혹한 피해사실과 피의자의 인권

2014년 2월, 봄이 기지개를 켜고 있을 무렵. 한 법정에서는 14년 전 대도시의 한 오락실에서 발생한 강도살인 사건의 피고인에게 무기징역이 선고되었다. 그동안 구속영장이 4번이나 기각되었고 '현장지문現場指紋'이라는 결정적 증거가 있음에도 피고인의 범행사실 부인과 증거능력證據能力을 두고 치열한 공방이 계속되었는데 1심재판부에서 무기징역을 선고한 것이다. 악랄한 죄를 저지른 사람을 처벌하고자 하는 경찰 · 검찰의 공격과 죄를 저지르지 않았다고 주장하는 피고인 · 변호인의 방어가 14년이나 계속된 참으로 지루하고 치열한 싸움이었다.

사건이 발생한 때는 2000년 7월말 한낮이었다. 어떤 사람은 더위를 피하기 위해 오락실을 이용하고 또 어떤 이는 습관적으로 일확천금을 노리기 위해 오락실에 모여서는 담배연기가 자욱한 실내에서 컴퓨터 모니터를 노려보며 베팅에 열중하고 있다. 그때 오락실 한쪽 구석의 화장실에서 비명소리가 들리며 얼굴이 하얗게 된 여성이 뛰쳐나왔다. '화장실에 사람이 피를 흘리며 죽어 있다.'는 것이다. 곧이어 형사들이 출동하여 현장을 보존하고 수사에 착수했다.

시신은 남녀 혼용混用화장실의 '대변실' 안에 구겨지듯 넣어져 숨겨 있었고 바닥은 수돗물로 청소되어 있었다. 목과 얼굴 등 8군데를 칼에 찔려 죽어있는 사람은 오락실에서 환전업무換錢業務를 하고 있던 39세의 종업원 여성이었다. 피해품은 현금 15만원과 60만원 상당의 귀금속이 들어있는 가방이 전부였는데 칼에 찔려 숨진 모습은 너무나 참혹慘酷했다.

사건 당일 오락실 이용자와 주변 우범자에 대하여 여러 각도로 수사를 하며 증거를 수집했지만 당시엔 오락실 내외에 CCTV 한 대도 설치되어 있지 않았다. 범인은 피해자를 참혹하게 살해하여 시신을 대변실에 감춘 뒤 들키지 않기 위해 소변기 주변을 대걸레로 깨끗이 청소를 하였지만 아무리 범죄현장을 청소한다 해도 모든 것을 감출 수는 없다. 다만 그 시간에 오락실 손님들이 많이 있었음에도 현장 청소까지 하였다는 사실이 대담함을 느끼게 한다.

수사팀은 현장에서 여러 개의 지문을 채취하여 범죄와 관계되지 않은 것부터 추려내며 범인을 특정하기 위해 힘을 쏟았지만 확인되는 것마다 '범죄와 관련 없음'으로 회보되어 내려왔다. 그런데 피해

여성이 구겨 넣어진 대변실 손잡이 부분에서 피가 묻은 '쪽 지문' 2개를 어렵게 채취하여 경찰청 과학수사센터에 보냈지만 채취한 지문의 형태가 부실해 지문의 주인을 특정하지 못했다.

지문은 모든 사람이 다르고 태어나서 죽을 때까지 변하지 않는 이른바 '만인부동萬人不同, 종생불변終生不變'의 특성이 있어서 범죄인을 특정 하는데 많이 활용된다. 그러나 범죄현장에서 지문을 채취한다 해도 모든 지문이 용의자를 특정할 수 있는 것도 아니고 또 모든 사건의 증거로 채택되는 것도 아니다. 최대한 원형 그대로 온전하게 채취되어야 하고 그것도 여러 가지 판독조건에 맞아야 하며 범죄와의 연관성이 증명되어야 범인의 지문과 '일치함'이라는 결정을 내릴 수 있다. 범인의 것으로 추정되는 '쪽 지문 2개'는 아쉽게도 '판독불가'로 내려 왔다. 지문의 완성도가 너무 떨어진다는 것이다. 그 당시 지문판독의 기술적 한계도 영향이 있었다.

김주임은 범인을 특정치 못하는 상황에 대해 여러 가지를 생각한다. 사건 발생 당시 현장과 불과 2~3미터 떨어진 곳에서 여러 사람들이 오락을 하고 있었다는데 비명소리를 들은 사람이나 목격자가 한 사람도 없다는 것이 게임에 빠진 사람들의 심리상태를 생각하게 한다. 집중이라 해야 할까, 아니다 중독성 몰입이라 해야 될지 모르겠다.

'그 사건 하나 해결하지 못하느냐'는 상부의 질책은 극도에 달했지만 결국 이 사건은 형사들의 피로누적으로 인한 눈만 충혈시키고 피의자를 특정하지 못한 채 장기미제사건長期未濟事件으로 분류되었다.

인간의 능력과 한계는 어디까지인가? 과연 완전범죄는 있는가?

세월은 흘러 사건이 세상 사람들의 기억에서 멀어지고 있었지만 박경위는 당직 때만 되면 미제사건철을 뒤적이며 '내 사전엔 미제사건은 없어, 반드시 잡고 말 거야.' 라며 입술을 깨문다. 작년에 의뢰했던 지문을 다시 올려봐야지, IT기술이 하루가 다르게 발전하고 있는데 지문검색 기술도 발전할 거야. 벌써 10번도 더 올렸었다. 그때마다 '판독불능'으로 내려왔었다.

2012년 3월. 지문조회 회보서를 받아든 박경위의 눈이 커졌다. '판독 - 특정 일치'였다. 경찰청의 보완된 지문판독시스템으로 감정한 결과로 현장에서 채취한 쪽 지문 2개가 40대 초반 최씨의 오른손 엄지손가락과 왼손가락 일부 지문과 일치한다는 것이다. 12년 전의 지문판독 기술로는 '완전범죄'가 될 수도 있었지만 세상의 모든 것은 변한다는 사실을 범인은 알까.

즉시 재수사가 시작되었다. 10년도 넘은 사건이라 경찰서 보관기록과 법원 · 검찰의 기록을 확보하여 지문과 일치하는 최씨를 붙잡아 조사했지만 본인의 것이 틀림없는 지문증거 앞에서도 피의자는 사건 당일 오락실에 간 사실이 없고 지문감정 결과도 신뢰할 수 없다며 범행을 극구 부인했다. 세상에 단 하나 뿐인 지문이 피 묻은 채로 발견되었는데도 그곳에 가지도 않았다니, 손가락이 떨어져서 스스로 날아갔단 말인가? 지금도 그 오른손 엄지손가락은 멀쩡히 붙어 있는데.

객관적 증거를 근거로 구속영장을 신청했는데 법원은 '12년 전의 범죄에 대한 소명이 부족하다'며 구속영장을 기각棄却시켰다. 이어 혈흔형태 분석결과를 제출하고, 경찰청의 지문 재감정 결과와 국립과학수사연구원의 혈액응고 분석결과를 4번이나 제출했지만 이번에는 '증거인멸과 도주우려 없음' 등의 이유로 번번히 기각되었다.

체면수사 등으로 당시 피의자의 관계인으로부터 사건 당일 피고인의 상의에 핏자국으로 보이는 검은 점이 있었고 피고인의 바지가 젖은 것을 본 일이 있다는 진술까지 확보하여 구인장拘引狀을 발부받아 집행하려고 집에 가니 피의자는 아내, 어린 딸과 함께 단란한 가정을 꾸리며 살고 있었다. 사건 이후 10년 넘게 피해자 가족들은 가정이 파탄나서 뿔뿔이 흩어진 판인데 재판부는 과연 무슨 생각을 할까, 인권은 피의자들에게만 있는 것일까.

결국 피의자는 같은 해 10월 불구속으로 기소되어 재판을 받았는데 그 와중에도 거짓말탐지기의 '허위반응'이 나와 증거를 제출하고 검찰측이 혈흔 지문형성 실험을 통해 피 묻은 손으로 직접 접촉하지 않으면 범행현장에 남겨진 지문과 같이 '융선隆線이 명확한 지문'이 남지 않는다는 사실을 입증하자 그때서야 불구속 기소한 지 2개월만에 피고인을 법정구속시켰다. 이후 법원은 지문의 동일성에 대한 감정인 심문을 거쳤고 검찰은 사형을 구형했는데 이번에 무기징역이 선고된 것이다. 사건이 발생한지 14년만이다.

공판검사는 피해자가 살해된 중한 범죄이고 고통을 받고 있는 유족과 합의도 하지 않을 뿐 아니라 범행을 부인하고 있어 지은 죄에 대한 벌이 상대적으로 가볍다는 '양형부당量刑不當'을 이유로 항소하였고, 피고인도 범죄사실을 부인하며 항소했다고 한다. 피고인은 지금도 범죄사실을 부인하고 있다고 한다. 박경위는 범인이 아마도 '공상허언증空想虛言症'에 걸린 것이 아닐까하는 생각을 해 본다. 그렇지 않고는 도저히 이해가 되지 않는 부분이다. 사건현장 증거와 그 증거의 증명력, 피고인의 범행부인과 인권을 생각하며, 피해사실과 남은 가족의 고통도 우리가 간과해서는 안 될 것이다.

재판결과가 언론을 통해 알려지자 피해자의 올케인 중년아주머니가 사무실로 찾아와서는 행방불명된 피해자의 남편인 오빠를 찾아달라고 했다. 조카도 어디에서 살고 있는지 죽었는지도 모른다며 울부짖었다. 범죄피해자의 가족은 이렇게 고통받고 있는 것이다. 박경위는 담배를 끊지 못한다. 이런 상황들을 겪으면서 담배를 한 대 피우지 않고서는 머릿속이 정리 되지 않기 때문이다.

박경위는 4년 전 사회를 공분公憤케 했던 부산의 예비여중생 성폭행 살인사건도 담당했었다. 친부모에게 버림받고는 고아로 지내다가 양부모 밑에서 자란 청년이 중학교 진학을 앞둔 어린 여학생을 성폭행하고는 살해한 후 이웃집 물탱크에 유기했던 사건이었다. 긴머리에 수염이 텁수룩한 용의자는 너무나 어렵게 성장한 청년이었는데 피해학생의 몸에서 나온 DNA와 자신의 DNA가 일치한다는 결정적 증거 앞에서도 범행사실을 부인했다. 여러 전문가의 심문과 증거를 들이밀어도 묵비권을 행사하며 끝까지 버텨 세상의 경찰수사능력에 대한 비난까지 나올 판이었다.

박경위는 범인의 성장환경과 심리상태부터 먼저 파악하곤 많은 대화를 나누었다. 자백을 받아내려면 우선 범인의 마음을 움직여야 하는데 그럴려면 범인의 입장과 마음을 이해해 주어야 한다. 박경위와 범인이 좁은 신문실訊問室에 마주 앉았다.

"너 어렵게 자랐지? 죽은 그 아이는 너보다 더 힘들게 컸다. 그 아이는 굶기를 밥 먹듯 했고 죽던 그 날도 밥을 한 끼도 먹지 못해 위胃가 텅텅 비어 있었어. 그 애가 죽으면서 너의 눈을 봤을 거야. 불쌍한 그 애 생각을 한 번이라도 해 봤어?"

"…."

"나쁜 자식, 너 사람이 그러는 거 아니다, 그만하자."라며 일어나는데 "저어, 잠깐만요… 죄송해요." 범인은 다급하게 일어서서 박경위를 애절한 눈빛으로 바라보다가 고개를 숙였다. 사건이 마무리되는 순간이었다. 그것의 시작과 끝은 서로를 얼마나 이해해주는가에 있는지를 말해 주었다. 박경위는 수사를 해오면서 이 세상에서 가장 어려운 것이 사람의 마음을 뺏는 것이라고 생각한다. 아무리 독한 사람도 자신의 본질적인 심성을 이기지는 못할 것이기 때문이다. 그리고 '죽은 사람을 위해서 일해 주는 사람은 오직 형사刑事밖에 없다'며 아무래도 형사는 자신의 천직이라고 말한다.

몸무게가 90킬로그램에 육박하는 것을 오직 등산으로 관리하는 박경위는 책상 유리판 아래 끼워져 있는 '실체적 진실 추구, 죄 있는 자 백 명을 놓쳐도 죄 없는 한 사람을 벌주어서는 안 된다.'라는 글귀와 버릇처럼 눈을 맞추고는 등산화를 신고 사무실을 나선다.

혼자 하는 야간등산도 쏠쏠한 재미가 있다. 저만큼 손전등의 불빛이 앞서가며 길을 인도한다. 난 누구를, 무엇을 인도할까? 죽은 피해자들에게도 자신의 운명을 비출 수 있는 손전등이 하나씩 있었을까?

미란다 원칙

"당신은 묵비권을 행사할 수 있고 변호인을 선임할 수 있으며…" 형사刑事가 나오는 영화를 보면 반드시 범인을 체포하면서 등장하는 대사다. 일명 '미란다 원칙'이라고 하는데 수사기관이 용의자를 체포할 때 반드시 고지해야 한다.

유래를 살펴보면 1963년 3월, 미국의 어네스토 미란다(Ernesto Miranda)라는 21세 청년이 10대 소녀를 납치하여 무자비하게 강간했다. 미국 애리조나주 피닉스 경찰은 그의 화려한(?) 전과기록과 피해소녀의 얼굴 확인 등을 근거로 체포하여 변호사도 선임되지 않은 상태에서 범행을 자백하는 구두진술과 범행자백자술서를 제출받았다.

그러나 재판이 시작되자 그는 자백을 번복하고 진술서의 증거인정에 이의를 제기했다. 애리조나 주법원는 이의를 받아들이지 않고 최저 20년, 최고 30년의 중형을 선고했고 주대법원도 유죄를 인정했다.

미란다는 최후수단으로 미국 연방대법원에 상고하며 미국 수정헌법 제5조에 보장된 불리한 증언을 하지 않아도 될 권리와 제6조에 보장된 변호사의 조력을 받을 권리를 침해당했다고 주장했다.

1966년 미국 연방대법원은 5대 4의 표결로 미란다에게 무죄를 선고했다. 이유는 수사기관이 그에게 진술거부권, 변호인 선임권 등의 권리를 고지하지 않았다는 것이다. 이 판결에 대해 범죄피해자 보다 범죄자의 권리를 더 존중한다는 반발도 있었다.

이 판결 이후부터 용의자를 검거하거나 진술을 받기 전에 반드시 알려주어야 한다는 원칙이 확립되었다.

'모든 국민은 신체의 자유를 가진다'로 시작되는 헌법 제12조를 비롯하여 형사소송법에도 체포 또는 구속의 이유를 알려주도록 규정되어 있고, 대법원도 2000년 7월 4일에 미란다 원칙을 무시한 체포는 정당한 공무집행이 아니라는 판결을 내렸다.

※미국 연방대법원의 판결로 풀려난 미란다는 이후에도 수차례 납치·강간을 저질러 실형을 선고받았고 결국에는 어느 날 술집에서 싸움을 하다가 칼에 찔려 죽었다.

태풍이 휩쓸고 간
뺑소니

2013년 10월 어느 날. 때늦은 가을 태풍 '다나스'가 남부지방을 휩쓸면서 부산지역도 태풍영향권의 한가운데서 도시 전체가 흔들리고 있었다. 같은 날 17:53 '사람이 도로에 쓰러져 있는데 죽은 것 같다'는 112 신고가 접수되었다.

당직근무 중이던 교통사고조사계 차경장은 기초조사 파일을 챙겨 현장으로 뛰어나갔지만 이미 피해자가 후송된 현장에는 비바람만 쏟아지고 유류물遺留物이나 사고 흔적은 아무것도 없었다. 그야말로 범인은 물론 사건조차 태풍 속에 묻혀버릴 것 같은 형국이었다. 휘몰아치는 비바람 때문에 몸을 가누기조차 어려워 막막할 뿐인 현장이 야속하다는 생각만 든다.

주변엔 그 흔한 CCTV 한 대도 보이지 않았지만 꼭 범인을 잡아내고 말겠다는 의지는 그의 눈을 더 밝히고 있다. 빗속의 도로에서 플래시를 들고 빗방울이 튀어오르는 아스팔트를 살핀다. 어디 조그만한 유리조각이라도 떨어져 있기를 바랐지만 아무것도 없다. 또 주변엔 주차된 차도 없다. 주차 차량의 블랙박스 분석도 사건해결에 한몫하고 목격자의 제보도 결정적 열쇠가 되는데 아쉽다.

비가 그친 이튿날, 당직휴무를 반납하고 현장조사를 위해 사무실을 나서는데 상복喪服을 입은 서른살 가량의 남자가 들어왔다. 담당조사관을 찾더니 자신이 상주라면서 "뺑소니 범인을 꼭 잡아주세요" 라며 소리 없이 한없는 눈물을 흘린다. "예, 꼭 잡아내겠습니다." 차경장은 대답은 철석같이 했지만 유류증거물 하나 없는 현실이 막막하기도 했다. 밤을 샌 당직근무 후인데도 상주의 말을 들으니 피로감도 느껴지지 않는다.

태풍이 지나간 현장은 을씨년스럽기도 했다. 현장에 '목격자를 찾습니다'라는 플래카드를 붙여놓고 본격적인 수사를 시작했다. 사건현장을 중심으로 차근차근 범위를 넓혀가던 수사 중에 50여 미터 떨어진 곳에 있는 가정용 CCTV를 발견하여 건물주의 협조를 받아 분석해보니 피해자가 빗속에서 차도 가장자리를 걸어가는 모습이 희미하게 보였다. 뒤이어 버스가 지나가는 것을 발견하여 그 시간에 지나간 버스를 찾아 블랙박스 분석작업을 시작했다.

이제 퇴근한다는 생각은 어디로 가버리고 없다. 사건이 남느냐, 내가 남느냐의 문제가 있을 뿐이다. 블랙박스에는 버스가 지나갈 때까지 피해자가 서 있었고 버스가 지나간 후 멀리서 차 한 대가 비상등을 켜며 급정지하는 모습이 보였다. 결국 버스와 급정지하는 차와의 중간에 사고가 발생했다는 추정이 가능했다. 버스와 급정지한 차와의 사이에 12대. 맨끝 차는 사고를 신고한 차로 확인되어 거꾸로 확인작업을 하니 버스 뒤의 1, 2번 차로 압축되었다. 2대로 압축했지만 태풍에 묻힌 차를 식별하기는 곤란했다. 차경장은 유류증거 등이 없는 상태에서 시간이 지나면 검거가 더욱 어려운데 큰일이라는 생각만 가득하다.

사건 발생 3일째.

차경장은 옷을 갈아입으러 집에 잠시 들렀다. 딸아이가 쪼르르 달려와 안기면서 "아빠, 어디 갔다 인제 왔어? 미워!"라고 투정을 부렸지만 출산휴가 중인 아내는 말없이 옷을 챙겨 내주었다. 사무실에서 눈알이 빠져나올 듯이 블랙박스와 CCTV 화면을 수백 번 돌리고 인근 공장의 경비용 CCTV까지 조사하여 마침내 용의차량을 특정할 수 있었다. 사건발생 18일째였다.

'선루프가 있는 준중형 승용차 SM3' 이것도 국내 100여 종의 준중형차 속에서 특징점을 대조하여 나온 결과였지만 2010년부터 생산된 SM3 승용차는 전국에 6천여 대인데 부산에만도 566대나 되었다. 조사팀은 현장부근과 피의차량의 이동경로로 추정되는 곳에서 수집한 CCTV 71편을 수백 시간이나 재생 분석하며 퍼즐을 맞춰나갔다. 566대를 무식하게 또는 우직愚直하게 한 대 한 대씩 차주의 행적수사를 계속하던 중 42일째 되던 날, 수사팀이 확인한 행적과 진술이 엇

갈리는 용의자가 발견되어 끈질긴 씨름이 시작되었다.

수산시장에서 어물魚物일을 하는 용의자는 극구 범행을 부인하였지만 퇴근하면서 급하게 불법유턴을 하는 등, 본인진술과는 확연히 다른 행적조사 사항과 CCTV 등 객관적 증거 앞에 드디어 그는 고개를 떨구었다. 용의차 특정 후 세 번째 조사에서였다.

탐문한 CCTV 300여 대, CCTV 재생 분석시간 700여 시간, 작성한 보고서 1500페이지, 44일만의 검거, 목격 제보전화 0건이 태풍에 사라진 뺑소니 사망사건의 검거성적표였다. 차경장이 자기만의 검거성적표에 목격 제보전화 건수를 넣는 것은 주민의 신고로 해결한 사건이 많고, 때로는 블랙박스까지 들고오는 고마운 분들을 잊지않기 위해서다.

피해자의 상주와 비슷한 나이의 용의자는 피해자가 택시를 잡기 위해 가장자리 차로 옆에 서있는 것을 태풍에 따른 비바람 때문에 미처 발견치 못하고 사고를 낸 것이었다. "무섭기도 하고, 비도 많이 오고… 죄송합니다."라고 말하는 그의 팔목엔 책임의 수갑이 채워졌다. 고개 숙인 채 걸어가는 범인의 뒤로 상주의 모습이 겹쳐져 온다. 차경장은 경찰입문 후 7년 만에 휴우~ 하는 한숨을 자신도 모르게 토해냈다. 수많은 자료의 분석작업을 해주던 김선배는 결국 과로로 인해 범인검거 다음날 병원에 입원했다.

차경장이 교통경찰 업무를 하면서 알게된 사실인데 우리나라에서 매년 살인이나 강도 · 폭행치사 등 형사사건으로 1천여 명이 사망한다고 한다. 많은 인원이다. 그런데 교통사고로 인한 사망자는 그것보다 다섯 배가 많은 5천여 명이 넘는다. 오죽하면 '인명은 재천在天이 아니고 재차在車'란 말이 생겼을까. 그리고 교통사고로 사망한 현장은 너무나 참혹하다. 어떤 때는 그 현장을 유족에게 보여주는 것이 망설여질 정도로 심하게 훼손되어 있기도 하고, 단독사고의 경우 사인 규명을 위해 채혈採血을 할 때 몸 안에 피가 한 방울도 남아있지 않은 사례도 있다. 모든 생명이 귀하지 않은 것이 없겠지만 특히, 교통사고 사망자는 아침에 가족들에게 웃으면서 손 흔들고 출근한 건강했던 사람들이다. 이젠 생활필수품이 된 차를 몰고 다니면서 순간의 실수나 부주의로 아침의 푸른 생명이 저녁의 싸늘한 주검으로 가족들에게 돌아가는 것이다. 도로를 건널 땐 무단횡단을 하지 않고 신호에 따라 건너며, 운전은 여유를 가지고 과속하지 않으면 죽지는 않는다. 물론 상대차량 운전자의 실수로 생명을 잃기도 하지만 그런 경우는 아주 가끔씩이다. 그저 안타까울 뿐이다.

사무실의 창밖에서 차의 시동소리가 들리며 소란스럽다. 비가 오나 눈이 오나 밤낮없이 교통관리에 나가는 교통안전계 동료들이다. 김경장은 야간에 음주운전 단속을 하는 동료들을 보면 음주감지기에 입을 대고 힘껏 불어준다. 뜨거운 한여름도 그렇지만 한겨울 추위를 맞으며 근무하는 동료들을 보면 빨리 불어주고 지나가는 게 조금이라도 도움을 주는 것 같아서다.

모처럼 집에서 식사를 하면서 같은 경찰서에 근무하다가 출산휴가 중인 아내가 말한다.

“어떤 범인이던지 우리한테 걸리면 완전범죄는 없을 거야, 우린 부부경찰이잖아.”

제법 불룩해진 아내의 배를 쓰다듬어 본다. 뱃속의 태아가 발길질을 하는 것이 느껴져 온다.

‘짜식 귀도 밝네, 저 녀석도 나중 경찰이 될라나~.’

형사도
로또를 좋아해!

2013년 초봄. Face book이라는 SNS를 통해 화제가 된 한 장의 사진은 '10년 된 형사수첩刑事手帖'이었는데 27,224 건의 '좋아요'를 기록하며 우리를 어리둥절케 했다. 정작 형사수첩의 주인인 박경위는 그 SNS를 이용하지도 않는데 누가 올렸을까? 아마도 신문에 난 사진을 누군가가 오려서 올린 듯하다.

10년 된 형사수첩은 박경위의 보물 1호다. 초임형사 시절부터 사건현장에 나가면 꾸준히 관련사항을 기록하고 범인의 사진을 오려 붙이며 꼼꼼하고 예쁘게(?) 꾸며왔다. 간간히 수첩을 펼쳐보며 검거된 사건은 'X'표시를 해가지만 아직까지 해결하지 못한 사건엔 늘 눈길이 멈춰진다.

경찰서 강력계의 사무실은 늘 소란스럽다. 취객부터 사기꾼하며 피해자의 울부짖음까지 하루도 조용한 날이 없다. 여기저기서 들려오는 "거기 좀 조용히 합시다. 시끄러워서 조사를 못 받겠네"라는 것은 그야말로 일상사다.

그날도 박경위는 전날 밤 당직을 하곤 퇴근도 못한 채, 술집에서 만취되어 기물을 부순 폭력혐의자를 조사하고 있는데 사무실의 한기寒氣가 느껴지는데도 피의자는 유난히 땀을 많이 흘린다. 피의자 신문조서를 절반쯤 받았을까? 50대 중반 남자는 덥다며 모자를 벗는데 '어~?' 분명히 어디선가 본 듯한 얼굴이다. 박경위는 습관처럼 서랍을 열고는 형사수첩을 펼쳐 한손으로 능숙하게 페이지를 넘기며 피의자의 얼굴과 사진을 대조하기에 바쁘다. 피의자가 눈치를 채지 못하게 하는 것도 기술이다. '그래 바로 이 인간이군' 이마에 굵은 주름살 2개에다가 팔자 주름에 큰 코. 10년 넘게 찾고 있던 바로 그 사람이었다.

형사팀의 막내였던 시절, 절도피해 신고를 받고 현장에 도착하니 빵집의 문을 드라이브로 열어 젖히고 서랍 속의 통장을 훔친 뒤 현금지급기에서 돈을 인출해 간 후였다. CCTV도 부족하던 시절 은행 현금지급기에 찍힌 희미한 사진을 어렵게 구해 오려붙이고 3개월을 열심히 수사했지만 잡지 못했던 사건이다. 그 사건의 범인이 지금 내 앞에 앉아있는 것이다.

사건처리는 치밀해야 한다. 오늘 사건으로 범인의 인적사항을 확인했기 때문에 눈치를 채지 못하도록 일단 폭력사건만 조사한 후에 귀가시킨 뒤, 수첩을 다시 꺼내 예전의 사건을 꼼꼼히 살피기 시작했다. 10년 전 사건을 명확히 특정하기란 쉽지 않다. 할 수 없이 당시 발생한 전 근무지에 가서 옛 서류를 뒤집고 인근 경찰서의 비슷한 사건 처리사항까지 꼬박 1주일간 자료를 모았다. 범인은 제과점이나 빈사무실 전문 절도범으로 주인이 잠시 자리를 비운 틈에 침입하여 책상서랍 등을 뒤져 통장을 훔쳐서는 주인이 기억하기 위해 통장 뒤쪽 등에 적어 놓은 비밀번호를 알아내어 현금지급기에서 300만원씩(당시에는 300만원까지 인출 가능)을 빼내어 간 상습절도범이었다. 1주일 후, 2차 조사를 핑계로 불러서는 폭력사건을 마무리 한 후 "김영호씨, 10년 전 사진이 궁금하지 않습니까?"라며 형사수첩을 보여주었다. "어? 내 사진이 왜 형사님 수첩에 있습니까? 뭐가 크게 잘못된 것 같은데…." 범인은 당황하면서도 부인하기에 바빴다.

"역시 본인의 사진은 바로 알아보는 군요, 10년 전 비어있는 빵집 가게에서 통장을 훔쳐 현금지급기의 돈을 빼낼 때 찍힌 사진 아닙니까?"

"…"

범인은 눈을 휘둥그레 뜨곤 할 말을 잃은 듯 허공만 바라보았다. 그 범인의 표정을 보면서 '범인의 얼굴이 10년 전과 변함이 없어 한눈에 알아볼 수 있다'는 것인데 다른 범인들이 성형까지 해가며 도피하는 것에 비하면 조금 우습다는 생각도 든다. 결국 특정범죄가중처벌법상 상습절도범은 10년(현재는 15년)의 공소시효를 5개월 남겨두고 체포되었다. 박경위는 밀린 숙제를 해결한 것처럼 기분이 좋다.

로또에 당첨되었을 때도 이 기분일까 하는 생각이 든다. '이런 기분은 자주 느껴야 하는데 말이야' 라며 고양이가 오랜만에 쥐 사냥에 성공한 것처럼 입맛을 다신다.

박경위는 작년도에 청룡봉사상靑龍奉仕賞을 수상하여 경사에서 경위로 승진했다. 사법경찰리에서 비로소 사법경찰관司法警察官이 된 것이다. 특별승진도 여러 가지가 있고 모두 소중하지만 청룡봉사상은 몇 건의 사건해결로 승진하는 게 아니다.

뒤돌아보면 기억에 남는 것이 한두 건이 아니다. 사지四肢가 멀쩡한 40~50대의 소매치기 일당이 울산이며 포항, 창원 등지로 원정을 갔다가 소득(?)이 없자, 홧김에 늦은 귀가길 사람을 퍽치기하고서 빼앗은 카드로 양복을 사 입고 낚시도구를 샀다가, 박경위의 형사수첩 사진을 본 대형마트 종업원 진술로 사건발생 3일만에 붙잡혔다. 대형마트 신사복 코너에서 양복을 딱 한 번 입어보곤 바로 사가는 것이 어쩐지 수상스러웠고, 낚시도구 종업원도 200만 원 어치를 덜렁 사가서 얼굴을 기억하고 있다고 했다. 그러면서 범인들이 입고 있던 옷의 특징이며 가끔씩 매장에 오던 얼굴이라며 아마도 여기서 멀지 않은 곳에 사는 것 같다고 묻지도 않은 말까지 해 준다. 나쁜 놈들은 꼭 붙잡아 처벌해야 한다면서. 종업원의 진술을 토대로 수사한 매장 주변의 CCTV 화면과 박경위가 초임시절부터 관리해오던 수첩의 소매치기 사진이 일치하는 것을 확인하곤 3일 동안 잠복하여 붙잡았다.

그런가 하면 안타깝게도 청소년들이 어른 뺨치는 사건을 일으켜 검거되기도 했는데 그 사건은 생각할 때마다 뒷맛이 씁쓸하다. 17~18세 소년 4명이 14세 여중생에게 컴퓨터 채팅으로 남자들을 꾀어 모텔로 유인케 하고는 남자가 샤워를 할 때 출입문을 열도록 하여 '친오빠'라고 위협하고 폭력을 쓰며 금품을 뺏곤 했는데 그 사건도 박경위의 수사망을 벗어나지 못했다. 어렵게 피해자의 협조를 받아 여러 수사기법으로 검거하긴 했지만 어린 청소년의 영악한 행동보다는 추잡醜雜한 성性을 밝히는 어른들의 몰염치한 행동들이 더욱 부끄럽게 느껴졌다. CCTV, GPS, 카○○톡, 문자메세지 등 IT자료를 디지털증거분석실에 협조하여 수사에 활용하기도 하지만 그것들이 범죄에 악용되는 것을 보면서 기분이 썩 좋지는 않다.

박경위는 몇 년 전엔 기소중지자 검거 전국 1위를 했다. 꼭 실적을 생각하는 것은 아니지만 남에게 피해를 끼친 자들은 끝까지 추적하여 모조리 잡아 죗값을 물어야 한다는 '형사로서의 끈질긴 사명감' 때문이다. 물론 1위를 하기 까진 검거과정에서 저항하는 범인이 휘두른 횟칼의 위험까지 감수할 수 밖에 없다. '횟칼의 번득거림'은 온몸의 신경을 쭈뼛거리게 한다. 그 때문일까? 박경위는 부엌칼도 집에서는 보이지 않는 곳에 두게 하는데 아내는 한발 더 나가 흉기로 보일 만한 물건까지 눈에 띄지 않는 곳에 둔다. '난 장가를 참 잘 간 남자다.' 박경위의 이런 위험을 모르는 초등학생 두 딸은 오늘도 출근하는 아빠 몸에 매달려 큰 소리로 말한다. "아빠, 오늘도 도둑 많아 잡아."라는 막내의 말에,

"야~, 어떻게 도둑을 매일 잡냐? 아빠, 오늘은 일찍 올 거지?"

"그래, 일단 출근해 봐야지, 아마 일찍 올 수 있을 거야. 근데 도둑을 많이 잡으려면 늦을 텐데."

차에 올라 안전벨트의 '똑'소리를 듣는 박경위의 옆좌석엔 여러 사건과 관련된 자료와 중요사항의 사진이 많이 저장되어 있는 스마트 폰과 함께 오늘도 형사수첩이 놓여있다. 스마트 폰의 카메라와 노트기능은 참 편리하다. 그러나 너덜너덜해진 형사수첩은 언제나 내 손을 먼저 알아본다. 수첩을 한 손으로 펼쳐 본 박경위는 습관처럼 어금니를 깨문다.

'너희들도 얼마 지나지 않아 내 손에 잡힐 거야!'

28년 만에 돌아온 막냇동생

가출인 찾아주기와 불우여성 보호업무를 담당하고 있는 여경인 김경사는 오늘 유난히 발걸음이 가볍다. 10년 째 이 업무를 맡아서 오랜 기간 동안 가족과 헤어져 있던 사람들을 찾아주는 일을 하는데, 정작 가족들은 경찰이 찾아준 것을 탐탁치않게 여기는 것도 봐 왔기에 이번 상봉행사를 두고도 내심 걱정을 했었다. 그런데 오늘은 가족들이 얼싸안고 눈물 흘리며 좋아하는 것을 보고는 남들이 담당하기를 꺼려하는 업무를 하는 보람을 느낀다.

이번에 상봉시키게 된 것도 참으로 사연이 많다. 50살을 앞둔 박씨는 의사소통을 할 수 없는 지적장애 2급이다. 바닷가 마을에서 살다가 스무 살 때 내륙 깊은 산속의 절에 가는 어머니를 따라갔다가, 어머니가 기도하는 시간에 혼자 절 밖으로 나가서는 길을 잃고 내내 부랑인浮浪人으로 생활했다고 한다. 그 이후 이름도 없이 몇 군데의 부랑인 시설을 거쳐 지금의 보호시설에서 지내고 있는데 가족들은 박씨를 찾기 위해 실종 당일부터 절 주위의 산에서부터 시작하여 10년 넘게 전국을 돌며 찾았지만, 이름까지 바뀌고 지문도 확인되지 않는 박씨를 찾지 못하였고 결국 실종으로 사망처리하였단다. 그 와중에 어머니는 돌아가셨고, 박씨가 실종된 날에 제사를 지냈는데 형제자매들은 그날을 가장 마음 아파했다고 한다.

김경사는 관내 보호시설과 정신요양원을 돌아가며 행려자行旅者 들의 신원확인 작업을 하는 경우가 많은데 노인들의 지문이 흐리거나 자료가 정확치 않아 신원확인이 어려운 경우가 많다. 박씨의 경우도 지문 자체가 흐려 여러 번 시도했지만 확인불능 판정만 내려 왔다. 김경사는 업무를 하면서 벽에 부딪칠 때마다 더욱 깊이 파고드는 습성이 있다. 이런 것을 보면 여자임에도 경찰을 직업으로 택한 것은 잘했다는 생각이다.

통상의 경우, 지문채취는 전용잉크를 손가락에 묻혀 종이에 눌러 찍어내는데, 노인이거나 건강치 못한 분들은 지문채취가 쉽지 않을 뿐만 아니라 개개인의 고유한 지문 융선이 닳고 흐트러져서 판독에 어려움을 겪는다. 김경사는 지문잉크를 이용한 신원확인에 몇 번 실패한 후 사체死體지문 현출기법을 활용키로 하고, 박씨의 손을 따뜻한 물에 한참 동안 불려서 닦고 말린 뒤 사체지문용 스티커를 이용해 채취하여 경찰청으로 보냈었다. 약 일주일 후 내려온 신원확인 결과는 28년 전에 실종되어 사망신고 된 사람과 일치한다는 것이었다. 지금 불리어지고 있는 박씨의 이름은 보호기관에서 신원을 확인하지 못한 사람에게 붙여준 이름이라 다를 수 있다고 생각했지만, 28년 전에 실종되어 18년 전에 사망처리된 사람이라는 것이 더욱 놀라웠다. 가족관계등록부를 거꾸로 추적하여 가족들을 찾았다. 가족을 확인한 김경사는 또 고민에 빠졌다. 제발 가족들이 박씨를 반겨주어야 할 텐데 하는 마음에. 김경사가 그런 고민을 하는 것은 이유가 있다.

작년 이맘때 쯤이었을 것이다. 가벼운 정신질환 증세가 있는 젊은 아주머니를 어렵게 찾아 가족에게 연락한 적이 있었는데 "자기발로 나간 사람을 경찰이 왜 찾아서 신경 쓰게 하느냐, 경찰이 치료비를 내어줄 꺼냐?"면서 따져왔던 적이 있었다. 그러면 애초에 실종신고는 왜 했을까? 그 말을 듣고 얼마나 허망했던지 모른다. 과연 그들에게 '가족의 의미'는 뭘까? 그런가 하면 연세 많은 부모를 길에 버리면서 부모님의 지문을 면도칼로 훼손하여 신원확인이 불가능하게 해버린 것을 보면서 아연실색啞然失色 했었던 일은 더욱 그랬다. 열 손가락 끝마다 붕대를 감고 눈물을 흘리며 버려진 늙은 부모님의 모습, 그렇게 버려졌으면서도 자식에게 해가 끼칠까 봐 입을 다물고 계신 부모의 마음. 이런 것들을 생각하며 제발 이번에는 가족이 좋아해 주었으면, 그래서 박씨가 무연고보호시설로 다시 돌아가는 일이 없었으면 하는 생각이 간절했다. 다행히 전화로 확인할 때 박씨의 가족들이 반가워하는 목소리가 전해져 와서 마음이 조금 놓이기도 했지만 상봉상황을 끝까지 지켜봐야 한다.

드디어 보호시설에서 가족과 만나기로 한 날, 박씨를 잃은 후 내내 가슴 속에 담고 있던 박씨의 7형제남매 중 5남매가 왔다. 큰누나로 보이는 할머니는 박씨를 보자말자 눈물부터 흘리며 몸부림쳤다.

"아이고 창수야, 어디 있다가 이제 나타났니? 엄마, 아버진 너를 잃어버리고 마음 아파하여 얼마나 고생하며 찾다가 돌아가셨는데, 보자, 얼굴 좀 보자~."

모든 형제자매들의 몸부림이 상봉장을 눈물바다로 만들고 말았다. 부모님은 박씨를 잃어버린 후 전국을 돌며 찾아다녔고 돌아가시면서도 눈을 제대로 감지 못하셨다고 한다. 상봉이 끝나고 나서 서로 가까운 곳에서 살고 있는 남매들은 온전치 못한 동생 박씨의 상태를 고려하여 자신들의 거주지에서 가까운 보호시설로 데려가 자주 만나기로 하고는 김경사에게 너무 고맙다며 부모님께서도 지하地下에서 고마워하실 거라고 했다. '이틀 후엔 아버지 제사인데 죽은 줄 알았던 막냇동생을 찾아서 정말로 뜻깊은 날이 되겠다. 모든 것이 김경사님 덕분'이라며 좋아했다. 김경사는 박씨 가족들의 과한 칭찬에 멋쩍기도 했지만 기분은 정말 좋다. 그리고 더욱 기분 좋은 것은 올해 들어서는 가족들이 찾은 실종자들을 외면하는 일이 없어서다.

몇 달 전에 만났던 고아 남매의 사연이 또 떠오른다. 올해 일흔이 되신 치매환자인 누나는 4살 적은 남동생과 같이 살았었는데 15년 전에 일찍 찾아온 치매성 가출로 길을 잃은 뒤 역시 보호시설로 전전 했단다. 남매는 둘 다 결혼도 하지 않았고 어릴 때부터 둘이서만 살아왔는데 누나가 길을 잃어버리자 남동생은 백방으로 찾았지만 허탕을 치고는 어디서 돌아가셨는가 보다 생각하고 찾기를 포기한 상태였다.

김경사는 역시 사체지문용 스티커를 활용하여 신원을 확인하고 동생에게 연락하여 만나게 해주었다. 누나인 할머니는 그 전까지 보호시설에서 '자신은 결혼을 하였고 딸도 둘이나 있었다'고 계속 얘기했었는데 남동생을 만났을 때 '둘 다 결혼도 하지 않고 내내 함께 살았던' 모든 기억이 돌아와서 우리들을 놀라게 했다. 치매환자들은 단기기억은 못해도 먼 옛날의 기억은 살아있는 경우가 많은데 허위虛僞의 기억까지 하게 되는 것은 또 어떤 경우일까? 이후 경찰청 신원 확인 자료를 토대로 주민등록증을 회복시키고 행려자에서 기초수급 대상자로 전환하여 보조금과 병원치료도 계속 받게 해주었다.

이런 일을 기분 좋게 마무리하고, 상봉가족 쌍방이 좋아하는 모습을 보면 괜히 가슴속이 찡해지기도 하고 누군가에게 기쁨을 주는 일을 할 수 있는 경찰관이라는 직업에 보람을 느낀다. 세상은 따뜻하고 보람 있는 일도 참 많다. 그 따뜻함이 '사체지문채취용 필름'처럼 사소하고 작은 것들로부터 시작되는 것을 보면서 얼마나 많은 것들이 어우러져 이 세상을 만들까 하는 생각을 해본다.

내 책상도 경찰서 맨 끝의 작은 사무실 구석에 있다. 그 덕분에 동료들에게 피해를 주지 않고 벽에 기대어 잠깐씩 쉬기도 한다.

새내기는 IT전문가

올해 예순다섯 되신 김할아버지는 그야말로 우리나라 산업화의 한가운데서 일했다. 자원이라곤 부지런한 피를 내려받은 사람밖에 없는 우리나라에서 경제대국을 일군 저변에는 해외에서 피땀 흘려 벌어들인 돈이 있었다는 것은 누구도 부인하지 못할 것이다.

한일수교 배상금으로 만들어 국민적 공기업으로 자리잡은 제철회사가 그렇고, 월남전에서 목숨과 바꾼 돈, 지하 수천 미터에서 석탄을 캐낸 파독 광부와 시체의 피를 닦으면서 번 간호사의 월급, 그리고 열사의 중동에서 땀 흘리며 벌어들인 돈 · 돈 · 돈…. 이 모든 것들이 오늘의 대한민국을 이루어낸 원동력이었음은 자명한 사실이다. 거기에 동해안 제철기업의 비장한 '우향우 정신(조상들의 희생에 대한 한일수교배상금으로 제철소를 만들면서 실패하면 민족의 반역자가 되므로 오른편에 있는 영일만 앞바다에 다 빠져 죽자)' 등이 있었음은 물론이다.

김할아버지도 오일달러의 기세가 한창이던 시기에 중동의 사우디아라비아에서 막일을 했다. 시골에서 태어나 어렵게 생활하다가 스물일곱에 결혼하고는 가난을 떨치고자 마지막으로 택한 것이 사우디아라비아로의 출국이었다. 아내와 두 살, 네 살 된 남매를 먹여 살릴 길은 당시로써는 그 방법밖에 없었다. 기본적인 교육도 제대로 받지 못한 탓에 김할아버지가 열사熱砂의 땅에서 할 수 있는 것이라곤 몸으로 때우는 육체노동 밖에 없었고 땀을 쏟으며 번 돈은 모두 고국故國의 집으로 보냈다. 당시 30대의 김할아버지는 열사의 폭염과 싸우며 열심히 일했다. 그의 가슴속에는 돈을 많이 벌어 귀국하여 가족과 단란히 사는 꿈 말고는 아무것도 없었다.

그렇게 시간이 흘러 3년 후, 근로계약기간이 끝나서 무지개 꿈을 꾸며 귀국하니 아내는 돈을 챙겨 어디론가 가버리고 집엔 두 남매 밖에 없었다. 가까이 사는 형수님이 아이들을 돌봐주기는 했지만 부모 없이 자라서 눈에 초점이 없어진 두 남매의 모습은 기가 막힐 지경이었다. 홧김에 시작한 술은 나날이 늘어 점점 폐인이 되어갔고, 큰어머니에게 맡겨진 두 아이는 갈등을 견디지 못해 가출을 반복하다가 결국엔 집을 나가 소식이 끊기고 말았다. 그즈음 김할아버지는 어렵게 새로운 반려자를 만나 가정을 꾸렸지만 소식이 끊긴 아이들은 찾을 수 없었고 설사 찾더라도 모두가 살기엔 녹록치 않은 형편이었다.

그렇게 세월은 흘러 30년이 지나갔지만 김할아버지의 마음속 병은 깊어만 갔다. 내 아이들을 찾아야 한다. 죽기 전에 반드시 얼굴이라도 봐야한다는 생각으로 아이들을 찾아나섰다. 김할아버지는 누런 주민등록초본 한 장을 호주머니에 넣고는 무작정 옛집 근처를 서성이며 오가는 사람들에게 수소문했지만 복잡한 세상에서 30년 전의 흔적을 찾기엔 역부족이었다. 그러나 할아버지의 노력은 힘겹게 계속되었다. 세상 사람들의 무관심 속에서도….

그날은 수은주가 뚝 떨어진 영하零下의 날씨였다. 매운 추위도 아랑곳하지 않고 옛집 인근을 서성이던 순수하기 이를데 없는 김할아버지의 눈에 들어온 것이 파출소 간판이었다. 몇 번이나 망설이다가 파출소 문을 열었고 그렇게 해서 이경위를 만나게 되었다. 50을 넘긴 이경위는 실제 나이보다 훨씬 더 들어보이는 할아버지의 사정을 들으면서 힘들게 살다가 돌아가신 자신의 아버지를 생각했다. '아버지도 참 고생을 많이 하셨는데, 휴….'

경찰서의 '헤어진 가족찾기 센터'로 안내할까 했지만 가슴속에서 '지금 바로 내가 도와야 한다'는 외침이 들려왔다. 도저히 매뉴얼대로만 처리해서는 안 되는 것이었다. 김할아버지가 가지고 있는 색바랜 주민등록초본에는 안타깝게도 본인의 인적사항만 적혀있으니 막막하고 안타까웠다. 할아버지는 그 종이 한 장에 희망을 걸고 보물처럼 가지고 다닌 물건이었는데도 말이다. 다행스런 것은 할아버지가 예전에 살던 곳이 멀지 않은 곳이라 동사무소로 모시고 가서 도움을 청했다. 두꺼운 돋보기안경을 쓴 동사무소 공무원도 사연을 듣고는 문서고를 뛰어 다니며 땀을 흘렸다. 문득 참 고맙다는 생각이 든다, 그래 세상은 참 따뜻해.

주민등록 자료가 전산화되기 전의 누런 호적부와 제적부를 꺼내서 거꾸로 올라가며 찾고 전산시스템을 돌려 맞춰나가니 가출했던 딸의 배우자가 나왔다. 딸은 다른 도시에서 가정을 이루고 있었는데 문제는 연락할 전화번호가 없는 것이다. 114에도 번호가 없고 주소지에 조회공문을 보내면 며칠은 걸릴 텐데 전화로는 조회照會가 안 된다. 개인정보 보호제도 때문에 반드시 절차를 거쳐야 하는데 경찰이 금방 찾아 줄 것으로 생각하고 있는 김할아버지는 이경위만 뚫어지게 바라보고 있다.

파출소로 돌아오면서 주소지가 좀 멀긴 하지만 내일 쯤 한 번 다녀올까? 그런데 무슨 말로 할아버지를 달래지? 하며 고민하고 있는데 옆에서 내내 바라보고 있던 임순경이 끼어든다.

"주임님, 제가 한 번 찾아볼까요?"

"응? 임순경이 어떻게, 내일 따라나서 볼려구?"

"아뇨, 제가 인터넷을 한 번 찾아볼 게요."

"인터넷으로?"

임순경이 컴퓨터 키보드를 두들기며 이리저리 모니터의 화면을 바꾸고있는 것을 보면서 김할아버지와 이경위는 빤히 서로를 바라보고 있다. 임순경은 파출소의 막내다. 4개월 전에 신임으로 배치되어 왔는데 인사성도 밝고 행동도 재빨라 귀여움을 독차지하고 있다. 생머리를 뒤로 묶은 꽁지머리를 한 여경이어서 귀여움을 더 많이 받는 것은 아니다. 이경위는 아들이 좀 더 나이를 먹었으면 며느리 삼았으면 참 좋겠다는 생각을 여러 번 했었다.

키보드를 또닥거리던 임순경이 웃으며 눈을 맞추어 온다. "주임님, 여기 이 번호로 한 번 물어보시면 알 수도 있겠는데요."라며 어떤 통닭집 전화번호를 건네준다. "어떻게 된 거야?" 우리 파출소의 왕귀염이 임순경은 배시시 웃는다. 인터넷에서 '주소로 전화번호 찾기'를 했단다. 김할아버지 딸의 주소지와 같은 번지인 통닭집 주인이 어쩌면 알 수도 있을 거라며. 전입한지 얼마 안된 신세대 초임순경의 기지奇智가 놀랍다.

이경위는 가족관계등록부에 적혀있던 차의 번호를 생각하며 통닭집으로 전화하여 사정을 얘기하고 차량의 주인에 대해 물으니 통닭집 사장은 반갑게도 그 차의 주인을 알고 있다며 그렇게 좋은 일을 하시는데 자신이 뛰어가서 알아보고 연락해 주겠단다. 급히 전화를 끊은 통닭집 주인의 달려가는 모습이 눈에 그려진다.

이경위는 할아버지와 나란히 앉아 딸에게서 전화가 오기를 기다리며 몇 번이고 임순경을 바라보았다. 누가 임순경을 '초임순경이 뭘 알겠냐고 쉽게 말할 수 있을까.' 김할아버지는 30년을 헤매었고 이경위 자신도 순간이나마 막막해 하지 않았던가? 그것을 우리의 신세대 임순경은 순식간에 찾아낸 것이다. 그야말로 신세대의 승리다, IT

전문가 임순경 만세다.

드디어 할아버지 사위라는 사람에게서 연락이 왔다. 이어 울먹이는 딸의 목소리를 들으며 또 마음이 무거워짐을 느낀다. 그 딸은 아버지를 찾은 것은 너무나 기쁜데 마음의 준비를 할 시간이 필요하다는 것이다. 어릴 때 큰어머니에게 맡겨져 여러 가지 아픈 사연이 많은 모양이다. '아픈 사연'은 아버지가 자신을 일부러 찾지않은 것으로 알고 지내게 된 복잡한 사연이 숨어 있었는데 진실과 악의로 의도된 왜곡의 차이가 머릿속을 혼돈스럽게 했다. 다행인 것은 사위되는 사람이 돌아가신 줄 알고 있던 장인어른이 생겼다고 좋아하면서 아내를 잘 설득해서 장인을 모시겠다고 말하는 것이다.

이경위가 김할아버지에게 상황을 차분히 말씀드리는데 할아버지는 내내 머리를 떨구고 눈물만 흘리신다. 딸이 아버지를 미워하는 저편에는 어릴 때 집을 나가버린 '더욱 미운 어머니'에 대한 그리움도 있을 것이다. 선뜻 풀어 놓을 수 없는 간절함들이 '그 만큼'의 시간을 필요로 하고 있는 것이다. 세상은 아픈 사연들도 참으로 많다는 생각이 가득하다.

김할아버지는 수없이 고맙다는 말을 되풀이하며 힘없이 발걸음을 옮기는데 이경위는 무슨 말로 위로를 해야할 줄 몰랐다. 차라리 아무것도 생각나지 않는다는 게 옳은 표현일 것이다. 그런데 어디서 몰려온 것인지 가슴에 통증이 일어나는 것은 무슨 이유일까.

이튿날, 그 딸에게서 다시 전화가 왔다. 만나겠다는 것이다. 김할아버지께 연락을 드리니 이내 목소리가 잦아든다. 자식을 찾은 기뿜에 말씀을 잊지 못하고 계신 것이다. 만날 시간과 장소를 알려주던 이경위는 전화음성 뒤로 들리는 새엄마의 목소리가 조금은 부담스럽기도 했지만 30년 한을 푼 할아버지의 가쁜 숨소리가 더욱 크게 들리는 듯 했다. 세상의 오해나 사연들은 시간이 지나면 풀리고 누그러질 것이다. 그 시간이 좀 더 빨라졌으면 하는 마음이 간절할 뿐.

며칠 뒤에 김할아버지께서 전화를 주셨다. 정말 고맙다고, 딸이 아들에게까지 연락하여 같이 만났단다. 이경위는 근래에 오늘처럼 기분 좋은 날이 있었는가 생각해 본다.

가벼운 마음으로 퇴근하니 딸아이가 쪼르르 달려와서는,

"아빠. 뭐 좋은 일 있어? 기분 좋아 보이는데? 뭔데? 우리 통닭 한 마리 시켜먹자. 응?"

"얘야, 말거래이, 어디 아빠가 직장 일을 집에서 말씀하시더냐?"

아내의 핀잔스런 말이 부엌 저편에서 들려온다.

"어허. 사람하곤, 그래 아빠가 통닭 한 마리 쏠게, 시켜라."

"야! 우리 아빠 멋있다!"

"어머, 저이가 웬일이야?"

아내는 조금은 의아한 표정으로 미소를 짓는다.

오늘도 이경위와 임순경은 같은 조組 근무다. 순찰차에 탄 임순경은 예쁜 미소를 지으며 어제 배정받은 최신 휴대폰 조회기를 만지고 있다. 성능이 개선되어 순찰 중에도 관내의 치안상황을 한눈에 알아볼 수 있단다.

"주임님, 이젠 더 빨리 신고사항을 알 수 있겠습니다. 무슨 상황 일어나면 우리가 제일 먼저 달려가야죠?"

"응? 그런데 최신 휴대폰 조회기보다 내 눈엔 임순경이 더 빠른 것 같은데, 실시간으로 업데이트 되니 말이야."

"주임니임, 또 비행기 태우실려고 그러죠? 놀리셔도 기분은 좋아요."

어제 엔진오일을 교환한 순찰차도 오늘따라 더 가볍게 바퀴를 굴린다. 도로 옆 가로수에 환경미화원이 쓸어 모아놓은 낙엽무더기가 보인다. '저 낙엽이 거름이 되어 내년엔 더욱 건강한 어린 싹을 틔울 것이다.'

땀 좀 닦고 끊으세요

초등학교 때부터 배구선수를 했었고 중학교로 진학하기도 전에 고등학교의 감독으로부터 스카우트 제의를 받기도 했던 키 180센티미터, 몸무게 93킬로그램인 거구巨軀의 김경위는 오늘도 후배 차경사에게서 교통단속 요령을 배우고 있다.

28년 전에 경찰관이 되어 대부분 수사부서에서 내근으로 일하며 특유의 부지런함으로 경찰청 정기감사를 다섯 번이나 받았지만 단 한 건의 지적도 받아본 적이 없다. 그 비법을 동료들이 물을라치면 "담당업무는 감사관보다 내가 더 잘 안다 아이가~"라는 대답이 전부다. 경위로 승진한 뒤 순환근무로 지구대에서 잠시 머물다가 이번에 후배동료의 권유로 '교통외근交通外勤'으로 자리를 옮겼다. 나이가 20살이나 아래인 전입고참 차경사를 '사부님'으로 모시고 교통단속요령을 배우는데 "주임님, 오늘은 그만 하실까요?"라고 물어 올 때까지 한다. 그는 자신이 어느 부서에서 근무해도 '담당업무는 내가 제일 많이 알아야 한다'는 의식 때문이다. 생소한 업무를 나이 들어서 새로 배우기는 어려울 텐데 라는 말은 김경위에게 통하지 않는다. 50을 넘긴 나이지만 '나이는 잊어 먹고 열심히 하는 것 뿐이다' 그에게는 후배에게 배우는 것도 즐거움 중의 하나다.

이미 대머리 수준인 머리에 교통정모를 쓰고 출근 시간의 교차로에서 교통관리를 하는 모습은 멀리서 봐도 장군처럼 보인다고 말하는 이들이 많다. 큰 키에다 부리부리한 눈에 깊게 패인 주름살 때문에 조금은 무섭게 모이기도 하지만 웃을 때의 모습은 영락없는 하회탈이다. 신호위반이나 끼어들기 얌체족은 반드시 단속하고 도망가는 사람은 주소를 조회하여 집까지 가서 단속해 오기도 하는 독한(?) 경찰이지만 과일장사하는 트럭이 법규위반을 하면 차마 단속스티커를 발부하지 못하고 제발 법규를 지켜 달라고 부탁을 한다.

또 가족 모두가 타고 가는 차도 마찬가지다. 차안의 꼬마를 보면 "야~ 똑똑하게 생겼네. 훌륭한 아버지 말씀 잘 들어라~"라며 가장의 체면을 살려주는 것이다. 그러면 아이가 아빠와 경찰관을 번갈아 보면서 웃는 모습에 괜히 기분이 좋아진다. 이것도 즐거움이다. 그리고 모범운전자들을 보면 먼저 뛰어가 인사한다. 그들이 무보수로 봉사하는 것도 고맙지만, 비가 내리던 어느 날 교통사고 발생신고에 현장에 뛰어가보니 지나가던 모범운전자가 영업을 미루고 현장 교통 정리를 하는 것을 보면서 존경심이 우러났었다. 어느 분야에서나 노련한 베테랑인 그들은 우리 사회의 소중한 자산이다.

김경위는 13명의 동료 중 지난달엔 '사부님' 다음으로 실적이 좋았다. 성적경쟁을 하는 것은 아니지만 얌체운전족과 교통경찰관 앞에서 버젓이 위반하는 사람은 반드시 단속해야 한다는 생각으로 한 것 뿐인데. 김경위는 교통단속 업무를 하면서 약간 무거운 체중으로 한 곳에 서 있기가 힘든다. 지역축제 행사라도 있을 땐 끝날 때까지 4~5시간을 서서 교통관리를 해야 하는데 그땐 정말 힘든다. 그래도 행사를 마치고 동료들과 함께 샤워를 하고나면 피로가 가시곤 하는데 이상한 것은 큰 행사를 마치거나 뛰어다니며 힘들게 일을 마친 뒤가 더욱 개운하다는 것이다. 무슨 일이든지 저절로 풀릴 때까지 기다리지 못하는 천성天性 때문인 모양이다.

김경위의 아내는 경륜장 스낵코너에서 15년째 일하고 있다. 항상 웃는 모습이 부부가 똑같다. 비번날이 되면 아내가 일하는 곳에서 쟁반도 날라주고 여름날엔 수박도 한 통 사서 같이 일하는 아주머니들과 먹기도 하는 탓에 김경위도 스낵코너 식구나 다름없다. 거기서 가끔 아는 사람을 만나기도 하는데 쟁반 배달이 창피하지 않느냐고 물으면 "뭐 어때요? 집에 있어도 별 할 일도 없는데, 아내가 일을 마치면 태우고 가는 재미도 있고 좋아요"란다. 아르바이트 수당을 받는 것도 아닌데 참 희한한 사람이다.

사실 김경위는 집에서의 점수는 빵점이다. 아이들 공부문제는 전부 아내가 책임졌다. 그래서 아내는 두 아이가 대학에 모두 입학할 때까지 여고 동창회에 한 번도 나가지 못했다. 다행히 큰아이는 모두들 부러워하는 대학을 나와 취직을 했고 작은녀석은 제 오빠가 다닌 대학의 옆 학교에서 공부하고 있다. 아내가 만성두통을 호소할 때엔 짜증을 내기도 했는데 요즘은 아이들이 제 엄마 편을 들어서 그렇게 하지도 못한다. 하긴 자식들은 마누라가 다 키웠으니 쩝쩝.

김경위는 겨울을 좋아한다. 무더운 여름날 뜨거운 아스팔트 위에서 있는 것은 정말 장난이 아니다. 유난히 땀이 많은 탓이기도 하겠지만 순찰차에서 내려 아스팔트에 발을 디디면 곧바로 땀이 육수肉水가 되어 흘러내린다. 그러나 겨울철이 되면 교통외근 경찰관의 3분의 2가 감기를 달고 있지만 김경위는 감기에 잘 걸리지 않는다. 심야 음주운전 단속에 나가면 감기 든 동료는 아예 나오지도 못하게 하고 혼자서 벌건 야광조끼를 입고 뛰어다닌다. "주임님은 북극곰 같아요"라며 별명을 북극곰으로 지어준 사부의 유머도 웃어넘긴다.

김경위가 추위를 덜타는 것은 아마도 겨울에 태어났고 금원산 중턱마을에서 자랐기 때문일 것이다. 어릴 적 겨울이 되면 집 주위의 온 산이 눈에 덮인 것은 물론 사립문 밖도 눈천지였었는데 옷도 제대로 입지 않고 온종일 밖에서 뛰어놀았던 기억이 가득하다. 그렇게 고향은 겨울이 추운 만큼 여름엔 별로 덥지 않고 오히려 시원할 정도다. 그래서 매년 여름휴가를 고향으로 간다. 아이들은 해수욕장 구경 한 번 하는 게 소원이라고 투정을 부리지만 장남인 탓에 휴가철은 부모님을 모시는 시기이기도 하다. 며칠 있으면 역시 고향집으로 휴가를 가기로 한 김경위는 오늘도 뜨거운 아스팔트 위에 서 있다.

교통외근으로 부서를 옮긴 후로 몸무게가 7킬로그램이나 빠졌지만 아스팔트가 녹을 정도의 기온에 덥기는 마찬가지다. "더운데 좀 시원해지면 단속하자"는 사부님의 말씀도 있었지만 "월급값은 해야 할 거 아이가~"라며 땀을 훔친다. 교통단속을 시작한지 채 5분도 되지 않았는데 땀이 비 오듯 흐른다. 모자 속의 대머리에서 흘러나온 땀이 이마를 거쳐 선글라스에 떨어져서는 또 단속 중인 스티커 위로 떨어진다. 차안에서 에어컨을 틀고는 문만 빼꼼히 내린 젊은 운전자가 말한다.

"경찰 아저씨, 땀부터 닦고 스티커 끊으세요."

젊은 친구가 생각은 있어 보인다.

"고맙소, 그렇지만 신호위반은 너무 위험합니다. 안전운전하세요."

단속스티커를 받곤 인상을 찡그린 젊은 운전자가 창문을 올리며 쌩하게 멀어져 간다. 김경위는 모자를 벗고 이미 젖어버린 흰 장갑으로 머리의 땀을 닦는다. 열이 올라있는 대머리의 촉감이 뜨뜻하다.

'아이고 덥네, 모자帽子라도 좀 가볍고 시원하게 만들 수 없을까. 그래도 머지않아 가을은 올 것이다.'

착한운전 마일리지

경찰행정의 업무 특성은 '규제행정'이다.

사람을 죽이지 마라, 남의 물건을 빼앗지 마라, 운전할 땐 신호위반을 하지 말라고 하는가 하면 안전벨트까지 매고 운전하라고까지 한다. 특히 안전벨트를 매지 않는다고 해서 남에게 피해를 주는 것도 아닌데 별것을 다 간섭한다고 시비를 거는 이들도 있다.

안전벨트를 매지 않아도 되는 행복추구권상의 일반적 행동자유권을 침해 받는다며 헌법소원을 제기하기도 했지만 헌법재판소는 교통사고시 국민의 생명, 재산보호와 사회적 부담을 줄이고 사회공동체의 상호이익보호로 공공복리를 위한 제한은 헌법에 위반되지 않는다고 판시했지만 '규제행정'에 대한 반발은 여전하다. 재수 없이 걸렸다는 생각이 앞서기 때문이다.

그런데 경찰에서도 뭔가를 주겠다고 나섰다.

'착한운전 마일리지제'인데 마일리지가 어디 항공 탑승과 카드 사용에만 있는가?

착하게 운전을 하겠다는 서약을 하고 법규위반이나 교통사고로 사람을 다치게 하지 않으면 마일리지 점수를 누적 관리해 주고 만약에 실수로 운전정지 처분을 받게 되면 누적점수 만큼 줄여준다.

1년에 10점씩 주고 법규위반이나 사고가 없으면 누적점수는 계속 쌓인다. 벌점이 40점이 넘으면 운전정지처분에 들어가는데 마일리지 점수만큼 깎아주어 정지처분에서 빠질 수 있어 짭짤하다. 별도의 돈도 들지 않고 운전만 안전하게 하면 나의 생명·재산도 보호하고 누적점수도 쌓이니 꿩 먹고 알 먹기의 효과다.

이 제도의 종국적 취지는 교통사고를 감소시켜 사망자를 줄이자는 것이다.

세계 10대 교역국이고 OECD회원국이기도 한 우리나라가 교통사망사고 1위란 불명예를 이제는 벗어야 하지 않겠는가.

개코 순경 만세!

경찰이 된 지 겨우 3년을 넘긴 전순경의 별명은 '개코'다. 신장 175센티미터에 초등학교 때부터 시작한 태권도로 다져진 건장한 체형인데다, 몸놀림이 가벼워 매사에 열심인 전순경의 별명이 개코인 것은, 코가 개코같이 생겨서가 아니고 어릴 때부터 남달리 냄새를 잘 맡기 때문이다.

중 3때인가 같은 반 친구들이 화장실만 다녀오면 귀신같이 알아맞히는 바람에 그때부터 개코라는 별명을 얻었다. 신임순경으로 기동대에서 2년을 근무하고 지구대로 배치된 지 10개월 밖에 되지 않았지만 어렵고 위험한 곳을 찾아다니는 순찰은 보람되고 즐거운 일이며 태권도 4단의 단단한 몸도 한몫을 한다.

'개코'의 역량이 제대로 발휘된 그날은 매우 추운 날이었다. 크리스마스 이브를 보낸 연말분위기라서 그런지 많은 사람들이 새벽 2시가 지났음에도 끼리끼리 어울려 다니고 있다. 전순경은 선배 김경사와 같이 방한외투를 껴입고 사람들이 붐비는 도심의 상가골목을 순찰하고 있는데 가스냄새가 난다는 신고가 있으니 확인하라는 무전지령을 받았다.

가스누출 신고를 한 곳은 상가 밀집지역으로 평소에도 사건 · 사고가 끊이지 않아 순찰 때마다 신경을 쓰는 곳이라 금방 찾을 수 있었다. 이상한 냄새를 맡은 전순경은 몇 번이고 개코를 벌름거렸다. 분명히 가스 냄새였다. 같이 간 김선배는 "냄새는 무슨 냄새가 난다고 그래?"라면서 시큰둥한 반응을 보이며 계속 순찰이나 돌자고 했지만 개코는 분명히 가스가 새고 있다고 킁킁거렸다. 전순경은 재빨리 도시가스 공급 업체에 가스누출 의심신고를 했다. 잠시 후 도착한 가스업체 직원과 함께 간이簡易 탐지장비로 가스누출 부위를 찾아 나섰지만 30분이 넘는 점검에도 가스가 새는 장소를 감지해내지 못했다. 가스업체 직원은 "겨울철에 많이 쓰는 난방유 등에서 가스 냄새와 비슷한 냄새가 나서 혼동하는 경우가 있다"며 가스누출이 아닌 것으로 결론짓고 돌아가려 했다.

"전순경, 내가 뭐랬어? 가스누출 아니래잖아."

그러나 '개코'는 본능적 의심(?)을 접을 수 없었다.

"아닙니다, 선배님. 분명히 어디선가 가스가 새고 있습니다."

"그럼 저 탐지장비는 뭐야? 자네 코가 과학장비보다 낫다는 거야?"

"아니 그게 아니고 정밀한 장비로 한 번 더 검사해 봤으면 합니다."

"허~ 사람 참 고집은, 그래, 한 번 더 해보자고."

결국 우리의 개코 전순경은 더욱 정밀한 탐지장비를 보유하고 있는 본사에 재검사를 요청했다. 새벽 3시경에 도착한 도시가스 누출 정밀조사팀은 여러 장비를 이용해 조심조심 여러 건물을 검사해 나갔다. 10여 분이 지났을까? 상가 1층의 뒤편을 검사해나가던 탐지팀이 걸음을 멈추고 뒤돌아보며 "어두워도 라이터를 켜지 말라"고 소리를 지른다. 상가건물 1층의 수제 버거가게 안에서 가스가 새는 것을 찾아낸 것이다. 순간 전순경은 자신의 대견스런 코를 만지면서도 정밀탐지팀의 체계적이고 열정적인 모습이 부럽다고 생각했다.

가게의 문은 꼭 잠겨있고 가스는 계속 새어나오는 상황, 김순경은 재빨리 관리실에서 전화번호를 알아내어 가게 주인에게 현장상황을 얘기하고 출입문의 비밀번호를 받아 탐지팀과 함께 조심스레 들어갔다. 예전에 쓰다가 낡아서 더이상 사용하지 않고 방치해 둔 액화석유가스(LPG)통의 밸브가 반쯤 열려 가스가 새어나오고 있었다. 가스누출 상황을 확인해보니 가게 문을 닫은 전날 오후 10시부터 5시간 가까이 가스가 새고 있었고 가게 안에 가스가 가득 차서 작은 정전기만 발생해도 큰 폭발이 일어날 수 있는 정말 아찔한 상황이었다. 간이검사로 탐지하지 못하고 철수했었다면, 그리고 아침에 출근한 주인이 무심코 가스버너를 켰었다면 그야말로 대형 폭발사고로 이어질 뻔한 상황이었다.

도시가스 정밀검사 팀원이 재빨리 조치를 하고 있는데 1차적으로 간이검사에서 탐지해내지 못했던 직원은 뻘쭘한 표정으로 전순경을 바라보고 있다.

"전순경, 자네 코는 진짜 개코 맞네. 허허허."

여유있게 너털웃음을 짓고 있는 김선배는 계속 전순경의 코를 바라보며 실실 웃는다. 이튿날 전순경은 경찰서장님의 표창장을 받았다. 전순경의 '개코'는 그날 경찰서의 단연한 화제거리였다. 표창장을 주는 서장님도 내내 전순경의 코만 보고 웃으신다.

"자네, 도시가스 탐지요원으로 스카웃되어 가는 건 아니지? 마약반으로 보내줄까? 아니지, 전순경의 개코 때문에 마약견痲藥犬들이 모두 잘리면 안 되잖아 허허."

같은 경찰서에 근무하는 여자친구도 깔깔거리며 놀려 댄다.

"개코 순경 아저씨, 나중 결혼하게 되면 방귀도 맘대로 끼지 못하겠네. 결혼까지 가는 건 심각하게 생각해 봐야겠어."

총각인 전순경은 옥탑방의 원룸에서 세 식구가 살고 있다. 반년쯤 전에 산비탈에서 비를 맞고 있던 누렁이 똥개를 지구대에서 보호하며 며칠간 주인을 찾다가, 불쌍해서 결국 집으로 데려와 키우게 되었고, 또 치와와 한 마리는 자신이 출근하면 혼자 지내게 되는 누렁이가 외롭겠다 싶어서 지난달에 애완견센터에서 샀다. 다행스럽게 옥상이 옥탑방에 사는 전순경 식구만 사용하는 구조로 되어 있어서 주간근무 때에만 점심밥까지 밥을 챙겨주고 가면 된다.

가끔 고향인 대구에 갈 때면 어머니께서 "너네 집 개하고 너랑 누가 더 냄새를 잘 맡니? 우리 집에 냄새 잘 맡는 사람은 너 말고 아무도 없는데" 라며 놀리신다.

전순경은 가끔 혼자서 웃는다. 옥상에 작은 집을 마련해 주고 같이 생활할 때는 심심치 않아 재미있기도 하지만 사료를 차려 주어도 한참 동안 헤매다가 찾는 누렁이, 치와와를 보면 저녀석들의 코가 진짜로 개코일까? 나 같으면 단번에 찾아버리겠는데, ㅋㅋㅋ.

우리는
영호남 투캅스

2014년 2월 15일, 토요일이다.

신경사는 모처럼 아내와 함께 다대포 해수욕장 모래를 밟고 있다. 풍랑주의보가 내렸다더니 찬바람이 제법 분다. 옷깃으로 귀를 감싸고 신경사의 외투 호주머니에 손을 넣어 맞잡은 아내의 머릿결이 바람에 날린다. 비번날에도 걸핏하면 걸리는 '비상非常' 때문에 늘 미안한 마음이 있었는데 오늘은 마음 먹고 아내와 같이 지내기로 했다. 남편의 쥐꼬리 월급 때문에 아르바이트를 하는 아내도 기분 좋아하는 기색이 역력하다.

"자기야, 우리가 함께 걷는 게 얼마 만이지? 참 기분 좋다."

"그렇게 좋아? 앞으론 자주 시간 낼게."

“그게 맘대로 될까? 그래, 이번에도 속아주지 뭐, 킥킥.”

아내는 무척 기분이 좋은 모양이다. 앞쪽으로 누군가가 걸어간 발자국이 길게 나있다. 뒤를 돌아보니 아내와 나의 발자국이 더욱 선명하게 새겨져 따라온다. 세상은 서로가 길을 내고 또 길을 따라가며 돌아간다는 생각을 해본다.

백사장을 반쯤 걸었을까. 휴대전화가 울린다. 사무실 전화번호를 확인하고는 아내의 눈을 본다.

“피이~, 또 비상이지? 무슨 상황인데….”

“모르지, 미안해!”

신경사는 반사적으로 발길을 돌려 아내의 손을 잡아끌며 빠른 걸음으로 뛴다. 뒤따라 뛰는 아내의 숨 가쁜 소리가 들린다.

신경사는 해경특수구조단 대원이다. 급히 차를 몰아 사무실에 도착하니 비상호출을 받은 대원들이 이미 모여 있고 간단한 브리핑을 들은 후 헬기에 오른다. 풍랑주의보 탓에 헬기가 흔들리며 힘겹게 이륙하지만 ‘흔들림’에 익숙한 신경사는 아무렇지도 않은 듯 지그시 눈을 감고 또 ‘그 생각’에 잠긴다.

20여 년 전, 특전사령부 복무 중에 대간첩작전에 투입되어 부대 맨앞에서 첨병임무를 수행할 때, 칠흑 같은 어둠 속을 한 걸음 한 걸음 옮길 때의 그 오싹함과 전율, ‘이 곳이 바로 사선死線’이라는 생각을 했었다. 특수구조단 11명을 태운 헬기는 남해안 상공을 날고 있다. 오늘의 임무는 8만8천 톤급의 화물선이 유류공급선과 충돌했는데 화물선에서 새어나오는 기름을 틀어막는 것이라고 한다. 화물선엔 1천400톤의 벙크C유油가 들어있는데 계속 흘러나오고 있다는 것이다. 기름을 막지 못하면 바다의 오염은 불을 보듯 뻔한 일이다. 강풍 때문에 헬기의 프로펠러 소리가 불규칙하게 비명을 지르고 발 아래로 파도의 너울이 하얗게 보인다.

약간 비스듬하게 기운 채로 기름을 뿜어내고 있는 대형 화물선 주위엔 이미 흘러나온 기름이 바다 넓게 그 세력을 확장하고 있는데 또 다른 경비정과 조업 중이던 어선들이 유출된 기름의 방제에 바쁘다. 차갑고 세찬 바람이 불어도 급한 일은 힘을 모아 해야 하는 것이다. 헬기에서 로프를 타고 화물선으로 내려와 각자의 임무수행이 시작되었는데 신경사와 이경사에게는 화물선 선체 외벽의 파손부위를 틀어막는 임무가 부여되었다.

선박의 외벽은 철판의 곡선으로 되어 있고 손을 잡아 지탱할 곳은 한 군데도 없는데 바람까지 강하게 불어 그야말로 어려운 상황이다. 신경사팀은 두꺼운 보호복을 벗고 몸을 가볍게 하여 최소한의 장비만 갖춘 채 로프에 매달려서는 거미처럼 붙어 내려간다. 아파트 3층 높이와 맞먹는 발 아래의 바닷물은 떨어지는 모든 것을 집어 삼킬 듯이 세찬 바람과 함께 춤을 추고 있다.

신경사 팀을 허공에 매달아 작업케 하고 갑판 위와 아래의 보트에서 동료들이 신경사팀의 흔들림을 줄이려 애를 썼지만 유선형인 배의 외벽 구조 탓에 작업은 고사하고 몸을 지탱하는 것조차 어려웠다. 모두가 한덩어리가 되어 뜨거운 호흡을 한다. 충돌 때 파열된 화물선 외벽의 구멍에선 쉴 사이 없이 기름이 뿜어져 나오는데 바람은 계속 세게 분다. 겨우 몸의 균형을 잡은 신경사와 이경사는 보안경까지 벗어 던졌다. 끈끈한 기름이 튀어 안경에 붙어서 시야를 가렸기 때문에. 이제 이들에겐 로프와 안전벨트, 보호장갑과 비상용 칼이 전부다. 화물선의 연료로 쓰기 위해 50도 이상으로 데워져 있던 벙커C유는 보호장갑을 끼었는데도 뜨거울 지경이고 뜨거워진 유증기油蒸氣는 자칫하면 폭발할 기세로 뿜어져 나온다.

화물선의 갑판 위 동료들은 고무통을 두레박처럼 매달아 원뿔모양의 나무쐐기와 기름 흡착제, 망치 등을 번갈아 내려 보냈고, 바다에 떠 있는 보트에서는 로프를 고정시키려고 필사적으로 돕고 있었다. 이런 상황에선 무엇보다 팀워크가 제일이다. 파열부위가 큰 곳부터 오로지 사람의 힘으로 쐐기를 박는 작업은 계속되었고 아래 위에서 로프를 잡고 버티는 동료들에 대항하듯 바람은 거세게 계속 불었다. 신경사팀은 온몸에 벙커C유를 뒤집어 쓴 채 파열된 구멍의 크기에 맞춰 쐐기를 박아넣는 작업을 계속하였고 그 시간이 1시간을 넘겨도 쉴 수 없다. 바람이라도 우리 대신 좀 쉬어주면 좋을 텐데.

이윽고 작업을 시작한지 2시간이 지날 즈음.

목숨을 내건 신경사 팀의 사투 끝에 시커먼 벙커C유가 철철 넘쳐나오던 구멍이 완전히 틀어 막혔다. 더 이상 기름의 유출은 없다. 아직도 화물선의 연료탱크에는 절반 이상의 벙커C유가 남아 있다는데 무척 다행이다. 그렇게 신경사와 이경사는 겨울 바다의 허공에 매달려서 2시간이나 싸웠다. 차가운 2월의 바닷바람, 하얀 입김, 이마의 땀과 기름투성이 얼굴, 둘은 서로를 보며 씨익 웃는다. 마침내 로프가 끌어올려지고 두 사람이 화물선의 갑판에 발을 디뎠을 때 갑판 위에서 함께 힘을 썼던 동료들의 박수소리는 겨울 바람에 실려 멀리 멀리 퍼져 나갔다. 이것이 위험한 일을 목숨을 걸고 함께하는 사나이들의 진정한 팀워크이고 의리다. 갑판에서 신경사와 이경사가 서로 껴안을 때 간이 보호복에 잔뜩 묻어있던 기름이 미끄러지던 그 느낌은 겪어보지 않은 사람은 모를 것이다. 데워져있던 기름이 겨울 바람에 식어 몸에 차갑게 달라붙어 있다. 이젠 좀 떨어져 흘러 내려도 좋을 텐데.

숙소로 돌아온 신경사팀은 목욕탕부터 들어간다. 장시간 작업을 하였기 때문에 보호복 안으로 배어 들어온 기름이 온몸을 시커멓게 해 놓았다. 거울 속의 나는 눈동자만 하얗게 보이는 완전한 흑인으로 변해있는데 웃음은 왜 나오는 걸까. 목욕탕의 따뜻한 물은 보호장갑 밖으로 느껴지던 뜨거운 기름과는 확연히 다르다. 평소 때 기름이 손에 묻으면 휘발성 강한 휘발유나 시너로 닦았는데 이번엔 온몸에 기름이 묻었으니 세정력이 강한 주방용 세재로 닦을 수밖에 없다. 비누로 온몸을 문지르고 있는 이경사를 보며 신경사가 말을 던진다.

"이 사람아, 비누로 씻다간 온종일 씻어야 할 것이구마, 이."

"행님, 와요? 비누로 빡빡 딱으모 안돼까예?"

"자넨 아적도 멀었어, 이."

신경사보다 여섯 살 적은 이경사는 해군의 해난구조대를 제대한 항공구조 전문가다. 고향이 경남 밀양인데 전남 신안의 섬이 고향인 신경사를 잘 따른다. 둘은 그야말로 환상의 콤비다. 그뿐만이 아니다. 11명의 구조단 모두는 특수부대를 전역轉役한 구조전문가라서 눈빛만 보고도 서로의 의중을 알아차린다.

그날 둘은 1시간 넘게 목욕탕에서 기름때와 씨름을 했다. 오늘 일진日辰은 기름으로 시작해서 기름으로 끝날 모양이다.

'제기랄~, 아? 아니지 지금 목욕탕 물도 기름이 데우고 있는데.'

신경사는 구조출동을 마치고 오면 항상 생각나는 사람이 있다. 몇 년 전에 목포앞바다에서 배가 전복된 사고가 있었는데 뒤집힌 배 속에 갇힌 50대 남자를 거의 1시간 만에 구조하고서는 심폐소생술로 응급처치한 후 병원에까지 따라 갔다. 응급실 의사들의 다급한 처치處置를 보면서 심전도 그래프를 지켜보고 있었는데 한동안 희미하게 뛰던 그래프가 '삐 삐 삐이…'하며 꺼졌다. 구조만 하면 뭐하는가, 사람의 목숨을 살려야 하는데. 누군지도 모르는 사람의 임종을 지켜보면서 괜한 죄스러움이 들었었다. 남들은 나를 보고 '심해잠수 전문가'라고 부르기도 하고 자신의 특기도, 취미도 수심 100미터까지 내려가는 스쿠버를 즐기기도 하지만 중요한 것은 사람을 살리는 것이라는 생각뿐이다.

바다 깊이 잠수해 들어가면 그곳엔 작은 우주가 있다. 수많은 생명체들이 있는데 이들에게도 우리가 알지 못하는 수많은 사연들이 있을 것이다.

신경사와 이경사는 이번에 오염방지 공로를 인정받아 경위로 특진을 했다. 축하해 주는 동료들에겐 더없이 미안하다. 모두가 각자의 일을 힘들게 했는데 둘에게만 상이 내려온 것이라는 마음 때문에.

며칠 후, 남편이 그날 무슨 일 때문에 출동했는지도 모르고 있던 아내는 특진 소식을 듣고 기뻐했지만 이내 "자기의 안전이 내겐 더 소중해요. 현장에서 더욱 조심하는 것 잊지 마~"라며 새끼손가락을 내민다. 잠시 머뭇거리던 신경사는 새끼손가락 대신 아내의 두 손을 잡는다. "항상 우리 가족을 생각하며 조심할게"라고 말했지만 아내와 새끼손가락을 걸며 약속은 하지 못했다.

특수구조단 대원들은 가족에게 긴박한 현장상황을 말하지 않는다. 구조대원이 위험한 상황을 말하면 가족은 말릴 수밖에 없고, 자신의 안전을 먼저 생각하면 구조를 기다리는 사람에게 가까이 갈 수 없기 때문에.

정의로운 시민은 경찰의 힘이다

경찰관이 된 지 17년째, 그 중에서 3년을 빼고는 내내 강력형사로 일하고 있는 김형사는 얼굴이 약간 검은 편인데 안경마저 검정 뿔테다. 그리고 검은색 점퍼에 검은 바지, 까만 운동화를 즐겨 신는다. 게다가 하는 일조차도 밝은 면보다는 어두운 쪽에 가까워 무뚝뚝한 성격에 잘 어울리는 것 같다. 하지만 검은색을 좋아하는 건 그냥 편해서 그럴 뿐이다. 무엇보다 야간 잠복근무를 할 때 몸을 숨기기 알맞기 때문이다. 또 잠복근무와 어울리는 것은 금테안경보다는 검은 뿔테가 제격이다.

강력형사를 오래 해오면서 사건이 생기면 반드시 내 손으로 잡아야 한다는 생각이 깊어졌는데 이것도 직업병일까? 김형사는 산 중턱까지 난 길의 막다른 곳에 주차된 승용차 안에서 자살하여 숨진 채 발견된 범인을 보면서 마음속으로 혼잣말을 한다.

'범인이 죽기 전에 내가 잡았어야 했는데, 죽은 사람은 안타깝지만 죽기 전에 내가 잡았다면 목숨은 살릴 수도 있었지 않았을까? 글고 나쁜 놈들은 내가 다 잡아야 하는데 말이야. 쩝쩝.'

한창 봄이 무르익어 가던 어제도 김형사는 시커먼 점퍼를 입고 당직근무를 하고 있었다. 아무리 봄이라지만 밤중에 출동할 땐 겨울점퍼를 입어야 한다. 저녁 아홉시반이 지났을까, 데스크의 무전기가 요란하게 울린다. '어떤 남자가 도로에서 여학생을 강제로 납치하려다가 실패하고는 승용차를 타고 도망을 갔다'는 것이다. 형사비상소집과 동시에 관내 긴급배치가 실시되었다. 도주예상로를 차단하는 한편, 납치사건 현장의 모든 CCTV를 뒤지고 주변에 주차된 차의 블랙박스까지 차주의 협조를 얻어 분석작업에 들어갔다.

교복을 입은 여고생이 학교 야간수업을 마치고 버스에서 내려 집으로 걸어가고 있는데, 행인들의 왕래가 뜸한 빌라촌의 어둑한 곳에서 기다리던 범인이 학생의 뒤에서 몸을 덮치고 입을 막으며 강제로 차에 태우려했다고 한다. 여고생은 엉겁결에 당한 일이라 순간적으로 저항했지만 건장한 남자의 힘을 이기기는 역부족이라서 자신의 입을 틀어막고 있는 손가락을 힘껏 깨물었다. 비명과 함께 남자의 손이 입에서 떨어지자 큰소리로 "도와주세요, 도와주세요~."를 계속 외쳤다. 때마침 인근 교회의 공부방에서 중학생들을 가르치던 대학교 1학년인 신군申君은 반복되는 비명소리를 듣고 반사적으로 뛰어내려 갔다. 30대 후반의 나이로 보이는 남자가 저항하는 여학생을 억지로 태우려다 뛰어오는 신군을 보고는 도망치려 흰색승용차에 급히 타고 있었다. 신군은 도망가려는 차의 문을 붙잡고 "아저씨, 뭐야? 왜 이래."라고 고함을 치며 붙잡자 범인은 차를 급히 몰아 도망갔다. 차문을 붙잡고 몇 발자국 따라가다가 놓치곤 계속 뛰는데 이웃에서 창문을 열고 바라보던 주민들이 "차 번호를 봐라, 차 번호!" 라고 여러 사람들이 소리친다.

차량번호를 외어야 한다. 큰소리로 차량번호를 여러 번 외쳤다. "65마 2723, 65마 2723…." 경찰 신분도 아닌 용감하고 정의로운 청년 신군이 용의차량을 뒤쫓는 것을 많은 사람들이 보았다. 또 그가 외치는 차량번호를 여러 사람들이 들었다. 그리고 기억했다. 여러 사람이 기억하는 차량번호는 정확할 확률이 높다.

범인이 탄 차가 멀어지자 신군은 '조금만 일찍 내려 왔다면 범인의 다리를 걸어서라도 넘어뜨릴 수 있었을 텐데'를 뇌까리며 현장으로 돌아오니 여학생은 얼굴에 피멍이 든 채 쭈그리고 앉아 울고 있고, 인근 주민들이 "큰일이 날 뻔 했는데 청년이 도와서 학생이 살았다."는 격려의 웅성거림이 크다. 그 와중에 한 주민이 112로 신고를 한 것이었다. 또 신군을 뒤따라 뛰어온 어머니는 여학생을 다독거리며 부모에게 연락을 취했다. 그 아들에 그 어머니다.

사건현장에서 제일 어려운 것이 증거를 확보하고 범인을 특정하는 것인데 신군이 뒤쫓아 가며 보고 외친 차량번호는 결정적이다. 관련되는 모든 수사체계가 긴박하게 가동되었다. 범인이 타고 달아

난 흰색 승용차는 나이 많은 여성의 이름으로 등록된 차였다. 이런 경우 대포차일 경우도 많아 수사팀은 일순간 긴장했는데 다행히 범인의 어머니 명의였다. 범인은 내성적인 노총각이었는데 몇 개월째 직업도 없이 어머니와 단둘이 살고 있다고 했다. 사건 전날 낚시를 간다며 '어머니의 차'를 타고 나갔단다. 신군을 비롯한 목격자와의 인상착의도 어머니의 진술과 일치했다. 김형사의 수사팀은 체포영장 신청 등 모든 절차를 갖추고 가족들을 통한 설득작업을 같이 하면서 검거를 위한 수사선을 좁혀 갔다.

어제 사건발생부터 단 1분의 쉼도 없이 숨가쁘게 돌아간다. 강력사건은 뭐니뭐니 해도 사건초기에 해결해야 한다. 사건 직후 꺼버린 범인의 휴대폰을 근거로 숨어있을 만한 장소에 대한 치밀한 수색이 계속되었는데 산속의 막다른 길목에서 범인이 타고 도망간 흰색 승용차를 발견했다. 사건발생 20시간 만이었다.

'65마 2723', 신군이 따라가며 외쳤고 많은 이웃들이 기억하고 있는 그 차는 창문에 짙은 썬팅이 되어 있어서 차 안의 아무것도 볼 수 없었는데 차의 배기구에 호스를 끼우고는 두꺼운 테이프로 붙여 고정하여 창문 안으로 연결되어 있다. 문이 잠겨있어서 창문을 깨고 열어보니 범인은 운전석에 의자를 눕힌 채 누워 이미 사망한 상태였고 조수석엔 착화탄의 재가 두 개나 스러져 있었다. 스스로 목숨을 끊기 위해 배기가스 호스를 차 안에 설치하고 착화탄까지 피우는 이중장치를 하면서 범인은 무슨 생각을 했을까. 그리고 범행 실패 후 자살까지 한 마당에 그때 만약 여학생이 납치되었다면 상황이 과연 어떻게 전개되었을까? 생각만 해도 아찔하다.

핏기라곤 하나도 없어 보이는 범인의 얼굴을 미리 확보한 사진과 대조하면서 손을 살피니 가운데 손가락 마디에 여학생이 반항하며 물었던 치아자국이 선명하게 눈에 들어온다. 범인은 전과도 하나 없는 착해 보이는 사람이었다. 워낙 내성적인 성격 탓이었을까. 굳이 죽을 것까지는 없었는데 아마도 여학생의 완강했던 반항과 뒤쫓던 목격자가 고함친 자신의 차량번호를 듣고서 지레 겁을 먹고는 일을 벌인 것 같다. 범죄를 한 원인이야 여러 가지 수사자료로 추측이 가능했지만 범인이 죽은 마당에 무슨 의미가 있겠는가. 고인이 되어버린 범인을 보며 여러 가지 생각이 든다. 또 내가 좀 더 일찍 잡았더라면 죽지는 않았을 텐데….

형사생활을 하다보면 사람들의 선과 악을 동시에 보게 되는 경우가 많다. 한없이 착해 보이는 사람이 잔혹한 사건을 일으키는가 하면 큰 덩치의 조폭들이 생각보다 유약한 마음을 가진 것을 보기도 한다.

초임 형사 시절. 토막살인 사건의 범인을 잡을 때도 마찬가지였다. 처음에는 가출신고로 시작했었는데 수사를 하면서 동거인끼리의 치정癡情살인사건으로 바뀌었고, 남자가 동거여인의 시신을 훼손하여 야산의 여러 곳에 묻어버린 사건이었다. 정말 끔찍했다. 갖은 고생을 하다가 결국은 범인의 친구를 통해 설득하여 검거했었는데 그때도 정의로운 시민 친구의 도움이 참으로 컸다. 그런데 범인을 보면 사람이 어쩌면 그렇게 착하게 생겼을까, 열 길 물속은 알아도 한 길 사람 속은 모른다는 말을 실감했다. 겉모습만 보고 함부로 사람을 판단할 문제는 정말로 아니다. 옛말에 선인선과善人善果 악인악과惡人惡果라고 했는데 이것은 어떻게 설명할 것인가. 그 사건만 생각하면 마지막에 꼭 떠올려지는 것이 피해자의 늙은 아버지다. 여러 곳에 묻힌 시신 중 얼굴 부분만으로는 딸을 몰라보다가 훼손된 시신을 모두 수습하여 맞춘 것을 본 뒤에야 비로소 알아보곤 병원바닥에 주저앉아 꺼이꺼이 울던 그 모습. 죽은 여인의 아버지는 담배가 손끝까지 타들어가는 것도 모르고 땅을 보며 소리 없이 울고 있었다.

날씨가 맑게 개인 한낮, 오늘도 김형사의 아내는 빨래줄에 온통 검은 옷을 널며 중얼거린다.

"옷을 널 때 마다 전부 까만색이라서 내 눈도 언젠가는 흑백의 색맹이 되고 말거야."

사건 해결 후 모처럼 비번을 맞아 쉬고 있던 김형사가 대꾸한다.

"이 사람아, 그래도 그 옷이 우리 식구들을 먹여 살리잖아~, 야간잠복근무엔 검은색 옷이 딱이거든, 허허."

김형사는 아내를 보면서 잠복근무 때문에 집에 들어오지 못하는 날도 많은데 그것을 말없이 이해해 주는 것이 참 고맙다는 생각을 한다. 내일 아침에 신군에게 신고보상금 수여식이 있다고 한다. '꼭 신고보상금 때문에 제가 뛰었던 게 아니라며 사양했다는 정의로운 청년'을 보고 싶다. 그 청년도 건강한 사회를 지탱하고 있는 중요한 축軸이고 소중한 우리의 이웃이기 때문이다.

특정범죄가중처벌법

세상에는 별의별 범죄가 많이 있지만 범죄의 사회적 폐해가 크거나 흉악하거나 뇌물 액수가 많고 비슷한 범죄가 빈번하게 발생하는 것을 방지하기 위해 강력하게 대처할 필요가 있을 경우에 더욱 무겁게 처벌하기도 한다. 예를 들면, 교통사고를 야기하고는 다친 사람을 구호하지 않고 도망한 사람을 가중처벌하는 '특정범죄가중처벌법'은 형법, 관세법, 조세범처벌법, 산림법, 마약법에 규정된 특정범죄에 대해 처벌하는데 수뢰액에 따르는 뇌물죄의 가중처벌, 알선수재·뇌물죄의 적용확대, 공무상 비밀누설, 국고손실, 약취·유인죄, 상습 강·절도죄, 강도상해 등 재범자, 보복범죄, 관세법 위반, 관계공무원의 무기사용, 조세포탈, 산림법위반, 통화위조, 마약사범, 외국인을 위한 탈법, 특수 직무유기에 대한 가중처벌과 소추에 관한 특례가 정해져 있다.

또, '특정경제범죄가중처벌법'이 있는데 여기에는 특정재산범죄의 가중처벌, 재산국외도피, 저축관련 부당행위, 무인가 단기금융업, 금융기관 임직원의 수·증재, 알선수재, 사금융 알선, 보고의무 등에 대한 몰수·추징 및 가중처벌과 일정기간 취업제한 및 인·허가도 금지되어 있다. 사기·공갈·횡령·배임 등 특정재산범죄의 이득액이 5억 원 이상일 경우 3년 이상의 유기징역, 50억 이상일 경우 무기 또는 5년 이상의 유기징역으로 가중처벌하고 그 이득액 이하의 벌금을 추가로 부과할 수 있다.

또한 금융기관 임직원이 직무관련 금품·기타 이익을 수수·요구·약속시와 제3자에게 이를 공여했을 경우 5년 이하의 징역 또는 10년 이하의 자격정지에 처한다. 이때 수수액이 3천만 원 이상이면 5년 이상의 유기징역, 5천만 원 이상이면 7년 이상의 유기징역으로 가중처벌하고 1억 원 이상일 때는 무기 또는 10년 이상의 유기징역으로 가중처벌하며 그 수수액의 2배 이상 5배 이하의 벌금을 추가로 부과할 수 있다.

현재 우리나라는 2천여 개의 법이 있고 계속 만들어지고 있다고 한다. 언제까지 얼마나 많은 법이 만들어져야 할까. 정녕 지금의 법만으로 살아갈 수는 없는 것일까.

박총경의
눈물

2014년 4월 어느 봄날 아침, 세계 10위 안에 드는 경제대국 대한민국에서 수학여행을 떠난 어린 학생 등 3백여 명이 서해바다에 수장水葬되는 참으로 어처구니없는 일이 일어났다. 봄은 희망이라고 했다. 그런데 그 따뜻한 봄에 우리의 어린 생명들이 차가운 물속으로 묻힌 것이다. 그 어처구니없는 일 때문에 세상이 멈추었다. 결혼식들도 조용하게 치러졌고 봄 축제를 비롯한 전국의 모든 행사들이 취소되었으며, 곳곳의 분향소에는 꼬리가 긴 추모행렬이 생겨났다. 그것은 살아남은 사람들이 할 수 있는 마지막 몸부림이었다.

박총경은 며칠째 방송되고 있는 해난사고 뉴스를 보다가 조용히 일어나서는 거울 앞으로 걸어간다. 그리곤 한참 동안 자신을 바라본다. 10여 년 전 경정警正 계급으로 일선경찰서 수사과장을 하고 있을 때 관내의 산에 중국 민항기가 추락했던 사건을 되새긴다. 그때까지 비행기가 떨어진 유사한 사례가 없었고 기초적인 매뉴얼도 없던 그 시절, 경찰서장님의 냉철하고도 빠른 판단력으로 현장지휘를 하던 모습을 지금도 잊을 수 없다.

2002년 4월 15일 오전 11시 45분.

국제공항이 인접한 지역엔 짙은 안개가 끼여 시정거리가 3200미터에 불과하였고, 바람마저 강하게 불어 정원 150명 이상의 항공기는 착륙이 금지된 상태였는데, 166명이 탄 항공기가 무리하게 착륙하려다 조종미숙으로 인근의 산중턱과 충돌한 것이다. 추락사고 소식과 동시에 비상이 발령되었다. 기동복을 입고 현장으로 나가던 냉철한 서장님은 나에게 지시했다.

"오늘 이 시간부터 상황실은 수사과장이 장악하시오."

경찰서의 모든 기능이 긴박하게 돌아갔다.

악천후의 날씨 속에 인근의 전투경찰대를 동원시키고 사고현장인 산등성이에 지휘캠프를 설치하고 뒤이어 도착한 119와 구조작업에 나섰지만 그 민항기가 추락 후 2차례나 큰 폭발을 일으켜 구조를 어렵게 했다.

경찰서장은 사고현장에서 구조를 지휘하고 박경정은 현장상황 파악과 함께 모든 병원에 사망자와 부상자의 현황을 파악하며 수습을 도왔다. 166명의 탑승객 중 사망자 129명, 부상자37명으로 탑승자 전원이 사상자였다. 생중계되는 뉴스 화면에 생존자가 50명을 넘어섰다고 보도되는 것을 보면서 의아하기도 했지만 중요한 것은 사람을 보내 직접 확인하는 것이다. 사람을 구조하려면 정확한 사실확인이 중요하다. 이튿날 여러 방송사에선 생존인원이 정정보도되고 있었다.

초유初有의 사건에 대한 원인규명도 정말 어려운 문제였는데 사건을 종결하여 송치한 후 3년이 지나 한국과 중국 · 미국이 합동조사한 결과 조종사의 운항미숙으로 결론이 내려졌다고 했다. 그 사건을 처리하면서 어떠한 상황에서도 흔들리지 않고 지휘를 하는 서장님의 모습에서 많은 것을 배웠다.

몇 년 전 총경으로 승진하여 경찰서장이 되고 관내에서 경찰관이 강도에게 피살되는 사건이 일어났을 때 '그 서장님'에게서 배운 냉철한 자세는 큰 도움이 되었다.

새해 벽두인 1월 3일 저녁 9시가 넘은 시간, 기동부대에 근무하는 경찰관이 비번일에 미용실에서 일하는 아내를 퇴근시키려고 마중을 가다가 아내에게 강도짓을 하는 범인과 맞부딪친 상황에서 범인이 휘두른 칼에 찔리고도 범인을 잡으려고 70여 미터나 추격하다가 과다출혈로 사망한 사건이었다. 비상령 하달과 동시에 긴급배치가 이루어졌다. 수사본부에서는 목격자 탐문과 도주로의 CCTV 확보 및 몽타쥬를 배부하였다.

30년이 넘는 경찰생활 중 20년 넘게 수사부서에서 일한 박총경은 범죄의 형태를 분석하여 '범인은 주변에 사는 사람'이라고 결론내렸다. 곳곳에 형사를 배치하여 도주로를 차단했지만 무엇보다 시민의 제보가 필수적이다. 먼저 무보수로 봉사하는 자율방범대원들에게 호소했다.

"범인은 여러분들의 주위에 살고있는 사람입니다. 여러분의 제보가 결정적 단서가 됩니다. 힘을 모아주십시오."

관내의 버스와 택시 등 도주에 이용될 수 있는 모든 것들을 샅샅이 살펴 나가던 무렵, 30여 건의 시민 제보 중에 자율방범대원의 결정적 제보가 들어왔고 현장의 유류지문과도 일치했다. 용의자를 특정하여 행적을 추적하니 그는 이미 사건발생 직후에 택시를 타고 다른 지역으로 도망간 뒤였다. 계속 수사하여 열차를 탄 것을 확인하곤 도주경로를 따라 전국적인 공조체제가 가동되고 곳곳의 열차 정차역마다 검문이 이루어졌다. 종착역이 가까운 곳의 어느 역에서는 열차를 10여 분간 정차시키곤 차내 수색까지 했다. 철도청의 협조와 기다려주는 승객들이 고맙다. 그러나 용의자는 없다. 용의자가 열차에 오른 뒤에 탑승사실을 확인한 탓에 검문이 시작되기 전 중간지점에서 내려버린 것이다. 모두가 허탈해 있는 그 순간, 사이버수사대장인 신경감은 온종일 컴퓨터 모니터에 눈을 고정시키고 검색에 열중하고 있다. 이미 많은 자료를 확보하고 있던 '사이버 전문가' 신경감의 눈은 빨갛게 충혈되었지만 눈을 깜박이지도 않는다.

신경감이 컴퓨터 안에서 드디어 용의자를 찾아내었다. 충청도의 어느 PC방에 있는 것을 확인하곤 즉시 통보하였고 그 지역의 경찰서장이 형사를 대동하여 현장검거에 나섰다. 그러나 용의자와 인상착의가 같은 사람이 없단다. 신경감이 전화를 뺏아 들었다.

"사이버수사대장입니다. 거기 경찰서장님 바꿔주세요."

"예, 서장입니다. PC방을 전부 수색했는데 인상착의가 비슷한 사람이 없어요."

"서장님, 낙화암 PC방 44번 모니터에서 게임하는 40대 남자가 바로 범인 김상식(가명)입니다."

경찰서장은 형사들과 44번 모니터를 둘러싸고,

"김상식씨 되시죠?"

"예에, 왜 그러십니까?"

범인의 눈동자가 불안하게 흔들린다.

"김상식씨를 강도살인죄의 범인으로 체포합니다. 변호인을 선임할 수 있고…."

게임에 몰두해 있던 범인은 '여기 있는 것을 어떻게 알았지? 정말 귀신 같네'하는 표정으로 두 손을 내밀었다. 그렇게 사건발생 2일 만에 체포되었다. 그는 수배전단의 사진과 너무도 달랐지만 사이버수사대장의 첨단수사망을 피해가지 못한 것이다.

사건발생 5일 후.

경찰서 앞마당에서 순직한 조경장의 영결식이 있었다. 그날은 왜 그렇게 추웠을까? 떠나가는 사람이 가족과 헤어지기 싫어서 땅을 얼려버리고 싶었을까. 경찰악대의 진혼곡마저 얼어버린 듯 넓은 하늘로 퍼져나가지 못하고 마당 위로만 좁게 맴돌았다. 자신을 살리려다가 사망한 남편을 떠나보내는 아내의 눈물은 냇물이 될 듯이 흘러내렸고, 아빠를 잃은 것도 모르는 다섯 살 아들은 검은 외투에 상주완장을 차고는 많은 추모객들 앞에서 뛰어놀았다. 그 모습을 보는 모든 이들이 울었다. 온 세상을 얼려 버릴 듯한 추위도 유족과 추모객의 뜨거운 눈물은 얼리지 못했다. 냉정하면서도 눈물 많은 박총경도 지금까지 그날 만큼 많이 울었던 기억은 없다. 그렇게 동료를 떠나보낸 것이다. 세상에는 만나면 반드시 헤어진다는 진리가 있다지만 오고 가는 시절의 인연因緣 앞에서 상대방이 그 누구일지라도 헤어지는 것은 슬픈 일이다.

20여 년 전 경위로 기동부대 소대장으로 근무할 당시 법률적인 근거가 부족하여 부대가 해체되는 일이 있었다. 전역을 코앞에 둔 대원들로서는 당황할 수밖에 없었고 당시 혼란한 시국상황으로 매일 시위진압에 동원되어 운명을 같이 하던 전우戰友들과 뿔뿔이 흩어지는 상황을 두고 반발은 거세었다. 시위진압부대에서 시위가 일어난 것이다.

대원들은 숙소를 폐쇄하고 폭력적으로 변하여 타부대로의 배치를 거부했다. 그들의 마음은 충분히 이해되었지만 그대로 방치할 수도 없는 노릇인데 간부경찰관이 접근하면 폭력을 휘두르며 반항하여 모두가 눈치를 보고 있었다. 그때 박경위가 나섰다. 대원들이 차마 소대장에게 폭력까진 쓰지 못하고 공포감을 조성하며 막아섰지만 박경위는 눈을 감고 들어갔다. 곧 헤어질 소대원들의 성난 모습보다 좋은 모습만 기억하고 싶었기에.

"세상에 이런 법이 어디 있어? 우리는 이 부대를 절대로 떠나지 않는다. 소대장도 필요 없어!"

이성을 잃은 대원들은 막무가내였다, 시위현장에서 익힌 '운동가運動歌'를 부르고 기물을 파손하며 위력을 행사했다. 그날 박경위는 대원들에 의해 통제(?)된 공간에서 홀로 그들이 쏟아내는 모든 말을 들어주었다. 그리고 같이 술도 많이 마셨다. 소대원 모두에게 한잔씩 받았다.

"너희들의 마음을 충분히 이해한다. 소대장도 너희들과 똑같은 마음이다. 너희를 갑작스럽게 떠나보내는 나도 죽고 싶다. 그러나 우리는 명령을 따라야 하는 경찰이다. 목숨이 위태로운 상황에서도 주민들을 대피시킨 뒤 우리는 현장을 지켜야 하고, 국가의 정당한 명령에 복종해야 한다. 우리나라는 법치국가이고 그 법을 지키기 위해 우리가 아스팔트에서 화염병을 맞지 않았느냐? 이젠 우리가 그 법을 지키자."

그날 박경위가 밤늦게까지 했던 말이다. 새벽녘이 되자 술에 취한 대원들은 하나둘씩 잠들기 시작했지만 박경위는 잠을 잘 수 없었다.

'나 혼자만이라도 정신을 놓지 않아야 한다.'

소란스럽던 막사가 조용한 것을 확인하곤 세면장에서 샤워를 했다. 맑은 정신으로 깨어 긴장을 늦추지 말아야 하는 것이다. 샤워를 마치고 막사를 다시 돌아보는데 3소대 내무반 문을 열곤 깜짝 놀랐다. 불이 난 것이다. 대원들은 술에 취해 쓰러지듯 자고 있는데 켜놓고 자던 모기향이 군용모포에 옮겨 붙어 타오르고 있었다. 인화물질 투성이인 내무반은 이미 연기가 자욱했고 불은 번져가고 있었다. 순간적으로 시위현장에서 화염병에 심한 화상을 입은 대원들의 모습이 뇌리를 스쳤다.

"화재다, 전원 기상, 전원 기상 !"

눈을 비비며 깨어난 대원들은 불을 끄고 휘둥그레한 눈으로 서로를 바라볼 뿐이었다. 생각할수록 아찔한 순간이었다. 그날의 낮과 밤은 왜 그렇게 복잡하고 힘들게 흘러갔을까.

이튿날 아침, 대원들은 연병장에서 헤어지는 '소대장님을 헹가래' 치며 또 눈물을 흘렸다. 그리고는 '따불빽'을 메고 새로 배치될 부대에서 온 차에 나누어 올랐다. 떠나는 소대원들을 보며 박경위는 흐르는 눈물을 닦을 생각도 하지 않고 서 있었다. 남자의 뜨거운 눈물이었다.

해난참사 수습과정의 허둥댐을 보며 재난수습을 위한 강력한 컨트롤타워를 생각한다. 사람이 죽어가는 마당에, 우리 아이들이 생매장되고 있는 마당에 번잡한 절차와 결재단계가 뭐가 그렇게 중요한가? 사람의 목숨을 살리는데 꼭 정해진 원칙만 필요한 것이 아니다. 현장상황에 따라 타당하고 효율적인 변칙도 적용해야 한다. 옛 병서兵書에도 전장에서 장수는 상황에 따라 절대군주인 임금의 명령도 거부할 수 있다고 하지 않았는가.

무슨 큰일이 터지면 책임부터 물으려고 할 것이 아니라 사태수습의 재량권을 주어 결정적 시간을 놓치지않게 하는 것이 중요하다. 냉철한 상황판단력을 가진 '그 서장님'같은 책임자에게 합리적이고 강력한 재량권을 부여하여 보다 효율적으로 조직이 움직이게 해야 하는 것이다.

'양 한 마리가 지휘하는 사자 10마리보다 사자 한 마리가 지휘하는 양 10마리가 더 강하다'는 글을 읽은 것이 생각난다. 박총경은 거울을 보며 자신에게 엄중히 되묻고 있다.

'지금 나는 경찰서장으로서 직무를 제대로 수행하고 있는가?' 그리곤 '천안함 폭침사건' 때도 했던 말을 또 되새기고 있다.

'서해바다 용왕님은 뭘 하실까? 거북이 한 마리라도 보내서 어린 학생 한 명이라도 업어올리게 하시지.'

통일 별자리를 찾아라

세상의 온갖 직업군들은 시대가 변하면서 없어지고 또 생겨난다. '탈북민 신변보호관'도 마찬가지다. 1990년대부터 북한 동포들이 탈북민이란 이름으로 유입되면서 생겨났다.

생머리를 뒤로 묶고 사복차림으로 근무하는 여경인 이경사는 '탈북민 신변보호관'이다. 중국을 거쳐 들어오기 시작한 탈북민들은 초기엔 남자들이 주류였으나 몇 년 전부터는 여성들이 많아졌고 지금은 70% 이상이 여성이다. 그래서 생겨난 것이 여성탈북민 전담여경이다.

이경사는 얼마 전에 너무나 가슴이 아프고 또 보람있는 일을 겪었다. 탈북민치고 누구 한 사람 사연이 없는 사람은 없지만, 특히 여성 탈북민들의 사연을 듣다보면 그녀들의 기구한 운명 앞에 눈물이 절로 난다. 먹고 살기 위해서라기보다 오로지 굶어죽지 않기 위한 그들의 몸부림은 탈북브로커에게 전 재산을 넘겨주고도, 신변불안 때문에 중국에선 온갖 수모를 당하며 거짓 남편과 살아야 하며 북한 · 한국 등 세 사람의 남편을 모셔야 하는 경우도 있고, 북한과 중국에 흩어져 있는 자식들과 부모들의 그리움에 매일매일을 눈물로 보내기도 한다.

다행히 양강도 출신인 박씨 부부는 가족 모두가 탈북하여 인근 도시에 살고있는데 식사 중에 어머니의 백내장 치료 얘기를 하며 쏟아내는 눈물 때문에 얼마나 같이 울었는지 모른다. 박씨의 어머니는 북에 있을 때부터 백내장을 앓았다. 박씨 가족들이 산나물을 뜯어 팔고 중국물건의 밀수까지 해가며 돈을 모아 어머니의 백내장 수술을 하기로 했는데 문제는 병원에 안과의사가 없다는 것이다. 안과의사가 원래부터 없었던 것은 아니고 몇 년 전부터 국가에서 급여를 주지 않아서 그 의사는 인턴 과정을 밟고 있는 아들까지 데리고 산에서 나물이라도 캐서 먹고 살겠다며 도망을 가버렸다는 것이다.

정말로 쫄쫄 굶어가며 어렵게 수술비를 마련했는데 수술할 의사가 없다는 말에 난감하기도 했지만 포기할 수도 없어 백방으로 수소문하여 어느 산골에 있는 의사를 찾았다. 자초지종 사연을 들은 의사는 수술만이 문제가 아니고 수술하는 동안 밥도 먹여주어야 한다는 것이다. 도망간 신분 때문에 배급도 받지 못하고 있다는 것이다.

마음이 바쁜 박씨는 이것저것 가릴 형편이 아니어서 그러겠노라고 약속하고 의사가 병원을 나올 때 몰래 가져나온 수술도구를 챙겨 집으로 돌아왔다. 그런데 수술도구 중에서 수술용 칼(메스)이 없는 것이었다. 의사는 일제 면도칼을 구해올 것을 요구했다. 온 천지의 암시장을 뒤졌지만 그것은 없었다. 할 수 없이 날이 무딘 중국제 칼을 사서 의사가 숫돌에 갈아서 수술을 하기로 했다.

전기도 없는 집에서 플래시를 들고 가족 모두가 어머니의 팔다리며 머리를 잡았다. 마취도 하지 않고 백내장 수술을 하는 것이다. 조악한 수술도구로 각막을 여러 겹 벗겨내고는 렌즈를 끼우곤 봉합한다. 피투성이가 된 어머니의 눈, 고통스런 신음과 참지 못해 움직이는 사지에 온집안이 울음바다다. 지금 생각해도 그 시간은 생지옥의 시간이었다. 이후 박씨가 먼저 탈북하고는 뒤이어 부모님까지 모셔왔는데 시력은 자꾸 나빠졌다. 결국 며칠 전에 한국의 안과로 어머니를 모셔갔었다. 한국의 안과의사는 진찰을 하곤 도대체 어디서 이런 수술을 했느냐고 화를 내었다. 발로 수술을 해도 이것보다는 잘할 수 있을거라며 자기는 이런 상태론 치료할 수 없으니 처음 수술한 병원으로 데려가란다.

"저어 북한에서 수술을 했습니다."

사연을 듣고 난 의사는 한숨을 쉬고 난 뒤 현 상태로는 되돌려 수술할 수는 없다며 약으로 치료를 해야 한단다. 그 얘기를 들으며 박씨는 복받치는 설움에 어찌할 바를 모르고 있는데 의사선생님이 치료는 잘 해 드릴 테니 시간 맞춰 약 드시고 치료시간도 어기면 안된다고 말씀해주셔서 너무너무 고맙더란다. 듣고 있는 이경사 자신도 그 의사가 고마웠다. 의술醫術은 곧 인술仁術이라는 말이 생각난다. 그 말을 들으면서 정말로 수술을 그렇게 할 수 있는가. 이 말이 정녕 사실인가 하고 몇 번이나 생각했다. 그나마 다행인 것은 박씨 가족은 정착적응도가 높다.

아내는 '안보강사'로 활동하며 보안계장님의 소개로 지역 작곡가를 소개받아 가수활동을 시작했고 북한에서 태어나 초등학교 3학년에 다니는 딸 밑으로 작년엔 작은딸을 출산하여 돌잔치를 했다. 그 돌잔치에 이경사가 초대되어 그 기막힌 사연을 들은 것이다. 이경사는 시간만 나면 어떻게 해야 탈북민들을 도울까 하는 생각에 빠지는데 그들과 지내다 보면 그렇게 하지 않고는 배길 수가 없다.

지난봄엔 지역봉사단체에게 부탁하여 탈북민 학생들에게 장학금을 지급했다. 자신은 그들을 돕고 싶은 마음뿐이었지만 그 말을 들은 모 봉사단체에서는 발벗고 나서서 도와주었고 취지를 다른 단체에까지 알려서 내년엔 더 많은 도움이 되겠다고 했다. 가슴 깊은 마음 씀씀이가 무척이나 고맙다.

장학금 전달식을 할 때 홀홀단신 탈북하여 간호대학에 다니고 있는 늦깎이 학생인 황양은 장학금을 받아들고 "자신에겐 너무나 큰 돈이다, 반드시 졸업하고 취직을 하면 더 어려운 사람을 돕겠다"고 눈물을 흘렸었다. 그녀가 얼마나 고마워했던지 봉사단체 회원들이 머쓱해 할 정도였다.

장학금 전달식을 마치고 봉사단체 회원이기도 한 뷔페사장님의 배려로 관내 탈북민 전부가 식사를 같이 했는데 그날 이후로 매달 그 뷔페에서 외식을 한다. 그날은 관내 탈북민과 보안경찰의 잔칫날이 되었다. 그리고 지난주 일요일에 치룬 탈북민 결혼식도 이경사의 몫이었다. 북한에 가족을 두고 혼자 온 중년의 남녀탈북민인 그들은 타지에서의 외로움에 부부로 연을 맺어 살고 있는데 결혼식을 하고 싶었지만 비싼 비용 때문에 엄두를 내지 못하고 있다가 결혼사진이라도 찍고 싶다며 이경사에게 부탁해 왔다. 300만 원 정도 들여서 할 수 있으면 결혼식을 하고 싶단다. 이경사는 며칠 동안의 고민 끝에 웨딩뷔페 사장님을 찾아갔다. 처음엔 웬 여자가 찾아왔냐 눈치를 보이던 웨딩 사장님은 사연을 듣고는 자신이 최대한 돕겠단다. 식장과 웨딩드레스는 무료로 제공하고 뷔페음식도 40%나 깎아주었다. 그리고 외주外注에서 하는 신부화장도 재료값만 받게 해주겠다고 했다. 그렇게 해서 '주례없는 결혼식'은 신변보호관인 보안경찰관들과 탈북동료 가족들이 참석한 가운데 열리게 되었는데 멀리 떨어진 곳에 사는 고향이 북한인 친구들은 5시간이나 차를 타고와 축하해 주었다.

그날의 결혼비용은 100만 원이 채 들지 않았다. 3백만 원을 예상했는데 비용의 나머지는 따뜻한 사람들의 가슴으로 채워진 것이다. 그날 그렇게 예쁘던 중년 신부의 미소와 입을 귀에 걸고 좋아하던 나이든 신랑, 그리고 더 좋아하던 30여 명의 하객들.

결혼식을 마친 신랑신부가 뷔페에서 밥을 먹고 있는 이경사의 테이블로 와서 눈물을 흘렸다. 정말 고맙다고, 북에서는 상상도 하지 못하는 경찰의 도움을 받았다며 감격해 한다. 그들이 처음 전입해

왔을 때 '북한의 사회안전부'를 생각하며 잔뜩 경계하던 눈빛은 간 곳이 없고 이젠 일이 생길 때마다 경찰서로 뛰어 온다. 경찰서가 남한에 있는 친정이라고 말하는 여성 탈북민도 있다.

"이렇게 좋은 날 왜 우세요? 울면 신부화장이 엉망이 되는데 웃으세요~" 이경사의 엉뚱한 말에 식당은 웃음바다가 되었다.

보람이다. 그래 이 기분에 내가 뛰어다니는 거다.

이경사가 탈북민들을 만나 얘기를 듣다 보면 어떨 때는 설마 그럴까 하는 생각이 들 때도 있다. 그러나 북한의 고향과 탈북시기가 다른 사람들도 북의 실상을 말할 땐 한결같다. 어떤 이는 한국에서 준 12평 아파트에 들어가 수도를 틀면 물이 쏟아지고 스위치를 올리면 전기가 들어오는 것을 보곤 신기해서 첫날엔 잠을 자지 못했단다. 북에 살 땐 물 길러 압록강에 갔었고 밤이 되면 촛불도 켤 수 없었단다. 그리고 아침이면 생겨나는 마을마다의 공동변소 앞의 줄서기에 진저리쳤던 것을 떠올리며, 집집마다 화장실이 있는 것이 과연 가능한지 아직도 믿기지 않는단다. 이경사는 언젠가 본 위성사진에서 남쪽은 전국이 환한데 북쪽은 평양과 몇몇 도시만 빼곤 암흑천지였던 것이 생각났었다. 그런가 하면 북에선 집단농장의 인민반장에게 뇌물을 찔러주곤 장사를 하러 다니는데 모든 것이 불법이라 정말 사는 게 숨만 쉬는 것이지 사는 것이 아니란다. 그리고 최근엔 탈북민 색출활동이 강화되고 중국쪽의 감시까지 심해져 탈북민들이 겪는 수모는 말로 표현할 수 없다며 말끝마다 울음을 터뜨린다. 그리고 막

대한 돈을 브로커에게 주고 한국에 입국했는데 일부 국민들로부터 무시당하고 상대적 빈곤감에 또 서러움의 눈물을 흘린다.

우리가 그들보다 조금 잘 산다고 우쭐거릴 것은 아니다. 그리고 자기보다 어려운 사람들을 업신여기는 눈으로 볼 것은 더욱 아니다. 따지고 보면 나라고 잘난 것은 뭐가 있는가? 남이 타는 좋은 차만 봐도 부러워하는 주제에, 세상이 바뀌어도 간직해야 할 것은 측은지심이라고 하지 않는가.

똑같은 한민족으로써 어떻게 그렇게 다른 생활을 해야 할까, 이념이란 것이 도대체 무엇인지 되묻고 싶다. 탈북민들은 대부분 작은 공장에 다니거나 식당 허드렛일 등 사는 모습은 다르지만 꿈은 하나 같이 똑 같다. 어서 통일이 되어 북쪽도 잘 살게 되면 고향으로 가서 가족들과 어울려 살고 싶어 한다. 이건 이념의 문제가 아니다.

이경사는 생각한다. 우리는 얼마나 누리며 살고 있는 걸까. 나는 얼마나 배부른 투정을 하고 있을까. 빨리 통일이 왔으면 좋겠다. 통일 비용이 조금 더 들더라도 이산가족인 늙은 할머니들이 돌아가시기 전에 그리고 북에 있는 탈북민들의 가족이 더 아프기 전에 말이다. 그리고 통일이 되면 북한의 경찰서에서 근무해 보고 싶다는 생각을 한다.

어느 탈북민은 자신의 고향에서는 신경질이 날 정도로 별이 가까이 보이는데 이남에선 별빛이 흐려서 처음엔 다른 하늘인 줄로 알았단다. 인공조명이 늘어나면서 별빛이 흐려졌다. 세상엔 그 무엇이든 질서의 조화가 있나보다. 북한의 그 맑고 가까운 별들을 직접 보고 싶다. 얼마 전에 돌잔치를 한 똘망똘망한 아기의 눈처럼 맑은 별을 말이다. 전갈자리며 황소자리, 처녀자리, 이름도 많은 별자리 중에 통일 별자리도 있을까.

역지사지易地思之

01 바늘 허리에 실을 매어라

지리한 장마가 끝나가던 무더운 여름날 오후. 무전기의 지령소리가 파출소의 나른함을 비켜 세우고 있을 무렵에 40대 아주머니가 이마의 땀을 훔치면서 뛰어 들어온다.

"아저씨, 어떡해요~ 버스에서 소매치기를 당했어요, 좀 잡아주세요."

"예, 어디서 어떻게요, 차량 번호는요?"

"방금 버스에서 내린 뒤 잃어버린 것을 알았어요. 빨리 잡아주세요."

"시내버스요? 시외버습니까? 차근차근 말해 보세요." 파출소 옆에 있는 시외버스 터미널을 생각한 박경장의 말이다.

아주머니의 목소리는 더욱 다급해진다.

"우리 아저씨 병원비란 말이예요, 빨리 잡아주세요, 빨리요."

40대 여인은 안절부절 하며 박경장의 손을 끌고는 현장으로 가자고 난리다.

"아주머니, 일단 버스의 특징부터 말해 보세요."

"아저씨, 바로 저쪽으로 갔다니까요? 빨리 가요."

박경장은 무전기를 챙겨 아주머니와 함께 뛰어 나간다. 관리요원 김경사는 그들을 뒤따라가며 시내버스 노선번호를 물어보고는 무전기를 든다.

"순11, 12, 151번 고성동 방면 시내버스 보이면 정차시켜 소매치기 검문해주세요, 지금 삼각지 주변을 통과 중입니다."

잠시 후, '여기 순11, 151번 시내버스를 발견. 우리가 검문하겠음. 순12도 지원바람.' 정류소에 멈추는 시내버스 앞뒤로 순찰차가 급정거를 하고는 재빠르게 경찰들이 올라타서 차내 검문을 실시한다.

얼마나 지났을까. 박경장은 땀을 닦으며 사무실로 들어서고 뒤따라오는 아주머니는 흐트러진 머리카락을 매만질 생각도 하지 않고 의자에 털썩 주저앉는다. 마치 세상의 모든 것을 잃어버린 듯해 보인다. 조금 전에 순11 · 순12의 버스검문에서는 소매치기를 붙잡지 못했다는 보고가 들어왔다. 아주머니는 버스에서 내린 뒤에야 소매치기 당한 사실을 알았다는데 소매치기 범인은 그 전에 내려버린 모양이다. 급한 마음의 아주머니와 함께 정류소로 뛰어갔을 때 버스는 이미 출발했었고 무전을 받은 순찰차가 다음 정류소에서 버스를 검문했지만 실패했다.

"아저씨들이 좀 빨리 갔으면 잡을 수 있었을 텐데. 이제 난 어떡해요, 어떡해."

"죄송한데요, 저희도 바로 뛰어가지 않았습니까."

"그게 어떤 돈인데, 피해신고서를 쓰면 경찰에서 잡아줄 수 있어요?"

난감한 표정의 박경장은 데스크에 앉아 피해신고서를 작성하기에 바쁘다. 박경장의 목덜미 뒤로 땀이 흘러내린다. 김경사는 사무실 밖으로 나가 담배를 꺼내 물며 혼잣말을 뇌까린다.

"아~ 어렵다 어려워, 아무리 바빠도 실을 바늘허리에 매어 쓸 수는 없는데, 그런데 소매치기 놈들은 휴가도 안 가나?"

또 다른 팀원 박경사는 일상적으로 생기는 일이려니 하는 생각에 무의식적으로 김경사의 말을 거든다.

"글쎄 말이요. 에이, 날은 왜 이렇게 더워."

그러면서도 한편으론 아스팔트에서 올라오는 복사열을 마다하고 내뿜는 김경사의 담배연기에 서민들의 어려움을 날려 버릴 수는 없을까 하는 생각을 해본다. 뒤돌아 사무실을 보니 아주머니의 뒷모습은 모든 힘이 다 빠진 듯 보이고 손잡이가 해진 핸드백은 입을 벌린 채 소파 한쪽에 딩굴고 있다.

괜한 미안함이 밀려와 사무실로 들어가기가 머뭇거려진다.

02 노부부의 아픔

하경감은 파출소장이다. 밤늦게 퇴근해서는 집에서 잠을 자고 있는데 전화벨이 울린다. 반사적으로 일어나 발신전화번호를 본다. 새벽녘에 사무실에서 걸려온 전화는 노인병원에서 치료를 받던 여든의 할머니를 누군가가 돌로 내리쳐 중상을 입혔단다. 곁에서 간병중이던 할아버지는 행방을 알 수 없고.

시계를 볼 여유도 없이 뛰어나가 다친 할머니의 응급조치를 확인하고는 할아버지의 행방을 찾았지만 오리무중이다. 교통사고로 3개월 전에 입원한 할머니를 역시 여든이 넘은 할아버지가 혼자서 계속 간병을 하셨단다. 그런데 간병하는 할아버지가 이 새벽시간에 어디로 가셨을까, 내내 병실의 작은 침대에서 할머니를 지키셨다는데. 담당간호사의 말에 따르면 피 흘리는 할머니를 발견하기 조금 전까지 할아버지가 계신 것을 보았다고 한다. '좋지 않은 직감'이 엄습해 옴을 느끼며 지구대 가족들은 할아버지를 찾았지만 발견할 수 없다.

시간 가는 줄도 모르고 뛰어다니다가 겨우 타지역에 사는 할머니의 자녀들과 연락을 주고받을 때는 이미 아침이 밝아오고 있었는데, 병원에서 얼마 떨어지지 않은 등산로 옆 나무에 목을 맨 변사체가 발견되었다는 신고가 들어왔다. 직감적으로 그 할아버지일 것이라는 생각이 든다. 얼마나 시간이 흘렀을까, 간병 할아버지와 인상착의가 비슷하다는 무전이 왔다. 검안할 의사와 함께 산으로 가니 새벽 등산을 하고 내려오는 사람들이 장소를 안내해 준다. 하산길에 현장을 본 모양이다.

새벽 이슬을 느끼지도 못하고 숨을 헐떡이며 도착했을 때 등산로 옆에 모셔둔 할아버지는 80 평생의 어려움과 고민을 삭이신 듯 입을 반쯤 벌린 채 두 손을 펴고 누워 있었다. 인상착의가 한눈에 간병하시던 할아버지라는 것을 알 수 있었다. 어쩌다 나이 많은 어르신께서 환자인 할머니를 두고 스스로 목숨을 끊으려는 결심을 하셨을까, 무슨 사연이 있었기에.

나의 부모는 아니지만 늙어서 이런 결심을 할 정도면 얼마나 많은 고민을 했을까 하는 생각이 떠나질 않는다. 공의公醫가 검안을 마칠 무렵에 도착한 말쑥하게 차려입은 아들의 울부짖는 눈물은 새벽이슬보다 굵게 보였지만 어쩐지 여러 가지 생각이 교차하는 것도 사실이었다. 할아버지의 호주머니에서 발견된 유서가 울고 있는 자식의 얼굴에 겹쳐져 왔기 때문이었다.

사연은 이랬다.

문제의 80대 노부부는 자식들을 모두 남부럽지 않게 키워 출가시키고 두 분끼리 살아 왔는데 3개월 전에 할머니가 교통사고를 당하여 치료를 받아 왔단다. 그런데 다섯이나 되는 자식들이 간병을 서로 미루어 할아버지 혼자서 보살펴 왔었는데 한 달 전부터는 할머니의 지병인 당뇨까지 심해져 중환자실을 드나들며 치료해도 자식들 모두가 모른척하여 할아버지께서 고민을 많이 하셨다고 했다. 유서의 글귀 중에 '우리 이렇게 힘들게 살지 말고 같이 죽읍시다'라고 쓰여진 글이 병실에 있는 피 묻은 돌멩이를 설명하고 있었다.

이윽고 장의사의 손에 이끌려 영원한 안식처의 경유지인 영안실로 가는 것을 보면서 할아버지가 편안히 가셨으면 하는 생각이 간절했다. 그런데 응급처치 후 생명에 지장은 없다는 할머니는 이제 누가 돌보지? 하는 생각이 드는 것은 나의 괜한 걱정일까.

사무실로 돌아왔을 때 근무교대 시간의 바쁜 와중에도 자식들이 너무했다는 말들이 여기저기에서 쏟아져 나왔다. "자식들이 모두 맞벌이를 하든지 무슨 사유가 있겠지"라는 노경사의 조심스런 말도 있었지만 "아무리 사정이 있었어도 80 노인이 3개월이나 할머니를 간병할 때 자식들이 내몰라라 했다는 것은 너무 지나치다"는 반응이 대부분이었다. 하경감의 입에서도 "세상 말세다, 말세!"라는 말이 튀어 나온다. 자신도 부모에게 제대로 하지도 못했으면서 남의 일을 보고 입에서 나오는 대로 '씨부리고' 있는 것이다. 그러면서도 우리가 모르는 무슨 사연이 있었을까 싶기도 하지만 TV나 신문에서 봐왔던 일들이 내 눈앞에서 일어나고 있으니 참 세상이 어쩌다가 이 지경이 되었는가 싶기도 하다.

03 경찰수사가 뭐이래?

파출소장 임기를 마치고 도경찰청으로 자리를 옮겼다. 퇴근길에 가족들보다 같이 지내는 시간이 더 많다면서 소주 기울이기를 마다하지 않는 동료들과 저녁식사를 하고 있는데 전화벨이 울린다. 집 옆에 있는 파출소의 전화번호다. 무슨 일일까?

"어, 내 윤균데, 니 마누라가 강도를 당했거던, 빨리 병원에 가 봐라."

"짜식이 농담할래?"

"진짜다, 머리를 많이 다쳐가꼬 피를 많이 흘렸다 카더라, 빠 빨리 가 봐라."

파출소에 근무하는 동기녀석은 말까지 더듬으며 병원가기를 재촉했다. 순간 나도 몰래 심장박동이 불규칙해지는 것을 느끼며 허둥댄다.

"진짜가? 많이 다쳤나?"

"자세히는 모르겠다. 일단 빨리 가 봐라."

이게 도대체 뭔 소리야? 내마누라가 강도를 당했다니.

"행님, 어디 가노? 또 도망 갈라쿠제~."

붙잡는 동료의 손을 뿌리치고 택시를 잡아 빨리 가자고 재촉한다. 어쩌다 강도를 당했지? 얼마나 다쳤을까? 아이들의 얼굴까지 눈앞에 아른거린다. 에이, 신호는 또 왜 이렇게 자꾸 걸리는 거야.

병원 응급실, 아내는 머리의 봉합수술을 받고 있다고 했다. 봉합수술? 얼마나 다쳤을까. 밖으로 나오니 파출소 순찰차가 서 있다. 아까 들어갈 때도 있었다는데 급한 마음에 보지 못했던 것 같다. 112 신고를 받고 뛰어가니 아내가 피를 흘리며 지하 계단에 쓰러져 신음하고 있더란다. 예전에 같이 근무한 적이 있는 순찰팀장은 마치 자기의 책임인양 뒷머리에 손을 올리고 눈치를 본다. 머리를 다쳤다는 말에 혹시나 얼굴은 괜찮더냐고 물으니 피가 많이 묻어있는 걸로 봐

선 얼굴을 다쳤을 수도 있겠단다. 늦은 시간이지만 할 수 없이 알고 지내던 병원원무팀장에게 전화를 했다. '여자인 점을 감안해서 얼굴을 다쳤으면 성형외과 의사를 불러 잘 기워달라고….'

한 시간쯤 지났을까, 응급실 간호사가 보호자를 찾는다. 응급간이 침대에 누워있는 아내는 나를 발견하자마자 힘들게 울었다.

"죽는 줄 알았단 말이야…."

머리뒷부분과 이마 앞부분을 크게 다쳤지만 다행히 머릿속까지는 다치지 않은 것 같다는 의사의 설명이다. 뒷머리의 상처가 깊다는 말에 CT촬영을 의뢰하고는 다시 아내를 살펴보니 상의 앞뒤에 피가 많이 묻어있고 바지까지 여러 군데 묻어있다. 피를 많이 흘린 모양이다. 화가 치밀어 오른다. 도대체 어떤 놈이 이렇게 해 놨을까, 무엇 때문에.

친구들과 저녁밥을 먹고 귀가 중이던 아내가 허리를 구부리고 아파트 우편함을 확인하고 있는데, 범인이 뒤에서 둔기로 머리를 때려 넘어뜨린 뒤 핸드백을 빼앗고는 지하계단으로 끌고 가려는데, 주변에서 데이트 중이던 대학생이 비명소리를 듣고 달려와 볼링장 코치와 함께 범인을 잡았단다. 집 옆 볼링장엔 가족들과 함께 가끔 가기도 했었는데 그리고 대학 1년생이면 큰아들과 같은 나이 아닌가, 참 고맙다. 응급처치를 하고는 입원실이 없다기에 자정을 넘긴 시간에 집으로 오면서 아내가 뒤통수를 맞고 굴러 떨어졌다는 아파트 현관 지하계단을 살펴보니 피가 흥건히 고여 있다. 눈을 감아 버리고 말았다.

이튿날 아침, 아내는 일어나지 못했다. 계단 밑으로 굴러 떨어지면서 허리며 온몸을 다친 모양이다. 어젯밤엔 경황이 없어서 머리 아픈 것밖에 느끼지 못했다는데. 할 수 없이 일찍 병원으로 가서 입원을 시켰다. 이어 수사과 직원도 미비서류를 보완한다고 병실에 왔다가고 친구며 동료들도 심심찮게 들러서 위로해 주었다. 면회객을 맞는 것이 조금 멋쩍기도 한 것은 나의 직업 때문일 것이다. 경찰관 아내가 강도를 당했다는 것이.

이후 수사사항이 궁금하기도 했지만 같은 경찰서에 근무했던 사람들이니 어련히 잘 해주리라는 믿음도 있고 '강도상해죄'가 보통 죄인가 생각하며 처리사항을 기다리고 있었는데, 영장신청에 대해 수사사항이 부족하다며 검사의 재수사 지휘가 내려왔단다. 황당했다. 도대체 수사를 어떻게 했길래 그토록 중한 범죄에 재지휘가 내려왔을까? 피 묻은 옷을 입고 도망가는 가해자를 현행범으로 시민이 잡아주었다는데. 그리고 얼마 전까지 내가 근무했던 경찰서 동료들인데 그렇게 소홀히 할 수 있었단 말인가. 결국 수사 책임자에게 항의 전화를 했다. 이튿날 다시 형사가 와서 당시 상황에 대한 추가 진술조서를 받아갈 때 잘 챙겨달라는 말 뒤로 서운함이 뒤따라간다. 그러면서 내가 이토록 서운한데 어디 마땅하게 물어보고 항의할 곳도 없는 시민들이 사고를 당하면 오죽할까 하는 생각이 머리를 스쳤다.

평소 퇴근시간에 대하여 별무관심이던 내가 곁을 지켰지만 아내는 고통은 물론 피해충격에 수면제를 먹지 않으면 잠도 자지 못하는 등 강도피해의 여파는 성한 사람인 나까지 힘들게 했다. 그럴수록 가해자에 대한 증오와 '우리 경찰수사'에 대한 불신은 더해갔다. 야~ 정말 우리 경찰의 수사가 이것밖에 안 되나?

피의자가 술에 취하여 자기가 저지른 일을 기억하지 못한다고 하는데 '피 묻은 범인의 옷을 빨리 감정하고, 도망갈 때 날렵하게 뛰어가던 모습 등 당시 정황의 수사보고만 제대로 붙였어도…'라면서 경찰에서 제대로 수사하지 않아 미비점에 대해 묻는다는 검찰서기의 전화는 나의 신분을 더욱 부끄럽게 했다. 이것이 나의 아들이 '자랑스럽게 생각하는 어버지의 직업 대한민국 경찰'의 현주소인가?

나도 20년 넘게 경찰생활을 했으면서 지금 나에게 벌어진 상황만으로 앞뒤가릴 것 없이 경찰을 비난하고 있는 것이다.

04 우리사는 세상

"당신은 왜 경찰관이 되려 합니까?"

"예, 조국과 민족에 봉사할 기회를 갖기 위해서 경찰이 되고자 합니다."

"저는 특별한 기술도 없고 먹고 살려고 지원했습니다. 처와 아이가 하나 있습니다."

지금은 40대 중반인 입직동기들의 20여 년 전 순경공채 시험 면접장에서 오갔던 말들이다. 그리곤 경찰에 들어와 강산이 두 번 바뀔 정도의 시간을 넘기면서 때론 힘들 때도 있었지만 그래도 누가 경찰이란 직업에 대하여 물을라치면 "경찰은 나의 천직이다"라고 힘주어 말했었다.

또 신임 순경 시절의 명절 때, 어렵게 시간을 내어 고향에 갈라치면 친구들이 고향에 오는 중에 고속도로 순찰대에게 몇 번 잡혔다(?)며 넌지시 경찰에 대해 비꼴 때는 괜히 "너희들이 위반스티커를 받지 않으려고 그랬잖느냐?"며 목소리를 높이기도 했었다. 그러면서 내가 경찰인 이상 공명정대하게 업무를 처리하고 도둑놈만 잘 잡으면 경찰의 임무는 다하는 것으로 생각해 왔다. 그래서 한동안은 왜 상부에서 친절을 그렇게 강조하는지 이해하지 못했다. 도둑놈한테 친절하라니 그러면 피해자의 입장은 무시해도 된단 말인가? 이그, 이 모양이니 공권력의 권위만 계속 떨어지지. 도둑놈만 많이 잡으면 세상은 더 안전하게 될 텐데 말이야. 이렇게 세상 물정 모르는 말단 경찰이었지만 자신의 업무에 대한 자부심은 대단했었다.

그렇게 세월을 잡아먹어 가던 어느 해 가을, 정신지체자의 가출인 신고를 매뉴얼에 따라 상황 전파 후 가출인찾기 시스템(182)에 올린 뒤 찾다가 날이 저물어 수색중단 보고를 했을 때 머리가 허연 서장님이 하신 말씀,

"가출인 가족의 입장을 생각하며 수색해라. 가족을 잃어보지 않은 사람들은 그 마음을 이해하지 못한다. 내가 겪어보니 그렇더라."

'아이 참, 산 사람이 제 발로 나간 걸 어떻게 어디로 간 줄 알고 밤중에 찾으라고…'라는 말이 입에서 맴돌았다.

그런데 나의 가족이 강도의 피해자가 되고 보니 경찰은 단순히 도둑놈만 잘 잡고 관련절차에 따라 처리만 하면 되는 것이 아니었다. 안심하고 밤길을 다니게 하는 것도 중요하지만 사건이 터졌을 때 피의자의 인권은 물론 피해자와 그 가족들의 마음도 헤아려줘야 한다.

우리들은 길지 않은 시간들을 살아가면서 상대방의 입장을 헤아려 보지도 않고 자신의 주관적인 판단과 방식대로 일을 처리해 버리기도 한다. 또 남의 말은 얼마나 쉽게 하는가? 아무리 남의 말 하는 것이 세상에서 제일 쉬운 것이라지만. 그러면서 세상 사람들도 모두 자신과 같은 생각일 것이라고 여긴다. 그러나 그것을 겪는 당사자들은 우리가 알지 못하는 외로움을 겪을 수도 있고 나눌 수 없는 아픔을 가슴 속에 담고 지내기도 한다. 이런 모든 것들이 우리 경찰에게 역지사지易地思之의 자세를 요청하고 있는 것이다.

일제강점기의 순사巡査와 대한민국 순경巡警은 다르다. 예전엔 경찰관서 앞을 지나가는 것조차 무서워했지만 지금은 장마철의 소나기를 피해 우산을 빌리려 파출소로 뛰어가고 길을 가다가 화장실이 급해도 치안센터로 들어간다.

여름의 한가운데엔 삼복더위와 여름휴가만 있는 것이 아니다. 아스팔트 열기를 온몸으로 받고 서 있는 교통경찰도 있고 열대야를 마다하고 순찰을 도는 파출소 순경도 있으며, 또 새벽이 오는 줄도 모르고 잠복근무에 여념이 없는 형사들도 있다. 그리고 새벽을 깨우는 신문배달부와 깨끗한 지구지킴이 환경미화원도 계신다.

뜨거운 여름 뒤엔 반드시 시원한 가을이 있는 것처럼.

chapter 3

바람이 되어 내 곁을 스쳐 주라

남는 시간 있으면 내 곁에 바람으로 지나쳐 주라.
내 옆으로 바람이 불면 네가 왔다 간 줄 알게…

4월 동해의 바닷물은 차갑지 않았다

"사람 살리는 것도 중요하지만 그렇게 위험한 일을 하면 어쩌냐? 니가 잘못되면 저 어린 것들은 또 어떻게 되냐?"

모처럼 고향집에 다니러 온 김경사를 보고 어머니는 호미를 든 채 걱정 어린 눈으로 말하고 있었지만 머리가 백발인 아버지는 뒤돌아서서 말없이 담배만 피우고 계셨다.

"영감도 뭐라고 얘기 좀 해 봐요."

"음, 위험하긴 하지만 큰애가 경찰이잖아?"

"아니, 그러면 영감은 큰애가 바다에 빠져 잘못되어도 괜찮단 말이예요?"

"그런 말이 아니고 경찰이니까 어쩔 수 없다는 거지. 땅 파서 농사 짓는 우리하고는 다르다는 말이잖아."

그러면서도 아버지는 항상 조심하라는 말을 덧붙이신다.

지난 4월 29일 오후 6시쯤. 아직은 약간 추운 기운이 감도는 봄날 늦은 오후, 동해안의 해수욕장을 관할하는 파출소에 다급한 신고전화가 걸려왔다. 어떤 아주머니가 해수욕장의 바닷속으로 들어가고 있는데 아마도 자살할 것 같다는 내용이었다. 곧 저녁식사 시간이 되는데 오늘은 퇴근하면 뭘 먹을까, 하는 느긋한 생각에 잠겨있던 김경사는 장비를 챙기고 뛰어나가 순찰차에 올랐다. 500여 미터를 급하게 차를 몰아 해수욕장에 도착하니 한 여성이 백사장에서 100여 미터 이상이나 바다 속으로 들어가 있다. 큰소리로 불렀지만 계속 들어간다. 차가운 동해바닷물이 철렁이고 있었지만 눈앞의 상황에서 차가운 바닷물을 가릴 형편이 아니다.

김경사는 허리에 차고 있던 권총과 요대를 풀어 순찰차에 던지고는 바다로 뛰어들어 반은 헤엄을 치고 반은 달리며 여성에게로 다가갔다. 도착하기 전에 여성이 깊은 바다로 빠져버리면 어떡하나, 하는 생각에 부지런히 물을 헤치며 앞으로 나아갔지만 속도를 가로 막는 바닷물이 야속할 뿐이다. 이윽고 가쁜 숨을 몰아쉬며 다가갔지만 여성은 여러 번 부르는 소리를 들은 체도 하지 않고 이미 머리까지 물이 찬 깊은 곳으로 잠겨 들어가고 있다.

"아주머니, 이러면 안 돼요, 죽으면 안 돼요, 일단 저하고 밖으로 나가서 얘기해요."

김경사는 가누기 힘든 자신의 몸을 휘청거리며 아주머니의 손을 움켜잡고 무조건 바깥쪽으로 끌어내었다. 아주머니는 처음엔 손을 몇 번 뿌리쳤지만 한참을 첨벙거리다가 정신이 들었는지 김경사가 이끄는 대로 허우적대며 나왔다. 김경사의 발이 겨우 물 속의 지면에 닿을락말락했으니 아주머니는 허우적거릴 수밖에 없었을 것이다. 키가 작은 아주머니는 김경사에게 매달려 있는 형국이 되어 버렸다.

얼마쯤 걸었을까. 수심이 조금 얕은 지점에 이르자 아주머니는 고개를 숙이고 말없이 이끄는 대로 걸었고, 김경사도 조심스레 백사장 쪽으로 걸어나오며 여성의 한쪽 손을 두 손으로 꽉 잡고 있음을 알았다.

이윽고 두 사람이 백사장으로 나왔을 때는 해가 지고 있었다. 백사장에 풀썩 주저앉은 아주머니는 울음소리를 삼키며 고개를 숙인 채 어깨를 들썩이며 한참 동안 울기만 했다. 차가운 바닷물에서 나온 아주머니의 창백한 얼굴과 몸은 더욱 작게 느껴졌고 신발을 신지 않은 발은 거의 퍼렇게 보였다.

아주머니가 바다로 들어간 사연을 들어보니 기가 막혔다. 경제적 어려움과 약간의 우울증 때문에 약을 먹고 있던 50대 후반의 아주머니는 식당에서 허드렛일을 하며 지내고 있단다. 그런데 전날 자신이 일하는 식당의 손님이 식사 중에 지갑을 잃어버린 일이 있었는데,

주위 사람들이 자신을 의심하는 것 같아 억울한 마음에 결백을 주장키 위해 죽기로 결심했다는 것이다. 그래서 돌아가신 지 오래된 어머니의 영정을 백사장 모래밭에 모셔 놓고, 술을 마신 후 신발을 벗고는 바닷속으로 들어갔다고 했다. 그런 상황을 주변에서 산책 중이던 부부가 발견하고 112로 신고를 한 것이다. 저만큼 떨어진 모래밭에 여인 어머니의 영정사진과 신발이 가지런히 있고 소주병이 널부러져 있다.

도둑 누명을 쓴 것이 얼마나 억울했으면 죽을 생각까지 하게 되었을까. 우리들이 별생각 없이 내뱉는 말들이 다른 사람들에게 얼마나 큰 상처를 줄 수도 있는가를 단적으로 말해 주는 사건이었다. 그때 산책중이든 부부가 없었다면, 또 별스럽게 생각지 않고 신고하지 않았다면 어떻게 되었을 것인가. 바다로 뛰어 들어가 아주머니를 모셔온 것은 자신이지만 따지고 보면 산책 중에 신고를 해 준 부부가 아주머니를 살린 것이다. 고마운 마음 뒤로 남의 일엔 귀찮다고 외면해 버리는 일이 많은 요즘 세태를 생각하면 가슴속이 답답해져 온다. 모두가 완벽하지 못한 우리들이 서로 어깨를 기대야만 세상이 제대로 흘러가지 않을까.

백사장의 영정을 챙긴 아주머니를 집까지 바래주고는 파출소로 돌아와 젖은 옷을 갈아입은 김경사는 바다로 뛰어들 때의 생각을 하니 더욱 머릿속이 혼미해졌다. 몇 달 전 강화도에서 선배경찰관이 자살자를 구조하려다가 희생되곤 시신조차 찾지 못했던 사건을 되뇌이며 똑같은 상황이 나에게 닥치면 과연 어떻게 할 것인가를 생각하며 고개를 흔들었었다. 그런데 오늘 내가 '여인의 사연도 모르면서' 바다 속으로 들어가는 것을 보곤 오로지 '사람을 살려야 한다'는 생각만으로 허겁지겁 뛰어들어 갔었다. 몸이 좀 뚱뚱해서 수영도 잘하지 못하는데도 앞뒤 가릴 여유가 없었다. 어떻게 수영을 했는지도 생각나지 않는다. 어쩌면 희생된 선배님도 경찰관이라는 직업병 때문에 바다로 뛰어들었다가 변을 당하였을 것이라는 생각이 든다. 그래도 나는 살았지 않았는가….

며칠 후, 그 아주머니의 아들이 찾아와서는 위험하셨을 텐데 어머니를 살려주셔서 고맙다고 인사를 했지만 또다시 그런 상황이 온다면 머뭇거릴 수 있겠느냐고 가슴의 흉장이 올려다보며 나에게 되묻고 있다.

김경사는 오늘도 순찰을 돌며 백사장 멀리 수평선을 바라본다. 저기 저쯤이 아주머니를 붙잡은 곳이었지. 지금도 차가운데 그때는 왜 바닷물이 차갑게 느껴지지 않았을까? 그 와중에 권총 요대를 풀어놓고 뛰어들 생각은 어떻게 했을까.

봄 바다는 편안하다. 수온도 서서히 올라갈 것이다. 좀 더 따뜻해져 여름이 되면 아주머니와 내가 허우적대던 그 지점엔 많은 사람들이 풍덩거리며 해수욕을 즐길 것이다. 세상은 그렇게 많은 사연이 반복되며 흘러가는가.

수평선에 물안개가 피어 있는 것을 보니 오늘 내일은 날씨가 좋을 모양이다. 편안함과 여유로움은 태초太初부터 이웃이었을까. 바다는 대지의 끄트머리까지 밀려난 인간이 마지막으로 자유를 느끼는 곳이라고 했던가. 멀리 수평선 너머의 잔잔함이 서서히 와서는 하얀 파도로 부서져 다가온다. 누구든지 어렵고 외로운 사람이 있으면 내가 먼저 다가가겠노라고 말하는 것처럼.

완전히 죽기 전에는
죽은 것이 아니다

경찰관이 된 지 겨우 1년반이 지난 병아리 김 순경은 선배들을 따라 순찰나가는 것을 좋아한다. 때론 술에 취한 사람들의 행패가 귀찮을 때도 있지만 언덕길을 힘겹게 올라가는 환경미화원의 리어카를 밀어주거나 어린 아이들이 고사리 손을 치켜들고 횡단보도를 건너는 것을 지켜보고 있으면 왠지 재미있고 행복하다. 경찰관이기 때문일까.

가끔씩 빨간불 신호를 어기고 슬금슬금 내빼는 차들이 순찰차가 횡단보도 앞에 서 있으면 덩달아 멈추어 서는 장면을 즐기기도 한다. 이때 아이의 손을 잡고 건너며 보내주는 젊은 엄마들의 미소가 반갑기도 하다.

꽃샘추위가 지나가고 아지랑이가 피어오르는 화창한 봄날. 순찰근무로 지정된 시간이 아직 남아 휴식하고 있는데 "사무실에 앉아 있으면 뭐 하겠노? 순찰이나 한바퀴 더 돌자."라는 조장선배의 말에 일찍 순찰근무를 따라 나섰다. 한창 개발이 진행되고 있는 도시외곽지역은 교통량은 많지 않지만 과속차량 때문에 가끔 교통사고가 나기도 해서 순찰을 더 자주 돈다. 사고예방을 위해 설치한 '공사 중' 안내판이 있는 곳을 돌아 큰 교량으로 접어드는데 저만큼 다리 난간에서 50대 아주머니가 순찰차를 보고 다급하게 손짓하며 부른다.

"주임님, 저기 무슨 일이 있는 모양입니다."

김 순경의 말이 떨어지기도 전에 조장 심경위는 싸이렌을 울리며 속도를 올린다. 교량 가운데의 가장자리 차로에 순찰차를 세우고 아주머니가 가리키는 다리 밑을 살펴보니 시멘트 교각 받침 부분에 사람이 쓰러져 있다. 아주머니께서 바람을 쐬며 우연히 다리 위를 걸어가다가 발견했다는 것이다. 재빠른 김 순경은 무조건 뛰어 난간을 돌아 다리 밑으로 내려갔다. 70대로 보이는 백발노인의 목에 나일론 줄이 꽉 매여져 있는데 숨도 쉬지 않는다. 또 노인자살인가?

남루한 옷차림에 새우잠을 자는 자세로 쓰러져 있는 노인의 코와 귀, 입에서는 붉은 피가 흘러내리고 있다. 직감적으로 조금 전에 일어난 상황이라는 생각이 든다. 아마도 자살하려고 교량의 난간과 자신의 목에 나일론 끈을 묶고 다리 밖으로 뛰어내렸는데, 난간에 묶였던 미끄러운 나일론 줄이 서서히 풀려 다리 밑으로 떨어진 모양이다. 얼마 동안 매달려 있었는지는 알 수가 없다. 호흡상태를 확인하려고 노인의 코에 얼굴을 가져다 대니 온몸에서 술 냄새가 확 다가온다. 으잉? 이게 어떻게 된 거지? 술 드시고 사고 치셨나.

"주임님~, 숨을 쉬지 않는데요, 아마도…."

'죽은 것 같다'는 말은 차마 못하고 다리 위의 선배에게 소리쳤다.

"알았어. 형사팀에 연락할게, 현장 보존하고 잘 살펴 봐."

심경위가 교량위에서 전화를 하고 있을 때 김순경은 혹시 노인이 살아있을 수도 있다고 생각하며 손목의 경동맥을 잡아보고 가슴, 배를 유심히 살폈지만 미동도 하지 않는다.

그 순간, 며칠 전 경찰서 강당에서 119대원에게 배웠던 심폐소생술이 생각났다. 그래 한 번 해 보자, 혹시 모르니까. 먼저 노인의 목에 매인 끈을 느슨하게 하고는 반듯이 눕힌 후 흉부압박을 시작했다. 혹시라도 죽은 사람을 살릴 수 있다면 얼마나 좋을까. 그렇게 교육받았던 대로 심폐소생술을 한다며 체중을 싣고 흉부압박을 몇 번이나 했을까.

"콜록 콜록, 커억 컥~."

죽은 줄로 알았던 노인이 입으로 피를 내뿜으며 몸을 움직인다. 기침 때 내뿜은 피가 김 순경의 얼굴까지 튀었고 입고 있던 경찰제복도 엉망이 되었다. 노인이 살아나고 있는 것이다. 김 순경은 찰나의 시간 뭔가를 생각하다가 스마트폰의 스피커 기능을 작동시키고 119에 전화를 했다. 119는 잽싸게 대답해 왔다. 경찰관이라는 신분을 밝히고 상황설명을 한 후 '심폐소생술'에 대해 자세히 설명해 달라고 했다. 119는 차근차근, 그리고 노련하게 설명해 주었다.

"노인의 다리를 구부려 높이고, 목을 들어 기도를 확보한 후, 흉부 압박을 계속하세요. 경찰관이면 잘 할 수 있습니다."

스마트폰의 스피커통화 기능을 이렇게 요긴하게 사용해 보긴 처음이다.

무릎을 꿇어 노인을 왼손으로 안아 올리고, 오른손으로 흉부압박을 계속했다. 이젠 정말 살려야 한다는 생각 말고는 아무것도 없다. 폰의 스피커에선 119의 침착한 설명이 계속 흘러 나왔다.

이즈음 형사팀에 변사보고를 한 심경위도 김순경이 다리 밑에서 조용하자 이내 뛰어 내려와 그 광경을 보고 거들었다. 이어 119앰블런스가 도착하고 들것과 장비를 가지고 온 119대원은 심장제세동기를 사용하려다가 노인의 호흡 상태를 확인하고는 들것으로 옮기겠단다. 교량 밑에서 119대원과 경찰관은 노인을 눕힌 들것을 길 위로 낑낑거리며 들어 올려 병원 응급실로 후송했다.

"휴우~."

김 순경과 심 경위는 앰블런스가 떠난 후에 비로소 심호흡을 하며 서로를 쳐다본다. 아직 봄인데도 온몸이 땀투성이다.

"김순경, 수고 많았어. 아주 잘했다. 근데 옷부터 갈아입어야겠어."

김순경의 상의에 튄 핏자국을 보며 심경위가 말한다.

"예, 감사합니다. 근데 할아버지 죽진 않겠지예?"

"김순경, 자네가 할아버지를 살려 냈잖아, 이 친구야."

가슴속이 뿌듯해 온다.

파출소로 돌아와 옷을 갈아입고는 병원 응급실로 가보기로 했다.

심폐소생술을 하면서 쿨럭거리는 기침소리를 들었고, 관리반 요원이 "그 할아버지 생명은 이상 없답니다."라고 말해 주었지만 꼭 눈으로 확인하고 싶었다. 응급실 침대에 누워 있는 노인은 당황스럽게도 코까지 골며 자고 있는데, 그때까지 술 냄새는 계속 난다. 또 놀란 것은 백발의 노인 행색을 보며 70노인인 줄 알았는데 50중반의 나이였다. 얼마나 삶이 힘들었으면 저렇게 많이 늙어 보이고 또 자살까지 시도했을까. 또 자살하려다 깨어난 사람이 코를 골며 자고 있는 건 뭔가. 김순경은 응급실을 나오며 중얼거린다.

"주임님, 뭐가 뭔지 잘 모르겠습니다. 술 자시고 자살하려 한 노인, 아 참 노인은 아니고, 근데 응급실에서 코 골고 자는 것은 또 어떻게 생각해야 합니까?"

"요즘 술 · 담배 많이 하는 사람보고 '야만인' 취급을 하는 세상이 되어 버렸지만, 어디 술 한 잔, 담배 한 대 피우지 않고 살 수 있는 세상인가, 이 사람아~."

대답을 허공에 하는지 자신에게 하는지 모를 듯한 표정의 심경위는 노인이 떨어졌던 장소를 한 번 더 가보잔다. 혹시 우리가 챙기지 못한 유류품이 빠졌을 수도 있다면서.

"그래도 자네가 심폐소생술을 한 것은 정말 잘했어. 그 양반이 정신 차리고 나서 왜 살렸냐고 따질진 모르지만 말이야, 허허."

그런데 다리 밑의 그 현장을 아주머니는 우연히 발견했다는데, 그 우연도 사람을 살릴 인연이었나 보다. 세상에 우연과 인연 그리고 필연의 의미는 어떻게 다를까, 또 얼마 만큼의 차이가 있을까.

몇 달 전에 한 여성이 남자친구로부터 자살문자를 받고 고민하다가 1시간 후 신고했다는 전화를 받고 현장에 출동해서, 119대원과 같이 3층 유리창을 깨고 들어간 일이 있었다. 원룸의 좁은 공간엔 매캐한 착화탄의 냄새로 가득했고 창틀은 모두 청색의 두꺼운 테이프로 붙여져 있었다. 실직상태의 30대 중반이었던 미혼의 남자는 여자친구와 부모에게 미안하고 죄송하다는 유서를 써 놓고 전 재산으로 보이는 돈을 작은 밥상에 올려놓은 채 숨져 있었다. 유독가스가 새어나가는 것을 막기 위해 창문 틈새에 청색테이프를 붙이면서 남자는 무슨 생각을 하였을까. 숙련된 동작으로 재빠르게 시신처리를 하는 119 대원들을 지켜보았는데, 그때 심폐소생술을 알았다면 한 번 해 볼 걸, 하는 생각이 문득 든다.

김순경은 대학생 때 공사장에서 등짐을 지거나 식당 서빙으로 아르바이트를 하고, 거기에 장학금을 보태어 학비를 냈다. 3학년 때 경찰공무원 시험에 합격하곤 경찰학교에서 신임교육을 받는 바람에 돈을 벌지 못해 4학년 등록금은 아버지의 도움을 받았는데, 그 당시 사업 실패로 어려움을 겪기도 하셨던 아버지는 그 아픔을 어떤 방법으로 삭이셨고, 또 그 고비를 어떻게 넘기셨을까. 가만히 생각해 보니 몇 년 전부터 아버지의 머리에 새치가 많이 생겼고 담배를 끊으려는 노력을 몇 번이나 실패하신 것 같다. 아버지께 전화를 드렸다. 옛 노래가 스피커폰처럼 크게 흘러 나온다.

"뭐라고? 애비랑 술 한 잔 하자고? 무슨 일 있냐?"

"아뇨, 그냥 아버지랑 둘이 밥 먹고 싶어서요."

"나야 조오치, 근데 네 엄마 삐치는 거 아닐까?"

"어머니껜 제가 용돈 드릴 게요. 아마 그걸 더 좋아 하실 텐데요."

"알았다, 오늘은 장남하고 멋지게 한잔 하자~. 삼겹살보단 꼼장어가 좋겠다, 허허."

목소리로 보아 아버지는 기분이 좋으신 모양이다. 어머니껜 용돈을 좀 더 드려야지. 오늘은 기억에 오래 남는 날이 될 것 같다.

손에 든 스마트폰을 지그시 바라본다.

'그때 내가 스피커 폰 기능을 어떻게 생각해냈을까? 그래 내가 생각해도 참 잘했어! 히히.'

아빠가 내 아빠인 게
자랑스러워요

정주씨는 요즘 내용이 비슷한 꿈을 자주 꾼다. 꿈에서 깨고 나면 기분이 좋은 듯한데 어딘가 조금 외로움이 몰려오는 것을 느끼기도 한다.

큰아들 종민이가 드디어 경찰관이 되었다. 어렵게 경찰공무원 시험에 합격하곤 교육을 거쳐 경찰 정복을 입고 오늘 임용식을 했는데 종민이가 경찰청장님 표창장을 받았다. 종민이의 어릴 적 꿈은 초등학교 선생님이었다. 그런데 경찰관이었던 아버지가 자살하려는 사람의 목숨을 구하려다가 바다에 빠져 실종된 후 돌아오시지 못하자, '의로운 아버지'를 따라 경찰이 되겠다고 꿈을 바꾸었고 이번에 순경이 되었다. 표창장과 꽃다발을 가득 들고 있는 종민이의 '계급장

부착식' 순서가 되었다. 반짝거리는 순경 계급장을 어깨에 달아주고 얼굴을 만지며 축하해 주는데, 아들의 얼굴이 남편의 얼굴로 변하여 환한 웃음으로 정주씨의 손을 꼭 잡아 주었다.

'당신이었어? 얼마나 보고 싶었다고….' 남편을 와락 껴안고 좋아하다가 깨어났다.

'으음, 또 그 꿈 이었네….'

정주씨는 자리에서 일어나 옷을 여미고는 아이들 방의 문을 열어 보았다.

큰아이 종민이는 책상에 아버지의 정모正帽를 모셔두고 깊이 잠들어 있는데, 자는 모습까지 어쩜 저렇게 제 아버지를 닮았을까. 이란성 쌍둥이 동생 두 녀석도 세상 모르게 자고 있다. 종민이도 어쩌면 아버지 꿈을 꾸고 있는지 모른다는 생각이 든다. 날이 밝으려면 아직 멀었다. 창밖엔 가로등 불빛이 희미하게 비쳐올 뿐이다. 자신의 방으로 돌아온 정주씨는 형광등 스위치를 내려 방안의 빛을 몰아내며 베개를 껴안고 다리를 당겨 앉아 생각에 잠긴다.

그날은 삼일절 공휴일이었다. 아침 일찍 정옥성 경위는 세 아이들을 깨우느라 부산을 떨었다. 그가 경찰관이기도 했지만, 국가안보와 관련된 특정부서에서 근무한 때문인지 애국심이 남다르다. 그래서 국경일에 태극기를 달 때에는 꼭 아이들을 깨워 '차렷 자세'로 서있게 하고 태극기를 게양한다. '우리 집만의 국기 게양식'이다.

"그럼, 국가가 있으니 우리가 이렇게 걱정 없이 살고 있는 거야."

정경위는 바람에 펄럭이는 태극기를 보며 힘주어 말한다. 이런 모습을 보면서 아이들은 '아빠가 조금 유난을 떤다'는 듯 서로를 바라보면서도 그런 아빠가 자랑스럽다고 생각한다.

그날 오후. 정 경위는 야간근무를 위해 출근을 했다. 낮에 아이들이 공휴일이라며 야외로 놀러가자고 졸랐지만 저녁의 야간근무가 걱정이 되어 토요일인 내일 가자고 달랬다. 막내의 볼에 뽀뽀를 해주며 집을 나서는데 '그냥 오늘 낮에 바람이나 쐬러 같이 갈 걸 그랬나?' 하는 생각을 한다.

섬 지방에 있는 파출소는 치안수요는 별로 없지만, 연안여객선 터미널이 있어서 관광객도 꽤 많은 편이고 서해의 꽃게잡이 배를 비롯해 어선도 여러 척이 있는 곳이다. 삼일절 공휴일이기 때문일까. 여느 주말보다 사람들이 적었고 신고출동도 없이 어둠은 더욱 깊어만 갔다. 다행히 내일 가족 외출을 기다리며 보내오는 막내딸의 문자메세지는 근무시간에도 큰 힘이 된다. 스포츠형의 짧은 머리에 짙은 눈썹, 뚜렷한 이목구비의 정 경위는 무슨 일이든 미루는 일이 없다. 그래서 내일이 더 기다려진다.

자정이 가까워질 무렵.

119로부터 관내 부둣가에 자살기도자가 있다며 위치가 통보되어 왔다. 팀장인 정경위는 무전기 등 장비를 확인하고 후배 박경사와 함께 순찰차를 바삐게 몰았다. 거의 3킬로미터 떨어진 여객터미널 부두까지 산을 넘어 가는데, 주위는 온통 칠흑 같은 어둠뿐이다. 부두에 도착할 때까지 시간도 멈추었으면 하는 생각을 한다. 현장에 도착하여 주변을 살피니 저만큼 선착장에 쪼그리고 앉아 바닷물을 내려다보고 있는 사람이 가로등 아래로 희미하게 보인다. 박경사에게 현장이 잘 보이도록 전조등 방향을 맞추도록 운전을 맡기고 놀라지 않게 그 사람 곁으로 조용히 다가갔다.

"선생님, 밤늦게 왜 이러고 계시오?"

"…."

남자는 아무런 말이 없다.

"늦은 시간에 계시는 것을 보니 무슨 사연이 있는 모양이신데, 마음 차분히 잡수시고 집으로 들어가십시다."

"…."

"선생님, 제가 집까지 모셔다 드릴…."

'후다닥~'

아무런 말도 없이 바닷물만 내려다보고 앉아있던 남자는 선착장 끝 바다 쪽으로 갑자기 뛰기 시작했다.

"잠깐만요, 잠깐만요~."

다급하게 남자를 부르며 정경위도 뒤따라 뛰었다. 손에 잡힐듯 말듯 뛰어가는 남자에게 손을 뻗었지만, 남자는 벌써 선착장의 경사진 부분을 지나 바다로 뛰어 들어갔다. 정경위도 곧바로 뛰어 들어가 붙잡았다. 모든 것이 워낙 순식간에 일어난 일이었다. 더 깊은 곳으로 들어가려는 남자와 물 밖으로 끌어내려는 정경위는 아직 차가운 한밤중의 서해바다에서 첨벙거렸다.

'사람을 살려야 한다.'는 생각뿐이었다. 그러나 바다의 경사진 바닥은 두 사람을 점점 더 깊은 바닷속으로 인도하듯 끌고 들어갔고,

그때 아무도 모르게 더 큰 파도가 어둠 속의 두 사람을 덮쳤다. 그리고 파도가 멀어졌을 때 두 사람의 흔적은 그 어디에도 없었다. 뒤쪽에서 차의 전조등을 맞추고 내린 박경사는 갑자기 검은 하늘이 하얗게 되는 것을 보았다. 자정이 한참 지난 시각, 정주씨는 남편 사무실의 동료로부터 전화를 받았다.

'….'

이튿날, 정주씨는 선착장에 서서 서해의 바닷물을 한없이 바라보며 울고 있다. 말없이 출렁이는 파도 위로 어선들이 오가고 갈매기는 가끔씩 끼룩거리는 소리를 내며 날고 있다. 하늘같은 내 남편, 아이들의 아빠가 저 차가운 바닷물에 빠져 돌아오지 못하고 있는데 세상은 아무런 일도 없었던 것처럼 돌아가고 있는 것이다. 굳이 평상시와 다른 모습은 남편을 찾으러 다니는 동료 경찰관들이 빠른 걸음으로 여러 곳을 헤매며 다니고 있는 것인데, 죄인도 아닌 사람들이 자기들의 잘못인양 정주씨의 눈길을 피하고 있다. 참으로 기가 막히는 일이다.

눈길을 돌려 남편이 뛰어 들어갔다는 바다와 연결된 선착장의 경사면을 본다. 저 곳을 뛰어 가면서 한 번 자빠지기라도 하지, 그랬다면 살 수도 있지 않았을까. 아니다. 남편은 자빠졌어도 다시 일어나 뛰어갔을 것이다. 그 놈의 경찰제복이 뭔데, 자기의 목숨과 바꾸며 뛰어갔을까. 정주씨는 머리를 흔들며 눈물을 뿌린다. 사고로 죽은 것도 아니고 자살하려는 사람을 살리려다가 목숨을 잃었다는 사실이 더욱 가슴을 아프게 한다. 경찰 제복을 입지 않고 체육복으로 산책하다가 그런 상황에 맞닥뜨렸다 해도 남편은 바닷물로 뛰어들었을 것이다.

건너편에 작은 섬이 있고 아스라이 교회 십자가도 보인다. 아무리 한밤중에 일어난 일이라지만 하느님의 힘도 닿지 못했을까. 못하는 운동이 없고, 특히 수영을 잘하는 남편은 헤엄쳐 건너갔을 수도 있을 텐데 그 어느 곳에도 없다.

남편은 평소에도 경찰관은 제복에 장비를 제대로 갖추고 있어야 어떤 상황에서도 대처가 가능하다며 무거운 장비를 반드시 차고 근무했다고 한다. 그 무게가 생명의 무게보다 더 무거웠을까.

얄미운 사람, 세상을 혼자만 사는 것도 아닌데 그렇게 쉽게 생명을 버리다니…. 시골의 어머님께는 뭐라고 말씀드릴까. 또 어린 아이 셋을 데리고 어떻게 살아갈까. 남편이 단 1초의 머뭇거림도 없이 자살하려는 사람을 살리기 위해 바닷물로 같이 뛰어 들어가는 순찰차 블랙박스의 동영상을 보면서 어쩌면 저렇게 미련하게 앞만 보고 뛰었을까, 집에 있는 가족들을 생각해보고 한 번이라도 뒤돌아보기라도 하지. 경찰 동료들의 50일이 넘는 수색에도 정경위는 끝내 모습을 드러내지 않았다. 자살을 한 사람은 시신이라도 돌아왔지만.

"엄마~, 아빠는 어제도 밤늦게 들어왔다가 새벽에 출근하신 모양이지?" 막내가 엄마의 눈치를 살피며 조심스레 말하곤 책가방을 매고 나간다. 아빠가 기동부대 근무를 하면서 잦은 출동과 불규칙한 근무로 인해 밤늦게 들어왔다가 잠들어 있는 아이들 머리를 돌아가며 쓰다듬고는 아이들이 일어나기도 전에 출근을 했던 것을 떠올리며 엄마의 마음을 다독이고 있는 것이다.

큰아들 종민이와 동생 둘도 경찰관이었던 아버지를 자랑스럽게 여긴다. 정주씨도 서운하고 외로운 마음이야 말할 수 없지만 아버지로서, 가장으로서 옥성씨를 자랑스럽게 생각하는 아이들이 고맙다. 그는 자랑스러운 대한민국의 경찰이었고 훌륭한 아버지였으며 너무나 가슴 따뜻한 남편이었다.

겨울비가 내리는 날 정주씨는 선착장에 혼자 서 있다.

'옥성씨, 거기 많이 춥지? 어제도 종민이는 자기방의 보일러를 끄고 잤대. 아빠 생각하면서. 대견하지? 당신이 아이들을 잘 보살펴 키우나 봐. 보고 싶다.'

'추운데 오늘 또 왜 나왔어? 난 괜찮으니까 종민이 보고 오늘부턴 꼭 보일러 켜고 자라고 해. 알았지?'

'알았어. 곧 봄이 온다니까 따뜻하게 지내.'

'응. 그날 예진이랑 가족 외출 하려던 것을 못하고 나온 게 늘 미안해.'

끝까지 가족들 걱정인 남편이 오늘따라 더욱 고맙고 또 얄밉다.

고故 정옥성 경감은 2013. 3. 1. 23시 25분경 인천 강화군 내가면 외포리 소재 외포 선착장 앞 노상에 자살기도자가 있다는 신고를 받고 현장에 출동하여 자살기도자를 발견 후 설득하던 중, 갑자기 바다로 뛰어든 자살기도자를 구조하기 위하여 바다로 뛰어들었으나 구조하지 못하고 파도에 휩쓸려 실종, 순직했다.

무쇠팔, 경찰본능, 새 생명으로 이어지다

잔소리가 많은 아내의 직업은 유치원 선생님이었다. 지금은 집에서 중2 아들과 초등학생 딸을 키우고 있지만 남편인 김경사에게도 유치원생에게 하듯 "착한 사람은 말을 잘 듣죠?"라며 따라다니며 잔소리를 한다. 그날 아침에도 학교 가는 아이들 뒤통수에 대고 다치지 않으려면 발 디딜 곳을 제대로 보고 걸으라고 소리를 친다. 그런데 정작 아내는 며칠 전에 현관청소를 하다가 미끄러져 무릎을 다쳤는데 병원치료를 받으면서부터 잔소리가 더 심해졌다. "애들 걱정하지 말고 당신이나 조심해" 라는 김경사의 말에 눈을 흘기며 "애들에게 신경을 쓰다 보니 다쳤는데 남편이란 사람이 인정이 없다"고 투덜댄다. 집안에서만 지내기가 갑갑

한 모양이다. 김경사가 보기엔 아내가 더 조심성이 적은 것 같은데.

투덜거리는 아내의 기분을 달래줄 겸해서 드라이브를 나왔다. 오늘은 야간근무라 낮 시간은 휴무다. 밤에 혼자 지낼 아내를 생각하며 '나처럼 훌륭한 남편도 드물 걸'이라고 혼잣말을 하자 옆에 탄 아내가 혀를 내밀며 귀엽게 웃는다. 아내의 잔소리는 귀에 익었고 아이들도 건강하게 잘 커줘서 참 행복하다는 생각을 한다. 모처럼 도시 외곽으로 나오니 3월말의 봄바람은 시원하다. 도로를 오가는 차들도 적고 띄엄띄엄 있는 빌라촌도 평화로워 보이고 차의 핸들도 부드럽게 잘 돌아간다.

그 때 아내가 앞쪽을 가리키며 말한다.

"자기야, 저기 불났나 봐."

"어디, 어디?" 김경사가 속력을 늦추며 주위를 살피니 저만큼 빌라 건물 쪽에서 검은 연기가 나오고 있다. 다시 차의 속력을 높인다. "자기야, 위험해, 천천히 천천히 운전해."

'끼이익' 차가 급정거한 탓에 뒷바퀴가 들린다. 김경사는 차에서 내려 급히 뛰기 시작했다. 휴무일의 뜀박질, 그것은 사람을 살려야 한다는 '경찰본능'이었다.

불이 난 집은 도로 건너 50~60미터 위쪽 건물 뒤의 빌라 2층이었다. 급한 마음에 공사 중인 지름길을 따라 뛰어 올라가니, 시커먼 연기와 함께 불꽃이 피어나오고 있는 창문 바로 옆의 안방 창에 아기를 안은 아주머니가 살려달라며 소리를 지르고 있다. 아직 소방차도 도착하지 않았고 주위엔 불구경하는 주민들이 모여 들었지만 모두들 발만 동동 구르며 안타까워하고 있다. 뛰어가는 김경사는 어떻게 해서라도 사람을 구해야 한다는 생각밖에 없다. 한눈에 봐도 연기가 나오는 창문은 거실이라서 출입문을 열면 이웃집으로 불길이 번질 수도 있는 상황이다. 누군가가 사다리를 가져와 2층 창문 쪽으로 올라갔으나 사다리 길이는 짧았다. 머리도 가누지 못하는 아기를 어떻게 구하지 하며 가파른 사다리에 서서 찰라의 고민을 하고 있는데 '빛'이 다가오고 있었다. 그것은 인근에서 터파기 작업을 하고 있던 굴착기였다. 굴착기는 무쇠팔에 커다란 삽을 높이 들고 생명에게로 다가왔다. 굴착기 기사와 사다리 위의 김경사는 서로 눈이 마주치자 말이 필요 없었다. 사다리에서 뛰어내려 잽싸게 '생명의 삽'에 올라탔다. 생명을 살리고자 하는 하늘의 뜻이었을까, 굴착기의 삽도 평소 작업할 때와 달리 사람이 타기 쉽게 조립되어 있다. "왱왱, 덜컹덜컹 드드더덕~ 왱왱~" 숙련된 기사의 조종에 따라 굴착기의 삽은 2층 창문으로 다가갔고, 주변 모든 사람들의 시선은 그쪽으로 고정되었다. 굴착기 삽의 공간이 좁아 두 사람을 한꺼번에 구조할 수 없는 상황이다. 아기를 안고 있는 아주머니의 눈이 더욱 급하다.

"아주머니, 애기부터 빨리 주세요."

담요에 싸인 아기를 건네받아 꼭 안고 쭈그리고 앉자 굴착기 기사가 노련하게 조종한다. 검은 그을음이 얼굴에 묻어있는 아기는 아무것도 모르는 듯 천진난만하게 눈동자를 평화롭게 굴리고 있다. 그야말로 그을음을 바른 '천사'다. 굴착기의 삽은 덜컹거리며 땅에 내려졌다. 그 장면을 창밖으로 지켜보고 있던 아기 엄마는 입을 막고 있던 손으로 박수를 쳤다. 그렇게 아기를 조심스레 안아내리자 굴착기 기사는 다시 능숙하게 삽을 들어 올려 아기엄마를 태워 내렸다. 사람들의 박수소리가 들리고 소방차가 급하게 도착했다. 아기를 안아 내릴 때도 "와~"하고 소리치며 박수를 쳤다는데, 그땐 듣지도 못했다.

"모두들 비켜주세요~"

이내 도착하여 들것을 든 구급대원과 소화호스를 펼치는 119대원들이 뛰어오며 소리친다.

김경사는 구급대원에게 아기를 건네주고는 화재진압과 구조에 방해가 될 수도 있겠다 싶어서 자리를 떴다. 주차된 승용차가 있는 쪽으로 걸어가며 뒤돌아보니 검은 연기가 잦아들고 있다. 옷에 묻은 그을음을 털어내고 조용히 차를 몰고 간다. 한참 동안 말없이 운전하는 남편을 아내는 빤히 바라만 보고 있다.

"그 애기, 괜찮겠지? 몇 살 쯤 되어보였어?"

"응, 괜찮을 거야. 아직 백일도 지나지 않은 것 같더라."

"오늘 보니 자긴 진짜 경찰 같아."

"그러면 가짜 경찰도 있나? 누구든지 상황에 부딪히면 마찬가지야."

"그래도 지금은 휴무休務잖아, 근무도 아니면서. 어쨌든 자기는 멋있어."

아내가 기분 좋은 미소를 보내온다.

김경사는 그을음 묻은 아기의 얼굴을 생각하다가 굴착기 기사의 눈빛을 떠올린다. 참 고마운 분이다. 그런데 그분 어디로 갔지? 고맙다고 인사라도 하고 올 걸. 맨 처음 사다리를 가지고 왔던 사람은 어떤 분일까?

그리고 까맣게 잊고 지냈는데 어느 날 방송국 기자라는 사람에게서 전화가 왔다. 그 아기의 엄마가 고마운 사람을 찾고 있는데 "그날 그 사람이 맞냐?"는 것이다. "고맙긴, 당연한 일인데~" 전화를 끊고는 쑥스러움에 머리를 긁적거린다. 진짜로 고마운 사람은 굴착기 기산데, 또 굴착기도 고맙고.

빌라 2층 아기의 집에서 엄마를 만났다. 새로 도배가 되어 있고 구호물품들이 거실에 쌓여 있다. 불이 나던 그날은 집안에 있는 냄새를 빼려고 거실에 양초를 켜 두고 안방에서 아기와 잠이 들어 버렸었단다. 그 양초불이 소파에 옮겨 붙어 화재가 났다고 했다. 냄새를 내쫓으려다가 사람 목숨을 내쫓을 뻔 했다는 것이다. 주위의 어느 것도 미워해선 안 되겠다는 생각을 하게 한다. '그러고 보니 경찰인 내가 여태까지 불이 어떻게 났는지도 모르고 있었네, 쩝쩝.' 이러고도 내가 고마운 사람으로 대접받아야 하나? 생후 2개월 된 아기는 눈을 맞추기만 하면 연신 웃었다. 아직 배냇머리는 그대로이고 맑고 천진스런 미소는 나의 영혼까지 맑게 해주는 것 같았다. 예쁜 아기의 뽀얗고 하얀 얼굴은 그을음 묻은 그날의 얼굴과는 완전히 달랐다. 그야말로 '하얀 천사'로 보였다. 꽁지머리의 엄마는 나에게 "그날 너무너무 고마웠다"는 말을 되풀이한다. 구호품을 보내온 이들과 굴착기 기사, 119대원 등 고마운 사람들은 수없이 많은데.

"근데, 굴착기 기사님은 찾지 못했습니까?"

"예, 그게~."

곁에 있던 기자가 잠시 머뭇거리다 말한다. 찾긴 했는데 개인적인 사정으로 굳이 못 찾은 것으로 해달라고 하더란다. 누구에게나 말 못할 사정이야 있겠지만 나 혼자만 '고마운 사람'이 되는 게 부끄럽고 쑥스럽다.

김경사는 할아버지께서 지어주신 김용서金容瑞라는 이름 때문에 초등학교 다닐 때 친구들에게 놀림을 받아 싸우기도 하며 자랐다. 지금 생각하면 얼굴 용容에 상서 서瑞가 얼마나 좋은 이름인데, 그땐 왜 싸우기까지 했을까 하며 웃는다. 얼굴에 상서로운 기운이 서려 있으면 얼마나 좋은가. 아내도 가끔씩 기분 좋을 때엔 "자기는 용서라는 이름 때문에라도 잘 살거다"라며 점잰이 흉내를 내기도 한다. 그 소리를 들으면 절로 웃음이 나온다.

아기를 다시 만난 며칠 뒤 TV에 그 화재상황이 방송되었다.

"그 당시 불이 너무 최전성기로 번져가는 상황이라서 구조 시간이 조금만 더 지체되었더라면 집에 있던 두 사람 중 한 사람은 변을 당했을지도 모를 만큼 급박했습니다…."라고.

현장에 출동했던 소방관의 인터뷰 뒤로 외국상표를 붙인 굴착기가 보인다. 저 굴착기도 생명을 구하러 그 먼 곳에서 왔을지도 모른다. 세상은 생명이 있는 것만으로 살고 있는 것이 아닐 수도 있다는 생각이 든다.

김경사는 어린 시절 동생을 잃었다. 초등학생이던 막내아우가 집 앞 강변에서 물놀이 하다가 변을 당한 것이다. 그땐 떠내려가던 나무판자라도 하나 없었을까. 그때 넋을 잃고 우시던 어머니 눈물을 어떻게 잊을 수 있을까. 김경사는 그 이후로 길가의 풀 한 포기 돌멩이 하나까지 예사롭게 보지 않았는데 이번에 무쇠팔이 새 생명의 이음새 역할을 하는 것을 본 것이다.

'사람은 그가 입은 제복대로의 인간이 된다.'는 말이 있다. 굴착기 기사에게 생명의 삽은 어떤 의미일까. 언젠가 또 인연이 닿는다면 꼭 소주 한잔 하며 물어보고 싶다. 무슨 일이 있어도 생명은 이어져야 하기 때문에.

사이버 추모관은 '그들을 기억' 한다

김상래경사

심재호경위

이기홍경장

조민수의경

장정현경사 등

1,654명

고故 김상래 경사는 2004년 대구시 일원에 걸쳐 발생한 주택연쇄화재사건 수사 중, 그해 11. 6. 11:15경 용의자를 검문하던 순간 피의자가 휘두른 칼에 찔려 중상을 입었으면서도 150여 미터나 추격하며 휴대전화로 상황보고를 하여 범인을 검거케 한 후 119구급차로 병원에 후송되었으나 15:23분경 수술 중 안타깝게 순직했다.

"도이 아빠, 이제는 더 이상 울지 않으려고 하는데 갈수록 힘이 드네. 시간이 지나면 당신의 이름 석 자는 어디에도 없고 다 잊혀지고 당신 혼자 외로워질 텐데… 경찰이란 직업이 뭐길래."

"도이 아빠, 어제 꿈에서 당신 만났어. 걱정스럽게 나를 바라보더라구. 당신 정말 내 걱정하느라 편히 쉬지도 못하는가 봐. 그저께 좀 안 좋은 일이 있었거든? 아마도 그것 때문에 걱정돼서 그랬었나? 그래도 화내건 삐져있건 간에 당신 만나니깐 너무 좋더라. 나는 꿈에서라도 당신 만나면 언제나 행복하다."

"도이 아빠, 정말 미안한데, 처음엔 당신 때문에 꼭 경찰이 되어야 했어. 근데 이젠 바뀌었어. 당신이 지켜주지 못하는 당신의 딸을 위해서야. 그 어린 게 아침에 엄마 없이 혼자 책가방 챙겨서 나가는 거 생각조차 할 수 없었어. 그래서 나 욕심 냈어."

"당신 너무 아프게 생각 마. 이제 모든 것이 내 몫이고 내가 해 낼 테니까 당신은 그냥 편히 지켜보고만 있어줘요. 우리 딸이 힘들 때 그때 당신이 도와주고. 당신 만난 지 한참 됐는데, 안 바쁘시면 꿈속에 한 번 와라. 나 당신 보면 몇 날 며칠 기분이 좋거든?"

"어제 우리 딸 도이가 남자친구한테 편지를 받았는데 나한테만 살짝 보여주는데, "도이야 사랑해" 이렇게 적힌 거야. 우스워 죽는 줄 알았다."

"당신 딸이 유치원에서도 인기짱이야. 이해심도 많고 똑 부러진다고 하더라. 역시 당신 딸이다, 그치? 얼굴도 이쁘지. 있잖아, 벌써 우리 딸이랑 결혼하겠다는 꼬마친구가 얼마나 많은데. 후후~ 그래서 내가 우리 딸 부를 때 짱이라고 불러, ㅋㅋ."

"도이 아빠, 어머님이 김장김치의 맛을 궁금해 하실까 싶어서 시골 갈때 김치 가져가서 맛 보여드리기로 했어. 처음엔 당신한테 가고 싶다는 생각밖에 없었는데, 혼자 가만히 도이 보고 있자면 그게 얼마나 미안한지 모르겠어. 당신 딸 예쁘게 잘 키울게."

"며칠 전에 도이 많이 혼냈다. 그러고서 나는 이틀 동안 앓아누웠다. 상래씨~ 엄마가 이래가지고 되겠냐? 당신 얼굴이 계속 오락가락해서 미안하고 속상하고, 땅에 내려놓지도 못하고 안고 다니던 녀석인데 이런 생각하니까 견딜 수가 없었어."

"오늘 우리 딸이 유치원에서 선물을 가져왔어, 엄마 선물 줄 거 있으니까 집에 빨리 오라고 해서 뭐냐고 물었더니… 엄마 아빠 결혼기념일 선물이래. 나 그 소리에 그냥 주체할 수 없이 눈물이 흐르더라. 웃다가 울다가…."

"이 세상에 유일하게 절대적인 내 편은 당신뿐이라 생각해. 나는 왜 당신 앞에만 오면 애가 되는지 모르겠다. 오늘은 당신이랑 드라이브 했으면 좋겠다, 가슴으로 라도. 당신도 옆에 있어 줄 거지?"

"도이 아빠, 당신을 대신하여 경찰 제복을 입은 것이 오늘로 딱 1년 되는 날이네. 당신이 보기에 나는 어땠을까. 항상 부족하게만 보이는 건 아닌지."

"도이 아빠, 지난 설날에 입었던 도이 한복이 달랑 올라갔더라. 많이 컸지? 작아서 못 입는 것을 아빠가 사 준거라며 입혀 달라는데, 이 옷은 그냥 고이 간직해놔야겠다."

"어제 도이가 당신 표창 받는 사진을 보고 "아빠 회사사진 꺼내줘봐" 하는 거야, 내려줬더니 "아빠가 빨리 왔으면 좋겠다." 하네.
아빠가 회사에서 일이 세 개나 있어서 못 온다고 했는데 일이 세 개면 한 개에 10년이라 해도 삼십년 기다릴 테니 퇴근만 한다면 좋겠다고 하며 사진을 꼭 껴안았어."

"도이 아빠, 나는 경찰관의 아내일까, 경찰이 된 경찰관의 아내일까, 그냥 경찰일까, 경찰관의 미망인일까? 가끔 나에게 그런 질문을 던져 보곤 해. 나 힘들고 지칠 때마다 당신에게 찾아와서 투정부리고 가는데 경찰이니까 강한 엄마가 되어야 한다고 하네. 당신에게 나는 경찰관도 경찰관의 미망인도 아닌 그냥 당신이 말하던 그대로 '우리 집사람'이고 '당신 아내'일 뿐 인거지?"

"사랑하는 아빠에게.
아빠 저 도이에요. 인제 다 커서 존댓말도 쓴다구요. 참 대견스럽죠? 오늘 학교에서 시험을 쳤는데요, 처음에는 0점을 받을까 했는데 다 하고 난 후에는 100점을 받을 거 같았어요. 정말로 100점을 받으면 아빠 덕분이라고 생각할 것 같아요. 시험을 꼭! 100점 받게 해주세요. 아셨죠? 100점을 받는다면 친구들에게 점수자랑을 하지 않고 존경스러운 아빠를 먼저 소개할 거예요. 그리고 하늘만큼 땅만큼 사! 랑!해!요! 아빠 딸 도이 올림."

"가슴이 터지고 메입니다. 누구를 위하여 순직하였습니까. 중상을 입었을 당시 검거를 포기하고 곧바로 병원으로 갔더라면 생명은 건질 수 있지 않았겠습니까? 눈에 선합니다. 피를 흘리면서도 범인을 검거하려고 추격하는 강력형사의 기질과 끈기. 가족들은 저희에게 맡겨놓고 저 세상에서 못다한 꿈을 활짝 펴 이루시기 바랍니다."

"저의 형님은 7년 전에 순직하셨습니다. 경찰의 날이 다가오거나 경찰가족의 슬픈 사연을 들을 때면 누구보다도 가슴 아픈 시간을 보내고 있답니다. 도이 어머님, 용기 잃지 마시고 열심히 생활하시기 바랍니다."

"예비순경님의 건투를 빕니다. 경찰관의 제복을 입기 위한 훈련은 강인한 정신과 육체를 만드는 과정이라고 생각합니다. 훌륭한 경찰이 되기 위해서 좀더 인내하시기 바랍니다. 이제 눈물 조금만 흘리시구요. 힘내서 꿋꿋이 이겨내세요. 경찰에 도전한 당신의 용기에 찬사를 보냅니다. 늠름한 경찰이 된 모습 기대할게요. 대한민국 여경! 참으로 멋집니다. 그리고 딸 도이 너무 예뻐요."

그날은 토요일이었다. 남편은 늘 바쁘다며 휴일도 없었는데, 그날은 오후에 처음으로 가족 셋이서 바닷가로 여행을 떠나기로 했다. 아침 일찍 출근해서는 곧 끝날 것 같으니 가방 챙겨 기다리라는 전화가 왔는데, 채 한 시간도 되지 않아 많이 다쳐서 병원으로 후송되었다는 통보를 받았다. 남편은 그렇게 허무하게 떠나갔다.

남편은 범인의 흉기에 찔리고도 곧바로 병원으로 가지 않고 150미터나 뒤쫓으며 도망가는 방향을 전화로 알리고는 정신을 잃었다고 한다. 경찰이 뭐길래, 가족을 먼저 생각했다면 목숨을 잃지는 않았을 텐데. 요즘도 현충원에 가면 아무것도 모를 것 같은 어린 딸은 '아빠의 이름'이 새겨져 있는 차가운 석비石碑를 껴안고 뽀뽀를 한다.

현충원의 말없는 남편에게 눈인사를 하곤 고속도로 이정표를 본다. 고속도로 입구에 들어서면 가로등들이 허리를 굽히고 서 있다. 일정한 간격으로.

도로를 향해 모두 같은 자세로 허리를 직각으로 굽혀 누군가 스위치를 켜 줌으로써 자신이 태어난 이유를 느낄 수 있는 밤이 오길 기다리고 있다. 아니 요즘은 스스로 켜기도 한다. 몇 발자국 건너 동료들이 빽빽하지만 그는 외롭다. 그들이 다 외로워 보인다. 수명이 다해 철거되는 순간 가로등은 무슨 생각을 할까. 태어날 때부터 정해진 운명, 부여된 소명을 만족하며 살았을까. 한번쯤 허리를 펴보고 싶지 않았을까. 닳아가는 아스팔트만을 보며 행복했을까, 뒤통수 위에 눈이 부시도록 아름다운 하늘이 있다는 것을 알고 있었을까.

마음으로 울었다. 눈에서 흘러내리는 눈물을 억지로 삼키며 마음으로 대신 울었다.

고故 김상래 님의 부인인 도이엄마는 여경女警이 되었다. 자신이 경찰이 된 것은 그나마 행운이었다. 경찰충혼탑 제막식장에서 만났던 남편 잃은 어떤 유가족의 모습이 떠오른다. 먹고 살기 위해 어린 두 아이를 친정과 시댁에 맡겨놓고 이른 아침부터 밤늦게까지 고속도로 휴게소에서 아르바이트를 하는데, 살기가 너무 힘들어서 먼저 간 남편 곁으로 가고 싶지만 아이들을 생각하면 그렇게 할 수도 없다며 통곡하던 모습을 지울 수가 없다. 우리나라도 다른 선진국들처럼 나라를 위해 희생한 사람에게 합당한 보상체계가 마련되면 얼마나 좋을까. 경찰관의 아내이자 도이 엄마에서 경찰관으로 신분이 바뀐 후 남편을 더 많이 이해하게 되었다. 남편의 순직 사실을 아는 동료들이 신경을 쓰며 배려해 주기도 하지만 경찰관의 업무는 쉽지 않다. 휴~ 우리 남편이 이렇게 힘든 일을 했었구나. 요즘은 기분 좋게 민원을 해결하고 나면 딸 도이에게 자랑을 한다.

"이제 엄마도 아빠 만큼 잘 할 수 있어. 화이팅!"

고故 심재호 경위는 2004년 7월 29일, 서울 신촌에서 강도사건 피의자를 검거하던 중, 피의자가 휘두른 칼에 찔렸음에도 범인을 놓치지 않기 위해 사력死力을 다하다가 과다출혈로 후송 도중에 순직했다.

"자기야! 올해 8월은 비가 많이 오네. 항상 8월은 우울하고 심란하지만 열심히 잘 보낼게. 자기 발인때도 비가 많이 왔었지."

"작년 내 생일날이 생각난다. 발렌타인데이에 작은 사탕하나 주지 않던 당신이 꽃다발과 케이크와 샴페인에 큰 사탕가방까지주었지. 내가 태어나서 그렇게 큰 선물을 처음 받았었지. 더 이상 주지 못할 것을 알았었어?"

"지난 연휴에 현충원 가다가 돌아 왔어. 즐겁게 휴가 가는 사람들 때문에 길이 너무 많이 막혀서 6시 전에 도착이 힘들겠더라구, 가족끼리 휴가를 가는 사람들이 자꾸 눈에 보이더라."

"우연 아빠! 지난 주엔 시골에 다녀왔어. 어머님과 밤새도록 얘기하고 잠깐 잠이 들었는데 아침밥까지 다 해놓으셨어. 어머님의 눈물을 보면서 고구마랑 된장, 콩 등을 싣고 오는데 그렇게 마음이 무거울 수 없더라."

"당신, 하늘에서 게으름 피우는 거 아니지? 아이들이 외할아버지랑 목욕탕 가는 거 좋아하는데 외할아버지가 수술하고 깨어나지 못하실까봐 걱정이 태산이야, 당신이 잘 지켜, 알았지?"

"자기야! 오늘이 크리스마스 이브라네. 무슨 무슨 기념일이 없었으면 좋겠다. 아무리 기다려도 자긴 오지 않고 자기가 없으면 난 바보 멍청이잖아."

"대천해수욕장에서 놀다 왔어. 난 수영도 못하고 물이 무서워서 애들과 놀아주지를 못하는데도 우리 애들 씩씩하게 잘 놀더라고. 파도도 타고 가족끼리 행복한 여행을 꿈꾸는 우리 애들에게 내가 할 수 있는 게 이게 다라는 것이 미안했어. 자기의 그늘이 얼마나 그리운지, 암튼 우연이를 자기 못지않게 씩씩하게 키울게."

"자기야, 막내 유리는 지금도 비행기 타고 하늘나라에 가면 아빠를 만날 수 있대. 나도 나중 아빠 만나러 가자고 했어. 그런데 언젠가는 사실을 얘기해야 할 텐데, 어떻게 설명해야 할지 조금 두려워."

"10월 21일은 경찰의 날, 정말 즐거워하고 뜻깊게 생각하던 당신이었는데. 자기 생일보다 더…. 묘비 앞에 놓인 시든 국화를 보면서 이 날은 살아있는 사람들이 즐기는 날이지 당신처럼 저 세상에서는 이 날이 아무 소용 없구나 싶었어.
당신 앞으로 쭈욱 늘어선 묘비를 보면서 당신도 뭇사람들로부터 저

멀리 아득한 기억 속에 묻히는 거겠지, 하는 생각이 드네.
그래도 당신을 기억하고 의리를 저버리지 않는 이웃과 삼촌형사들이 있다는 거 당신은 알지? 당신도 잊지 마."

그날은 일요일이었다.

옥주씨는 남편과 결혼한 지 4년이나 되었지만 요즘도 꼭 하루 한 번씩은 통화를 한다. 사실은 어제 출근을 하려다가 사건수사 상황이 변했다며 일요일인 오늘 출근했다. 토요일 사건이 마무리되면 일요일은 같이 드라이브나 하자고 했었는데…. 일요일임에도 늦은 오후까지 전화가 없어 아이를 재워놓고 남편에게 전화를 했다. 한참 가던 신호가 딸까닥 하더니 "여보세요~"라고 할 시간도 없이 "지금 바쁘거든, 좀 있다가 내가 할게."라며 전화를 끊었다. 그 목소리가 마지막일 줄은 꿈에도 몰랐다. 많이 바쁜가보다 하고 집안일을 보고 있는데, 해질 무렵 친정 아버지가 전화를 주셨다.

"얘야, TV 뉴스 한 번 보거라. 아무래도 느낌이 좋지 않다…."

"무슨 말씀이세요? 뉴스에 뭐가 나왔는데요?"

"서부서 강력반 심형사가 범인 잡다가 많이 다쳤다는 자막字幕이 나오는데, 아무래도 심서방 같아서…."

"…."

뒤이어 남편의 경찰친구 여러 명이 전화를 해왔다. 남편의 오늘 근무가 뭐냐고 출근은 했냐면서. 갑자기 눈앞이 깜깜했다. 아무것도 생각나지 않았다. 남편에게 전화를 하니 신호만 가고 받지를 않는다.

허둥대며 남편 사무실 전화번호를 어렵게 찾아 물어보니 여러 사람들이 대답을 미루며 강력팀장을 바꿔준다.

"죄송합니다…."

그리고 아무런 말이 없다.

"뭐가 죄송하냐구요? 사실을 말해 주세요, 사실을…."

옥주씨는 생후 8개월 된 막내를 들쳐업고 택시를 탔다. 병원으로 가는 길이 왜 이렇게 멀까. 병원에 도착하니 안면이 있는 남편의 동료들이 자신을 보고는 앞을 막는다. 남편은 흉악범과 격투 중 칼에 찔렸음에도, 범인을 검거하기 위해 붙잡다가 여러 군데를 더 찔리고는 피를 너무 많이 흘렸단다. 현장인 신촌에서 세브란스 병원으로 오는 도중에 숨을 거두었다는데, 불과 몇 분 거리의 지척咫尺인 그 시간까지만이라도 살아있을 수 없었을까, 어쩌면 남편이 힘들게 숨을 쉬며 살아있을 수도 있지 않을까 하는 마음에 확인하고 싶었지만 몸이 너무 많이 훼손되었다며 보지 못하게 했다.

옥주씨는 남편이 염을 하고 관에 누워있는 얼굴을 겨우 볼 수 있었다. 조용히 눈을 감고 있는 그 모습, 4살 아들과 생후 8개월 된 핏덩이 딸을 남겨두고 남편은 그렇게 떠나갔다.

그날부터 꼬박 5일간 밤마다 남편을 만났다. 꿈속의 남편은 아무런 말도 없이 옥주씨를 멍하니 바라보고만 있다가 사라지곤 했다. 남편이나 옥주씨나 서로를 보고 싶어 하는 마음은 똑같은 모양이다. 며칠 후 남편을 찌른 범인은 남편의 동료 형사들에게 붙잡혀 경찰서로 들어왔지만 남편은 영원히 눈을 감고 떠나갔다.

경상도 사나이인 남편은 무뚝뚝하면서도 잔정이 많았다. 4년간 연애를 하면서 "어디서 물어보니 나의 배필감이 천상 옥주씨 너~!"라며 조심스럽게 청혼해올 때의 모습은 영원한 시간을 약속해 주는 것 같았었다. 남편은 강력계 형사를 하면서 잠복근무 때문에 자주 집에 들어오지 못하는 것을 늘 미안해했다. 그런 그이가 영원히 돌아오지 못하는 곳으로 떠난 것이다.

장례를 치르고 집으로 왔지만 이번에는 큰아이 우연이가 저녁에 잠을 못자고 울기만 한다. 밤새 TV를 켜 놓기도 하고 잘 때도 불을 켜 놓았지만 그러긴 마찬가지였다. 정말 힘든 나날이었다. 그 집에서 이사를 할 수밖에 없었다. 그런데 이사한 것을 두고 "남편이 죽어서 받은 돈으로 새 집을 샀다"고 수군거리는 사람들이 있었다. 세상에 어떻게 그런 말을 할 수 있을까.

우연이는 7살이 되면서 아빠처럼 경찰이 되겠다고 했다. 어린 아이가 뭘 알고 저럴까 싶었지만 틈만 나면 아빠의 모자를 쓰고 놀았다. 딸 유리는 아빠가 너무 보고 싶은데 얼굴을 몰라 상상도 안 되고 꿈에도 나타나지 않는다며 속상해 했다. 그렇게 아빠 얘기만 나오면 집안 분위기가 가라앉곤 했다. 아이들은 남편이 있는 '대전 현충원'에도 가기를 꺼려하는 듯했다. 때로는 남편 동료들이 같이 가주기도 했지만 그것도 한두 번이었다.

우연이가 초등학교 5학년에 다니던 어느 날, 온종일 시무룩하게 지내던 우연이가 저녁밥을 먹고 시간을 보내다가 잠잘 시간이 되었는데 뜻밖의 말을 했다.

"엄마, 아빠가 너무너무 보고 싶어."

"그래, 엄마도 많이 보고 싶다. 하늘나라에서 우릴 잘 지켜주실 거야."

"그래선데, 나 한 번 크게 울어도 돼?"

"응?… 그래 우리 한 번 크게 울어버리자."

좁은 거실에 옥주씨가 가운데 눕고 우연이와 유리가 양쪽으로 누웠다. 우연이의 울음소리가 터져나오며 온가족이 울었다. 한밤중의 일이었다. 얼마간의 시간이 지나도 우연이는 "아빠, 아빠~"를 계속 부르며 크게 울었다. 옥주씨는 할 수 없이 우연이를 말렸다.

"우연아, 밤이 너무 깊었는데 이웃사람들이 놀라겠다. 미안해…."

엄마의 말을 들은 우연이는 벌떡 일어나 화장실로 들어가 문을 닫고 한참을 더 울었다. 어린 아이가 맘대로 울지도 못하는 세상이다.

"우연아, 울었더니 좀 나아?"

"응 조금 나아…, 그런데 아빠가 자꾸 보고 싶어."

그날 이후 옥주씨는 더이상 울지 않기로 했다. '아빠가 곁에 없어도 잘 살 수 있다. 아빠는 우리가 어려울 때 반드시 지켜주실 거다.'

다행히 아이들도 더 이상 울지 않는 엄마의 마음을 이해해주는 것 같았다.

중학생이 된 우연이는 이 다음에 커서 경찰대학에 갈 거라고 했다. 어디서 들었는지 경찰대학을 졸업하면 아빠처럼 위험하게 직접 도둑놈을 잡으러 다니지 않아도 된다더라며 꼭 경찰청장이 될 것이란다. 아이의 말을 듣고 옥주씨는 눈을 감아버리고 말았다.

'재호씨, 당신 아들이 저렇게 커가고 있어, 잘 지켜.'

요즘은 서울에서 시댁을 오갈 땐 꼭 대전현충원에 들린다. 서울과 시댁 중간에 현충원이 있는 것이 얼마나 다행일까 싶다. 아이들도 아빠 묘비 옆에서 김밥을 먹으며 소풍간 듯 놀기도 한다. 아내 옥주씨는 유난히 정이 많았던 남편을 기억하며 때론 힘들 때도 있지만, 커 갈수록 아빠를 닮아가는 아들을 보며 오늘도 꿋꿋하게 살아가고 있다.

'난 누구보다 아이들을 잘 키울 수 있어.'

고故 이기홍 경장은 2006년 7월 22일, 경기도 성남시의 폭력사건 현장에 출동하여 도주한 피의자를 검거하는 과정에서 피의자가 휘두른 회칼에 왼쪽 대퇴부를 찔려 과다출혈로 인한 장기손상으로 의식불명상태에서 병원치료 중, 그해 8월 21일 스물아홉의 나이로 순직했다.

"기홍아, 어제 첫눈이 내렸다.
오늘 너를 보러 현충원에 갔었단다. 싸늘한 너의 비석을 닦으며 흐르는 눈물을 감출 수 없었다. 잔디 벌판에 얼어붙은 땅, 싸늘한 비석…. 엄마의 따뜻한 품에 한 번이라도 안아줄수 있다면…."

"막내아들 기홍아! 추운 날씨에 잘 지내고 있냐? 어젯밤 꿈에 너를 보았다. 청바지에 가방을 한쪽으로 둘러메고 학교에 간다며 대문을 나서는 모습을 보고 반가운 마음에 덥석 잡으려는데 너의 모습은 허무하게도 사라지고 꿈을 깨고 보니 눈물만 나더구나. 오늘이 네 생일이라 보였는지…."

"너의 형은 새벽 4시에 아이들을 데리고 추석을 지내러 왔단다. 그런데 유독 너만 자리를 비워두고 오지 않으니 에미 애비 마음은 한구석이 텅 빈 것 같고 보고 싶은 마음이 더해지는구나. 네 유품 진열장에 있는 사진과 경찰 정복, 경찰 단화를 손질도 해보고 닦아도 보지만 너는 말이 없구나."

"커다란 숟가락으로 호박죽을 먹으며 "맛있네"를 연발하던 네 모습이 그립다. 금년 호박죽은 아무런 맛도 느끼지 못하고 눈물로 먹고 말았다."

"세월이 어찌나 빠르게 흐르는지. 너와 내가 부모자식으로 인연을 맺어 산 세월 이십구년! 그리고 너의 순직으로 헤어진 세월도 벌써 칠년! 그 칠년 동안 하루도 너를 잊어본 적이 없단다. 항상 마음 한 구석이 비어있어 허전한 마음. 좋은 것을 봐도 슬픈 것을 봐도 마음에 와 닿는 느낌과 감동이 없어져 버린…."

"앨범을 뒤적이다가 어릴 적 네 사진을 보게 되었다. 유치원 다닐 때 눈이 소복이 쌓인 운동장에서 뛰어놀다 벌렁 뒤로 넘어진 사진, 가을 운동회 때 한 손에 아이스크림 들고 먹는 모습. 왜 네가 먼저 하늘나라로 가야 했는지 모르겠다. 기홍아! 보고 싶구나."

행정공무원으로 35년을 근무한 종원씨는 막내아들을 범인이 휘두른 칼에 잃고는 그 충격을 이기지 못하고 명예퇴직을 했다. 종원씨 부부는 기홍이도 행정공무원이 되기를 바랐었고 그래서 응시원서를 구해 가져다주기도 했었다. 그런데 의경으로 군 생활을 한 기홍이는 집회 현장과 방범 근무를 경험하고는 남자로서 당당하고 의미있게 해보고 싶다며 굳이 경찰관이 되겠다고 했다. 요즘 어렵다는 경찰공무원 시험을 단 한 번에 합격하여 경찰관이 되었다. 기홍이는 성장하면서 개구쟁이로 자라며 귀여움을 많이 받은 때문인지 직장 생활도 밝은 성격으로 남달리 재미있게 했다고 한다. 눈에 넣어도 아프지 않을 막내아들 기홍이는 폭력사건 현장에서 피의자의 칼에 찔려 피를 많이 흘렸고, 의식불명 상태로 치료를 받다가 한 달 만에 순직했다.

종원씨는 아내와 대화를 하면서도 막내아들인 기홍이의 얘기는 꺼내지 않는다. 기홍이 어머니는 '기홍이가 어미의 몸과 삶을 좀더 파먹고 가도 되는데 뭐가 급해서 그렇게 빨리 갔을까'라며 지금도 눈물짓기 때문이다. 아내의 마음을 너무나 잘 안다. 세상 모두가 잊어도 부모인 우리가 어떻게 먼저 간 자식을 잊을 수 있는가.

종원씨는 경기지방경찰청에서 엄수된 '순직경찰관 충혼탑 제막식'에서 유족대표로 추모사를 했다. 그 자리에는 하나뿐인 장손長孫이 범인에게 희생되어 가문家門의 대가 끊긴 또다른 순직경찰관의 부모도 눈물을 훔치며 앉아 있었다.

"저는 2006년 7월 22일 경기도 성남 수정경찰서 수진지구대에서 경찰관으로 근무하던 중 112신고를 받고 현장에 출동하여 피의자를 검거하는 과정에서 피의자가 휘두른 회칼에 찔려 과다출혈로 의식이 없는 상태로 1개월간을 서울대병원 중환자실에서 치료를 받다가 순직한 고 이기홍 경장의 아버지 이종원입니다.

늠름하고 건강했던 스물아홉 살 꽃다운 나이에 법질서 수호와 서민들의 안전한 생업을 지키기 위해 열심히 일한 우리 아들이 범법자에게 희생되었다는 청천벽력과 같은 소식에 가족들 모두가 망연자실했습니다.

저도 공직자로서 35년을 근무하고 정년을 3년 앞둔 상태에서 심신의 충격으로 건강이 나빠져서 명예퇴직을 했습니다.

저는 국립대전현충원 경찰관 묘역에 자주 갑니다. 처음에는 매 주마다 갔었고, 요즈음에도 한 달에 한두 번씩 꼭 갑니다. 찾아가 본들 무슨 소용이 있겠습니까마는 그래도 마음이 울적하고 아들이 보고 싶으면 찾아가는 버릇이 생겼습니다.

사랑하는 아들을 먼저 보내고 처음에는 따라 죽고 싶은 심정이었습니다. "아버지" 하고 부르며 금방이라도 대문을 들어설 것만 같은 그 모습 ….

오늘 충혼탑 건립으로 아들이 여러 동료들과 한 자리에 있게 되었으니 아들도 외로워하거나 슬퍼하지 않으리라 생각합니다. 이제는 왜 하필이면 나의 아들이 그런 불행한 일을 당했나 하는 생각은 하지 않겠습니다. 지금은 내 곁을 떠나갔지만 조국의 자랑스런 아들이었기 때문입니다. 이제는 나의 막내 아들이 훌륭한 경찰관이었다는 것을 자랑스럽게 기억하겠습니다.

법은 지켜져야 합니다. 그것은 곧 우리를 보호하는 길입니다. 그리고 정당한 법을 집행하는 경찰의 위상은 존중되어야 합니다. 경찰관의 복지도 확충해야 하고 근무여건도 개선되어야 합니다. 그래야만 근무의욕도 왕성해지고 맡은바 직분에 최선을 다할 수 있을 것이고 우리 세상도 더 안전해질 것입니다 …."

종원씨가 추모사를 하는 동안 계속 내리는 비는 연병장의 아스팔트에 빗방울로 튀어올랐고, 자식과 남편을 잃은 유족의 눈물은 아무도 모르게 그들의 가슴 속으로 깊이 스며들고 있었다.

고故 '조민수 수경은 2011년 7월 27일 경기도에서 의무경찰로 경비근무를 설 때 집중호우에 따른 부대 철수지시를 받고 이동하던 중에 시민이 급류에 휩쓸린 것을 발견하고 구조를 위해 다가가다 황톳물에 휩쓸려 전역을 며칠 앞두고 스물두 살의 나이로 순직했다.

"당신은 참으로 어린 나이에 자신의 안전은 생각지 않고 오로지 시민의 생명을 구하려는 마음에 위험한 물길로 몸을 던진 의로운 경찰이셨습니다. 부디 하늘나라에서는 모든 걱정 고통 다 잊으시고 영면하시길 바랍니다. 대한민국은 영원히 당신을 잊지 않을 것입니다."

"20대의 젊은 청춘을 다른 사람 목숨을 구하기 위해 바친다는 것은 아무나 할 수가 없습니다. 조민수님은 진정한 영웅이고 대한민국의 대표입니다."

"한창 아름다운 나이에 떠나게 되었음을 너무나 안타깝게 생각합니다. 이 곳보다는 좋은 곳에 편안히 계시길…. 삼가 고인의 명복을 빕니다."

"조민수님이 보여주신 희생정신을 가슴에 담고 항상 열심히 노력하는 경찰이 되겠습니다."

"아무도 몰라주고, 사람들이 욕하고, 사람들이 때려도, 우리는 그 사람들을 도와주어야 할 대한민국 의경이다."

"이승에서 못다 핀 청춘이여! 사후 세계에서는 부디 행복한 꿈을 이루시길 바라며, 우리는 결코 그대를 잊지 않겠습니다."

"그 여름 당신의 이름을 듣고 안타깝고 애통한 마음에 눈물을 흘린 사람은 저만이 아니었을 것입니다. 꽃다운 나이에 남들이 하지 못하는 희생정신을 보여준 당신의 모습을 생각하며, 그래도 아직 세상은 따뜻하고 정의로운 곳이라는 걸 깨닫게 되었습니다."

"저도 경기청 기동13중대에서 03년도에 전역을 했고, 조민수 수경이 근무를 했던 동두천에서 있었습니다. 정말 자랑스럽습니다. 좋은 곳에서 편안하게 쉬십시오. 고인의 명복을 빕니다."

"한 마디의 말을 건넨 적도 없지만, 이것도 인연인가 보네요, 그저 고맙다는 말 한 마디…."

2011년 7월 27일. 경기도 동두천 지역에는 하루 449.5 밀리미터의 기록적인 폭우가 내렸고 주택 2천여 채가 침수되었으며 주민 6백여 명이 대피했다. 경기경찰청 기동중대에 복무 중이던 조민수 의경은 경비근무를 하다가 폭우로 인해 부대 철수지시를 받고 급히 이동하고 있었다. 평상시 차가 다니던 길에는 물이 허리까지 차올라 버스도 갇힌 상태가 되었고 저녁 9시가 넘어 어둡던 시각. 장비를 챙기곤 쏟아지는 비를 헤치며 동료 3명과 같이 수송버스로 뛰어가는데 주민의 고함소리가 들린다. "사람이 담벼락에 위험하게 매달려 있는데 급류에 떠내려가려고 한다"는 것이다.

같이 가던 동료들이 "어딥니까? 어디~"라고 묻고 있을 때 저만큼 떨어진 담벼락에 힘들게 매달려 있는 사람을 발견한 조의경은 머뭇거림 없이 그쪽으로 향했다. 어려운 일이 있을 때마다 먼저 나서는 그였다. 눈앞에서 구조를 갈구渴求하고 있는 사람에게 뛰어가던 조의경은 "악~"하는 비명을 지르며 물살에 휩쓸리고 말았다. 경찰 의경이었던 탓에 사명감이 먼저 이끈 탓일까, 사람을 구하려다 자신의 목숨을 잃은 것이다. 구조를 기다리던 사람은 다른 사람에게 구조되어 살아났지만 조의경은 이튿날 새벽 4시께 현장에서 한참 떨어진 곳에서 싸늘한 시신으로 발견되었다.

의경으로 들어와 군軍생활을 하면서 시위 현장에 나가 시위대로부터 온갖 욕설을 들으면서도 방패를 들고 버티고, 방범 근무를 나가서는 심야순찰을 돌며 범죄 예방에 힘썼다. 그런데 부대 철수 길에서 위험에 빠진 사람을 구하려다 희생된 것이다. 전역이 채 한 달도 남지 않은 때였다.

조민수 의경의 아버지 공환씨는 민수를 어릴 때부터 '남자는 의로워야 한다'고 가르치며 키웠다. 그런 때문일까, 민수는 과묵하게 자라더니 고등학생 때부터 경찰이 되겠다고 말해왔다. 또, 대학도 경찰학과로 진학하더니 사회경험을 쌓겠다며 의경으로 지원했다. 그리고 얼굴도 모르는 타인을 구하다가 순직한 것이다. 자식을 잃은 부모의 심정을 그 누가 알까. 더욱이 민수는 아래로 여동생 하나가 있는데, 요즘은 의미가 다소 변했지만 어쨌든 공환씨의 대代는 끊기고 말았다. 아내는 공환씨에게 '당신이 민수에게 항상 사람은 의로워야 한다'고 키워서 다른 아이들보다 먼저 사지死地로 내 몰았다고 원망하기도 한다. 아내의 마음은 이해하고도 남음이 있지만 공환씨는 좀 약삭빠르게 행동하지 그랬냐고 민수를 원망하지 않는다.

공환씨는 민수가 보고 싶을 땐 가족사진을 보며 마음을 다잡는다. '위급한 상황이 되면 제 목숨 내어놓기를 마다하지 않는 의협청년들의 그것을 배우고 실천해야 한다.'는 생각뿐이다. 우리가 그들을 보며 눈물을 흘리는 감성에 빠져서만 안 되고, 그 상황이 되면 외면하지 말아야 하는 것이다. 그리고 군인이나 경찰, 소방관 등 타인의 위험을 막아주는 제복 입은 사람들이 순직할 경우 그 유가족에게 물질적 보상 외에 정신 치료프로그램을 마련해야 한다는 생각을 한다. 그렇게 해야 권선징악勸善懲惡의 사회적 신뢰가 쌓이고 나아가서는 더 정의롭고 살기 좋은 세상이 될 것이라는 확신 때문에.

'빡빡머리의 조민수 의경 영정'

누가 그를 보고 '요즘 아이들' 이라고 말할 수 있겠는가? 검정색 합성고무로 된 시위진압복을 입고 사진 속에서 우리를 바라보며 웃고 있는 그의 눈빛이 빛난다. 그는 자신보다 남을, 우리 모두를 먼저 생각하는 '대한민국의 의로운 청년'이었다.

조민수 의경은 순직 후 '명예순경'으로 추서되었으며, 그 푸른 나이에 남을 위해 희생한 그의 사이버추모관에는 이름도 모르는 님들의 발걸음이 오늘도 이어지고 있다.

고故 장정현 경사는 2003년 대구에서 열린 유니버시아드대회에 교통요원으로 동원되어 근무 하던 중, 8. 24. 02:00경 역주행하여 오던 트럭에 받혀 서른다섯의 나이로 아스팔트 도로에서 순직했다.

"정현아. 시간이 너무 빨리 지나간다, 벌써 2년이다. 사무실에서 일하다가 문득 니 생각이 났다. 너도 겁나지, 사람들이 너를 잊어버릴까봐? 잊지 않을게, 절대로."

"오늘 점심 때 후배 형사 밥 사주기로 했는데 너도 시간 있으면 와라, 난 더워서 냉면 먹을 건데 넌 뭐 먹을래?"

"동수다. 그냥 불러 봤다. 나는 너 잊어버린 적 없다, 겨우 십 년밖에 지나지 않았는데 어떻게 널 잊냐? 너도 나 잊지 마라, 정현아."

"이번 인사 때 광진서로 근무지를 옮겼다. 너에게 보고한다."

"이번에 성폭력수사대로 발령 받아서 앞으론 성폭력 전문가가 될 것 같다. 니가 했으면 더 잘했을 건데…, 나도 이제 서울사람 다 된 것 같다. 정현아, 너 잊어본 적 없으니까 너도 나 잊지 마라. 언젠가 만나면 너의 가족들에겐 미안하지만 나도 한번 만져보고 싶네. 잘 있어라."

"내가 죽는다면 귀신이 되어서라도 애들과 애들 엄마는 꼭 지켜준다고 약속 했거든. 너도 그랬으면 좋겠다. 글고 나한테 바라는 거 있으면 꿈에 나타나서 말 해라, 들어줄게. 꼭!"

장동수 경사는 무슨 일이 있을 때마다 이젠 고인이 된 절친 정현이에게 편지를 쓴다. 친구가 하늘나라에 있어서 전화를 할 수는 없지만 편지는 읽을 수 있을 것 같아서.

둘 다 장씨인 정현이와 동수는 대구에서 초 · 중학교를 같이 다녔다. 중학교를 졸업하고 동수가 서울로 이사를 한 뒤로는 만나지 못했었는데, 어느 해 형사 전문교육을 받으러 가서 서로가 오랜만에 만났다. 중학교 졸업 이후 18년 만에 만났지만 한눈에 알아볼 수 있었다. 서로가 "너, 너~" 하면서 껴안았다. 둘 다 서울과 대구지역 경찰서의 형사로 일하고 있었는데 정현이는 사이버 수사까지 넘나들며 나보다 한 발 앞서가고 있었다. 교육기간 한 달 동안 서울의 동수네 집에서 같이 자기도 하며 둘은 내내 붙어 다녔다. 정말 즐거운 교육기간이었다.

어느 날 정현이는 "동수야, 우리 동창 중에 건달이 한 명이고 경찰이 둘인데 건달인 개는 벤츠를 타고 다니는데, 우린 오토바이도 못 타고 이게 뭐냐?" 라면서 크게 웃었다. 친구 녀석은 유난히 성격이 호탕하고, 어려운 일이 생기면 언제나 앞장서서 멋있게 해내었다. 처가에 갈 땐 장인이 좋아하시는 술부터 꼭 챙겼고, 대문 밖에서부터

"장모님~"하고 부르며 시끌벅적하게 들어갔었다고 한다. 교통과에 배치되어서는 넓은 도로에서 근무할 때 차량 소음 때문에 동료들은 먼거리에서 서투른 수화로 대화했지만 정현이는 큰소리로 떠들며 말했었다.

아스팔트가 절절 끓어오르던 여름날, 세계유니버시아드 행사에 동원되어 교통요원으로 근무하던 정현이는 역주행하는 트럭에 받혀 순직했다. 정현이는 그렇게 서른다섯 살 되던 해에 아내와 어린 딸을 두고 먼 여행을 떠난 것이다.

초등학생 딸이 엄마를 닮아 공부를 잘한다고 자랑을 하던 친구 정현이는 너무 일찍 순직한 탓에 연금 수혜자도 되지 못했다.

'제수씨가 콩나물 뜯어 파는 일은 없어야 할 텐데, 휴우~.'

장동수경사는 요즘 괜히 자신이 미안해서 친구의 가족들을 만나지 못하고 있다. 내가 이러고 있으면 안 되는데. 친구의 눈물은 친구가 힘들 때면 비 내릴 때 같이 울어 주려고 구름 위에 올려 놓는다는데, 난 지금 뭘 해줄 수 있는가.

장동수 경사는 오늘도 친구에게 편지를 부친다.

"정현아, 천국에서 잘 지내다가 너희 가족들이 보고 싶으면 다시 인연으로 와라, 그리고 남는 시간 있으면 내 곁에 바람으로 지나쳐 주라. 내 옆으로 바람이 불면 네가 왔다 간 줄 알게…."

통계에 의하면 경찰관의 평균 수명은 62.5세
(한국인 남자 평균 수명 77.3세)이며

불규칙한 근무와 스트레스가
단명短命의 주원인이라고 한다.

그래서 소방관과 함께
직종별 평균 수명조사에서 제외되고 있다.

경찰관은 공무公務를 수행하면서
범인의 칼에 찔리고, 음주운전 차에 받히거나
과로로 매년 2,000여명의 공상자公傷者가 발생하고,

이 중에서 매년 20여 명이 순직殉職하고 있으며,

그 수는 해마다 늘어가고 있다.

이 책이 나오기까지

"당연히 해야 할 일이지요, 누구라도 그렇게 했을 것입니다. 부끄럽습니다."

"아니 그 일 때문에 이렇게 먼 곳까지 오셨습니까? 별일도 아닌데…."

사실 확인을 위해 발품을 팔러 가면 대부분의 반응은 비슷했다. 시간이 지난 것은 까맣게 잊고 있기도 했다. 조금은 특별한 사연들이지만 그들에겐 일상적인 일이었다.

여러 가지 소재를 살피다보면 법적 의무보다는 직업적이고 반사적인 반응이 더 많았고, 더욱 소중한 이웃들의 도움이 반드시 있었다. 또 순수한 도움이 알려지고 나면 본질을 외면한 채 얄팍한 계산을 앞세우며 돕지도 못하게 하는 사나운 세상 인심이 안타깝기도 했다.

그러나 세상엔 도울 수 있는 일이 참 많은 것을 보았고, 도움 받을 일도 많다는 생각도 들었다. 지금의 나도 누군가의, 무엇인가의 도움을 받고 있는지 모른다.

여러모로 부족하기 이를 데 없는 내가 콩을 심어 놓고 열심히 물을 주다보면 작은 콩잎이라도 나겠지, 하는 바람으로 뛰어 다녔다. 그리고 나만이 안다고 생각하는, 그러나 나 혼자만 모르고 있는 우리 모두의 외롭고 아픈 이야기를 보곤 그냥 물러설 수 없었다. 우리는 추위를 피하기 위해 집을 크게 짓고 따뜻하게 둘둘 감싸지만, 그들은 몸집을 줄이고 서로에게 외투를 벗어주며 같이 추위를 피하고 있었기 때문이다.

글에 문외한인 내가 단순히 글을 써 보겠다는 마음으로 했다면 그 어떤 장애물에라도 걸려서 끝내지 못했을 것이다. 작지만 엉뚱한 호기심과 무모한 도전이 있어서 부족한 끝일지라도 마무리할 수 있었다. 한마디로 무모한 도전이었다. 그리고 나의 아둔한 머리가 한계에 부딪칠 때마다 조심스레 아이디어를 보태주며 먼 길을 동행해 준, 언제나 한 수 위인 이두식 친구는 물론, IT 시대에 단행본 시장이 최악이라며 모두가 머리를 흔드는 와중에도 '우리 멋진 책을 만들어 보자'고 말해 준 우무석 시인이나 나나 무모하긴 마찬가지였다. 또한 용기가 가상하다는 선배 제후님들의 격려도 컸다.

또, '조국 근대화의 기수 세대'로 만난 친구가 있었다. 고향은 달랐지만 둘 다 농부의 아들로 태어나 겨울을 맨땅에서 지낸 청개구리처럼 찬바람과 맞서며 자랐다. 특히 그는 많은 식구까지 딸린 장남으로 혼자 집안을 책임졌다. 그 많은 어려움을 어찌 말로써 표현할 수 있으랴. 그런 그에게 닥친 역경은 그를 더욱 단단하게 만들었다. 맨주먹으로 창업하여 오로지 '열정과 신뢰'로 20년 만에 굴지의 중견기업을 일구었고, 동반성장위원회 위원 시절에는 중소기업인의 입장을 대변하며 경제정의 실천에 힘썼다. 또, 그의 열정이 문학을 꿈꾸는 어리숙한 친구에게 큰 용기를 주었다. 이 책이 나온 것도 그의 열정적 격려가 있었기 때문이다.

지금도 오십 중반의 나이가 적은 것은 아니지만 많은 것은 더더욱 아니라며 또다른 내일을 꿈꾸는 '영원한 도전자 현대산기(주) 대표이사 이수태' 친구에게 지면紙面을 통해 고마운 마음을 꼭 전하고 싶다.

지금 밖에는 땡볕에 온 세상이 다글다글 익고 있다. 그러나 여름에도 힘든 이웃들이 있고 추위가 오면 어려운 이웃들이 더 많아지겠지만, 그래도 그들과 손을 맞잡을 수 있는 이웃들이 많은 것을 보며 한결 마음이 편안했다.

내게 이런 마음을 갖게 해 준 모든 분들께 고마움 가득하다.